Ebert/Gregor/Günter

Die Anwaltsklausur
in der Zweiten Juristischen Staatsprüfung

DIE ANWALTSKLAUSUR IN DER ZWEITEN JURISTISCHEN STAATSPRÜFUNG

Zivilrecht und Strafrecht

von

DR. JOHANNES EBERT
Richter am Amtsgericht, Würzburg

DR. KLAUS GREGOR
Vorsitzender Richter am Landgericht, Würzburg

und

PETER GÜNTER
Richter am Landgericht, Würzburg

VERLAG FRANZ VAHLEN MÜNCHEN

Verlag Franz Vahlen im Internet:
beck.de

ISBN 3 8006 2971 2

© 2003 Verlag Franz Vahlen GmbH
Wilhelmstraße 9, 80801 München

Druck: Nomos Verlagsgesellschaft
In den Lissen 12, 76547 Sinzheim

Satz: Druckerei C. H. Beck, Nördlingen
(Adresse wie Verlag)

Gedruckt auf säurefreiem, alterungsbeständigem Papier
(hergestellt aus chlorfrei gebleichtem Zellstoff)

Vorwort zur 1. Auflage

In der Zweiten Juristischen Staatsprüfung sind neben den klassischen Richterklausuren zunehmend auch Klausuren zu bearbeiten, die die anwaltliche Sicht in den Vordergrund rücken. Dieser Umstand bildet die konsequente Fortsetzung einer mehr und mehr auf den Anwaltsberuf ausgerichteten Juristenausbildung. Der vorliegende Band will helfen, Klausuren mit anwaltlicher Aufgabenstellung erfolgreich zu bearbeiten. Die Verfasser sind seit mehreren Jahren mit der Ausbildung der Rechtsreferendare befasst und kennen die Schwierigkeiten der Examenskandidaten bei der Fertigung von Schriftsätzen, dem Herausarbeiten von Vertragsgestaltungen, dem Entwickeln von Schlussvorträgen oder bei der Darstellung von Revisionsbegründungen. Deshalb wird der Versuch unternommen, konkrete Ratschläge zu erteilen, wie mit derartigen Klausuren umzugehen ist und vor allem wie unnötige Fehler zu vermeiden sind. So soll der Band dazu dienen, die für ein gutes Gelingen unerlässliche Sicherheit zu gewinnen. Zu diesem Zweck werden im Staatsexamen häufiger vorkommende Aufgabenstellungen ausgewertet und Lösungsmöglichkeiten Schritt für Schritt erarbeitet. Formulierungsvorschläge runden die Darstellungen ab.

Würzburg, im Juni 2003   Die Autoren

Inhaltsverzeichnis

Abkürzungsverzeichnis XIII

Literaturverzeichnis XIV

A. Zivilrecht 1

§ 1 Klageschrift 3
   I. Aufgabenstellung (Merkmale des Klausurtyps) 3
      1. Normalfall 4
      2. Mahnverfahren 4
      3. Vollstreckungsbescheid 4
   II. Funktionen der Klageschrift 5
   III. Bearbeitungstechnik 5
      1. Erfolgsaussichten in der Sache 5
         a) Von der Klageart zur einschlägigen Rechtsnorm 6
         b) Subsumtion 7
         c) Keine Norm passt 7
         d) Schlüssigkeit 8
         e) Beweislast 8
      2. Einreden i. S. d. ZPO 10
      3. Festlegung des Sachverhalts, Antrags 11
      4. Sachergebnis und ZPO 11
         a) Parteien 12
         b) Streitgenossen 14
         c) Streitgegenstand 15
         d) Zuständigkeit 16
         e) Checkliste 16
      5. Gesamtergebnis festlegen 17
   IV. Fallbeispiel 18
      1. Klageart, einschlägige Rechtsnormen 18
      2. Einwendungen, Darlegungs-, Beweislast 19
      3. Zulässigkeit der Klage 20
      4. Antrag 21
   V. Form und Inhalt der Klageschrift 21
      1. Rubrum 22
         a) Bezeichnung des Gerichts 22
         b) Bezeichnung der Parteien 22
      2. Anträge 24
      3. Tatsachenvortrag 25
      4. Beweismittelangabe 26
      5. Rechtsausführungen 27
      6. Schlussbetrachtung 27

VIII   Inhaltsverzeichnis

VI. Begleitschreiben 28
VII. Anhang: Beispiele für Anträge 29
    1. Zahlungsklage nebst Verzugszins 29
    2. Gesamthandsgläubiger 29
    3. Gesamtschuldner 29
    4. Gewillkürte Prozessstandschaft 29
    5. Stufenklage 29
    6. Zug-um-Zug 30
    7. Zug-um-Zug/Hilfsantrag 30
    8. Herausgabe 30
    9. Herausgabe und Eigentumsübergang (Willenserklärung) ... 30
    10. Nicht vertretbare Handlung 31
    11. Vertretbare Handlung 31
    12. Duldung – Unterlassen 31
VIII. Erstellen einer Prüfungsaufgabe 31

§ 2 Klageerwiderung 33
    I. Aufgabenstellung 33
       1. Standort 33
       2. Aufgabe 33
    II. Funktion der Klageerwiderung 34
    III. Bearbeitungstechnik 34
       1. Einstieg 34
       2. Auseinandersetzung mit der Klageschrift 35
       3. Der Beklagte nimmt Einfluss auf den Tatsachenstoff 35
       4. Angriff auf die Rechtsanwendung 36
       5. Der Beklagte nimmt Einfluss durch Einwendungen/Einreden 36
          a) Einwendungen/Einreden 36
          b) Aufrechnung 37
    IV. Form und Inhalt der Klageerwiderung 39
       1. Rubrum 39
       2. Anträge 40
       3. Begründung 40
    V. Widerklage (Gegenklage) 41
       1. Normalfall 41
       2. Drittwiderklage 43
       3. Hilfswiderklage 44
    VI. Kombination von Hilfs-/Aufrechnung und Hilfs-/Widerklage   45
       1. Fallgestaltung 45
       2. Fallgestaltung 45
    VII. Teilanerkenntnis; Verurteilung Zug-um-Zug, teilweise Erfüllung, Vorbehalt 47
       1. Teilanerkenntnis 47
       2. Zug-um-Zug 47
       3. Vorbehalt der Haftungsbeschränkung 48

Inhaltsverzeichnis IX

VIII. Fallbeispiel ... 49
   1. Sachverhalt ... 49
   2. Lösungsweg ... 51
      a) Auseinandersetzung mit der Klageschrift: ... 51
      b) Bestreiten der Erbenstellung: ... 51
      c) Einwendung: ... 52
      d) Ist mit einer weiteren Entwicklung zu rechnen? ... 52
      e) Aufrechung und Widerklage zur Sicherheit andenken .. 52

§ 3 Vorläufiger Rechtsschutz in der Anwaltsklausur ... 54
   I. Aufgabenstellung ... 54
   II. Besonderheiten ... 54
   III. Bearbeitungstechnik ... 56
      1. Sachverhaltsanalyse ... 56
         a) Ermittlung des konkreten Rechtsschutzzieles und des Gegners ... 56
         b) Ist Eilbedürftigkeit gegeben? ... 57
         c) Welche Art des vorläufigen Rechtsschutzes kommt in Betracht? ... 57
         d) Ist das Vorbringen des Mandanten schlüssig hinsichtlich einer Anspruchsgrundlage für sein Begehren? ... 58
         e) Welche präsenten Beweismittel stehen zur Glaubhaftmachung zur Verfügung? ... 58
         f) Welche gerichtliche Anordnung erfüllt das Rechtsschutzziel und ist realistisch auch zu erreichen? ... 59
      2. Rechtliche Umsetzung in den Schriftsatz ... 59
         a) Adressierung ... 59
         b) Rubrum ... 60
         c) Anträge ... 60
         d) Angabe des Streitwerts ... 62
         e) Aufbau und Inhalt der Begründung des Schriftsatzes 62
         f) Unterschrift, Anlagen ... 63

§ 4 Besonderheiten familienrechtlicher Klausuren ... 64
   I. Die Zuständigkeit des Familiengerichts in Abgrenzung zum allgemeinen Zivilgericht ... 65
   II. Die Unterscheidung zwischen zivilprozessualen Streitigkeiten und FGG-Angelegenheiten ... 66
      1. Zivilprozessuale Streitigkeiten ... 66
         a) Scheidung ... 66
         b) Besondere prozessuale Situationen in isolierten ZPO-Angelegenheiten ... 72
      2. FGG-Angelegenheiten ... 86
         a) Antragsschrift ... 86
         b) FGG-Angelegenheiten im Verbund und als isolierte Familiensache ... 86
         c) Aufbau der Antragsschrift ... 87
         d) Rechtsmittel ... 88
         e) Einstweiliger Rechtsschutz ... 89

§ 5 Vertragsgestaltung	90
I. Einstieg	90
1. Vertragsgestaltung	90
2. Vorbereitung auf die Vertragsgestaltung	90
3. Aufgabenstellung, Bearbeitervermerk und Einstiegssituation	90
II. Lösungsschritte	92
1. Übergang von der Einstiegssituation zur Lösung	92
2. Zielermittlung und Annäherung an das Recht	93
a) Erkennen und sammeln der Ziele	93
b) Strukturierung der Ziele und rechtliche Grobeinordnung	94
c) Prüfen, ob weitere Lösungsansätze in Betracht kommen können (Makrosicht)	95
3. Rechtliche Gestaltung der Mandantenwünsche	96
a) Feststellung der Rechtsnatur des Regelwerkes	96
b) Detailarbeit	98
4. Auswertung des Gestaltungsspielraums	101
5. Formulierung der Klauseln	101
III. Anwendung auf ein Beispiel	102
1. Aufgabe	102
2. Lösung	102
a) Einstiegsüberlegung	102
b) 2. Arbeitsschritt: Wünsche der Mandantin – Zielermittlung	102
c) 3. Arbeitsschritt: Annäherung an das Gesetz	102
d) 4. Arbeitsschritt: Umsetzung der beiden Lösungsansätze = rechtliche Gestaltung	102
e) 5. Arbeitsschritt: Vergleich der beiden Lösungsmöglichkeiten = Auswertung des Gestaltungsspielraums	104
f) 6. Arbeitsschritt: Umsetzung der Lösung im Gutachten	104
B. Strafrecht	**105**
§ 1 Maßnahmen des Strafverteidigers im Ermittlungsverfahren und bei Zwangsmaßnahmen	105
I. Stellung und Funktion des Strafverteidigers im Ermittlungsverfahren	105
II. Aufgabenstellung	106
III. Bearbeitungstechnik	108
IV. Das Verteidigerverhalten bei ausgewählten Einzelfragen	110
1. Verteidigerverhalten bei Zwangsmaßnahmen der Strafverfolgungsbehörden	110
a) Durchsuchung und Beschlagnahme	113
b) Untersuchungshaft	129
c) weitere Vorgehensweise	140

2. Maßnahmen des Strafverteidigers zur Verhinderung der Anklageerhebung ... 141
    a) Einstellung des Verfahrens nach § 170 Abs. 2 StPO ... 141
    b) Einstellung des Verfahrens aus Opportunitätsgesichtspunkten ... 143
3. Begleitende Maßnahmen des Strafverteidigers ... 144
    a) Verhalten des Beschuldigten ... 144
    b) Kontakt mit Dritten ... 145
    c) Erklärungen gegenüber der Strafverfolgungsbehörde ... 146

§ 2 Verteidigung im Zwischenverfahren – Schutzschrift ... 147
  I. Aufgabenstellung ... 147
  II. Abklären der Mandantenziele ... 147
  III. Bearbeitervermerk ... 148
  IV. Bearbeitungstechnik ... 148
    1. Geordnetes Vorgehen nach den Hauptzielen ... 148
    2. Suche nach Einwendungen gegen die Eröffnung des Verfahrens ... 149
       a) Subsumtionswiederholung ... 149
       b) Verfahrensvoraussetzungen/Verfahrenshindernisse ... 149
       c) Anklageschrift ... 150
       d) Akteneinsicht/Informationen des Mandanten ... 150
       e) Gesamtbetrachtung ... 150
  V. Entscheidung für oder gegen die Schutzschrift ... 151
  VI. Beispiel ... 151
    1. Sachverhalt ... 151
    2. Lösungsansatz ... 152
       a) Wiederholung der Subsumtion ... 152
       b) Verfahrensvoraussetzungen/Verfahrenshindernisse ... 152
       c) Anklageschrift ... 152
       d) Akteneinsicht/Informationen durch den Mandanten ... 153
  VII. Form und Aufbau der Verteidigungsschrift ... 153
  VIII. Schreiben an den Mandanten ... 154

§ 3 Das Plädoyer des Verteidigers ... 156
  I. Aufgabenstellung ... 156
  II. Funktion des Plädoyers ... 156
  III. Stil des Plädoyers ... 157
  IV. Aufbau des Plädoyers ... 159
    1. Anrede ... 159
    2. Freispruch ... 159
    3. Verurteilung ... 160
    4. Einstellung ... 160
  V. Klausurtechnik ... 160
    1. Lesen des Aufgabentextes ... 160
    2. Festlegung des durch die Hauptverhandlung erwiesenen Sachverhalts ... 160

3. Rechtliche Würdigung ... 162
4. Strafzumessung ... 163
5. Nebenanträge, Kosten ... 165
6. Zusammenfassender Schlussantrag ... 166
§ 4 Die Revision aus der Sicht des Verteidigers ... 167
  I. Aufgabenstellung ... 167
  II. Grundzüge des Revisionsrechts ... 168
  III. Allgemeines zur Klausurtechnik ... 171
    1. Arbeitsschema ... 171
    2. Die Behandlung von fehlenden Verfahrensvoraussetzungen oder bestehenden Prozesshindernissen ... 173
    3. Die Behandlung von Verfahrensfehlern ... 174
      a) Das Erkennen von Verfahrensfehlern ... 174
      b) Die Beweisbarkeit von Verfahrensfehlern ... 174
      c) Kann sich der Revisionsführer auf den Verfahrensfehler berufen? ... 175
    4. Die Behandlung von sachlich – rechtlichen Fehlern ... 178
  IV. Besonderheiten des Revisionsgutachtens ... 179
  V. Besonderheiten der Revisionsbegründungsschrift ... 181
    1. Kopf des Schriftsatzes, Adressat ... 183
    2. Anträge ... 184
      a) Der kassatorische Teil ... 185
      b) Der Folgeantrag ... 185
    3. Verfahrensvoraussetzungen/Prozesshindernisse ... 186
    4. Verfahrensrügen ... 186
    5. Die Sachrüge ... 188
    6. Unterschrift des Verteidigers ... 189
  VI. Anhang: Übersicht über häufige verfahrensrechtliche Probleme in Revisionsklausuren ... 190

Sachregister ... 199

Abkürzungsverzeichnis

a. A.	anderer Ansicht
a. a. O.	am angegebenen Ort
Abs.	Absatz
AktG	Aktiengesetz
Alt.	Alternative
AnfG	Anfechtungsgesetz
BeurkG	Beurkundungsgesetz
BGH	Bundesgerichtshof
BGHSt	Entscheidungen des Bundesgerichtshofs in Strafsachen
BGHZ	Entscheidungen des Bundesgerichtshofs in Zivilsachen
f.	folgende
ff.	fortfolgende
GbR	Gesellschaft bürgerlichen Rechts
GmbH	Gesellschaft mit beschränkter Haftung
GewSchG	Gewaltschutzgesetz
GmbHG	Gesetz betreffend die Gesellschaften mit beschränkter Haftung
grds.	grundsätzlich
GVG	Gerichtsverfassungsgesetz
HGA	Hilfsgutachten
HGB	Handelsgesetzbuch
InsO	Insolvenzordnung
i. V. m.	in Verbindung mit
m. w. N.	mit weiteren Nachweisen
NJW	Neue Juristische Wochenschrift
NJW-RR	NJW-Rechtsprechungsreport
OHG	Offene Handelsgesellschaft
OLG	Oberlandesgericht
PartGG	Partnerschaftsgesellschaftsgesetz
StGB	Strafgesetzbuch
StPO	Strafprozessordnung
u. U.	unter Umständen
vgl.	vergleiche
ZPO	Zivilprozessordnung

Literaturverzeichnis

Baumbach/Hopt, Handelsgesetzbuch, 30. Auflage 2000
Beulke, Die Strafbarkeit des Verteidigers, 1989
Böhme/Fleck/Bayerlein, Formularsammlung für Rechtsprechung und Verwaltung, 15. Auflage
Börger/Bosch/Heuschmid, Familienrecht, Schriftsätze, Verträge, Erläuterungen, 2. Auflage 2002
Crückeberg Harald, Vorläufiger Rechtsschutz, 2. Auflage, 2001
Dahs, Handbuch des Strafverteidigers, 6. Auflage Köln 1999
Diercks Kerstin/Lemke-Küch Harald, Das Assessorexamen – Rechtsanwaltsstation, Werner Verlag, 1. Auflage 1998
Fickert, Die Behandlung von Zufallserkenntnissen im Ermittlungsverfahren, Würzburger Schriften zur Kriminalwissenschaft, Band 8, 2002
Karlsruher Kommentar zur Strafprozessordnung, 4. Auflage 1999
KMR, Loseblattsammlung zur Strafprozessordnung, begründet von Kleinknecht/Müller/Reitberger, herausgegeben von Müller/Sax/Paulus, nunmehr herausgegeben von v. Heintschel-Heinegg/Stökkel
Löwe/Rosenberg, Die Strafprozessordnung und das Gerichtsverfassungsgesetz mit Nebengesetzen, 25. Auflage 1997 ff.
Meyer-Goßner, Strafprozessordnung, 46. Auflage 2003
Palandt, Bürgerliches Gesetzbuch, Verlag C.H. Beck, 62. Auflage, 2003, zit. Palandt/Bearbeiter
Schlüchter, Strafprozessrecht, 3. Auflage, 1999
Thomas/Putzo, Zivilprozessordnung, Verlag C.H. Beck, 24. Auflage 2002
Tröndle/Fischer, Strafgesetzbuch und Nebengesetze, Verlag C.H. Beck, 51. Auflage 2003
von Heintschel-Heinegg, Das Verfahren in Familiensachen, JA-Sonderheft 21, 4. Auflage, 2001
Zöller, Zivilprozessordnung, 23. Auflage 2002, zit. Zöller/Bearbeiter

A. Zivilrecht

Die Aufgabenstellung „Fertigung einer Anwaltsklausur" führt zu zwei grundverschiedenen Klausurtypen, die beide den Bearbeiter in die Rolle des Anwalts versetzen. Es geht um die Vertragsgestaltung und die Schriftsatzklausur. Besonders anspruchsvoll ist in aller Regel der Kautelarfall. Betroffen ist das weite Feld der Vertrags- und Testamentsgestaltung. Dabei soll der Anwalt Regelungen finden, die sich später als „gerichtsfest" erweisen und so unter Umständen von vornherein künftigen Rechtsstreit vermeiden helfen. Daneben gibt es den Aufgabentyp, der eine materiell-rechtliche Ausgangslage bringt und vom Anwalt verlangt, die richtigen prozessualen Schritte zu finden (Gutachten) und – sofern der Bearbeitervermerk dies fordert – die gefundene Lösung in einen praxistauglichen Schriftsatz umzusetzen. Im Vergleich mit einer Richterklausur – hier soll eine Entscheidung des Gerichts entworfen werden – bewegt sich die auf Schriftsätze ausgerichtete Anwaltsklausur im Vorfeld zu einer richterlichen Entscheidung oder in der Zeit nach dem Erlass eines Urteils oder Beschlusses. Häufige Aufgabenstellungen zur gerichtsbezogenen anwaltlichen Tätigkeit sind die Klageschrift, die Klageerwiderung, Schriftsätze im Zusammenhang mit dem einstweiligen Rechtsschutz, den Rechtsmitteln sowie dem Einspruch gegen einen Vollstreckungsbescheid bzw. gegen ein Versäumnisurteile. All diese Bereiche unterscheiden sich so deutlich, dass vom Klausurtyp der Klageschrift, Klageerwiderung usw. gesprochen werden kann.

Steht eine Anwaltsklausur zur Bearbeitung an, sollte sich der Bearbeiter in die Situation eines Anwalts versetzen: Anwälte haben die notwendigen Tatsachen zu ermitteln, die Ziele der Mandantschaft zu erkennen, die Lösung zu erarbeiten, die Risiken herauszustellen und den Mandanten entsprechend zu beraten. In der Klausursituation besteht im Unterschied zur Wirklichkeit die Besonderheit, dass Fehler bei der Aufklärung des Sachverhalts nicht unterlaufen können, weil der Aufgabensteller die notwendigen Sachverhaltsinformationen vorgeben muss (andernfalls liefe eine Klausur darauf hinaus, noch einige Fragen an die Mandantschaft zu richten). Neben dem Sachverhalt muss das Interesse des Mandanten ermittelt werden. Auch dies gibt der Aufgabensteller deutlich oder doch erschließbar vor. Stehen der Sachverhalt und das Mandanteninteresse fest, muss in der Sache gelöst werden. Es geht darum, den einschlägigen Rechtssatz zu finden, den notwendigen Tatsachenstoff herauszuarbeiten, zugleich die überflüssigen Tatsachen abzuschichten, die Beweislage zu klären und mögliche Einwendungen und Einreden zu erkennen.

Zielvorgaben des Mandanten sind kritisch zu sehen. Nach gefestigter Rechtsprechung des BGH ist der Rechtsanwalt, soweit sein Auftraggeber nicht unzweideutig zu erkennen gibt, dass er des Rates nur in einer bestimmten Richtung bedarf, zur allgemeinen, umfassenden und möglichst erschöpfenden Belehrung des Auftraggebers verpflichtet[1]. Mithin ist die Beratung über Alternativen oder andere Möglichkeiten geschuldet. Ferner hat der Anwalt eingehend über die Erfolgsaussicht des Vorgehens zu beraten.[2]

4 Für die Klausur bedeutet dies, dass die Zielvorgaben mit der Lösung abgestimmt sein müssen. Erläuternd dazu wird in einem Begleitschreiben zur Klageschrift, Klageerwiderung, zum Vertragsentwurf usw. der Mandantschaft mitgeteilt, weshalb nicht alle Ziele erreichbar sind und welche Risiken dem Erfolg noch entgegenstehen können. Die Restrisiken haben ihren Grund in der immer ungewissen Beweisbarkeit von Tatsachen des Sachverhalts[3], im Ermessensspielraum des Gerichts[4] und in der Nichtvorhersehbarkeit des gegnerischen Prozessverhaltens. Schließlich kann die Grundlage aller Überlegungen deshalb entfallen, weil die Rechtsprechung ihren Standpunkt ändert.

5 Unter dem Eindruck der konkret herausgearbeiteten Risiken sollte ein Bearbeiter den für die Mandantschaft sichersten Weg auswählen: Von mehreren in Betracht kommenden Maßnahmen hat der Rechtsanwalt regelmäßig diejenige zu treffen, welche drohende Nachteile am wahrscheinlichsten vermeidet; wenn mehrere Wege möglich sind, hat er den sichersten und gefahrlosesten zu wählen[5]. Ein eventueller Verstoß gegen diesen Grundsatz löst beim Prüfer die Kritik aus, dass der Bearbeiter so die Haftung des Anwalts auslöst und beweisbar dokumentiert.

---

[1] BGH NJW 1988, 563.
[2] Insbesondere im Hinblick auf eine etwaige Schadensersatzpflicht bei fehlerhafter Beratung wird der Prüfer darauf achten, ob sich der Bearbeiter an die einschlägige (obergerichtliche und höchstrichterliche) Rechtsprechung hält. Wer diese unbeachtet lässt und einen nach der Literatur vertretbaren Weg einschlägt, wird jedenfalls dann mit Punktabzug zu rechnen haben, wenn er seinen Mandanten – etwa in einem Begleitschreiben – nicht über die erheblichen Risiken der Vorgehensweise aufklärt.
[3] Ein Zeuge hält nicht, was er verspricht.
[4] Z. B. § 253 Abs. 2 BGB.
[5] BGH NJW-RR 1990, 1241.

§ 1 Klageschrift

I. Aufgabenstellung (Merkmale des Klausurtyps)

Mandanteninformation + Schriftverkehr + Urkunden	Mandantenziele	Erfolgsaussicht	Schriftsätze Klageschrift/ Begleitschreiben Mahnbescheidsantrag/ Begleitschreiben
Mandanteninformation + Schriftverkehr + Urkunden + Mahnbescheid + Widerspruch	Mandantenziele Aufforderung zur Anspruchs- begründung	Erfolgsaussicht	Schriftsätze Anspruchsbegründung/ Begleitschreiben Abraten zur Anspruchs- begründung mit Vorschlag, den Mahnbescheid zurückzunehmen
Mandanteninformation + Schriftverkehr + Urkunden + Vollstreckungsbescheid + Einspruch	Mandantenziele Aufforderung zur Anspruchs- begründung	Erfolgsaussicht Einspruch wirksam?	Schriftsätze Anspruchsbegründung/ Begleitschreiben Abraten zur Anspruchs- begründung mit Vorschlag, den Vollstreckungsbescheid zurückzunehmen

Ein möglicher Kläger sucht den Rechtsanwalt auf. Sprechen gleich mehrere mögliche Kläger vor oder werden weitere Rechtsinhaber geschildert, muss an die Gläubigermehrheit und die subjektive Klagehäufung gedacht werden. Während im „echten" Fall der Anwalt häufig viel Zeit darauf verwendet, den Sachvortrag des Mandanten durch Fragen und/oder Anschreiben zu vervollständigen, wird ein Aufgabensteller den für die Lösung des Falles notwendigen Sachvortrag (Subsumtionsstoff) vortragen (evtl. ungeordnet und mit unnötigen Tatsachen belastet). Jedoch ist auch denkbar, dass eine Aufgabe im Ergebnis darauf hinausläuft, an den Mandanten noch einige Fragen zu richten oder Beweisunterlagen beizubringen.

Wie bei jeder Klausurbearbeitung gibt auch bei „Schriftsatzklausuren" der **Bearbeitervermerk** das Maß vor – wer den Bearbeitervermerk nicht beachtet wird das Thema verfehlen. Das Spektrum der geforderten Leistungen ist breit: Verlangt sein kann ein Gutachten, das zum Ergebnis führt und mit dem Rat endet, eine Klage zu erheben oder davon abzusehen. Dieser Aufgabeninhalt bildet die Ausnahme. Im Regelfall sind neben einem Gutachten die erforderlichen Schriftsätze zu fertigen. Mit dieser Bearbeitungsvorgabe vermehrt sich die Schreibarbeit, weil im Gutachten zu entwickeln ist, ob eine oder keine Klage in Betracht kommt und weshalb dies so ist. Außerdem sind bei Erfolgsaussicht die Klageschrift nebst Begleitschreiben zu fertigen.

Werden nur Schriftsätze gefordert, verlagern sich Einzelheiten der Lösung, die in der Klageschrift nicht ausgeführt werden müssen in das Begleitschreiben. Ferner sind Erschwernisse möglich wie etwa die Streitverkündung, ein Prozesskostenhilfeantrag und Anträge nach § 769 ZPO.

1. Normalfall

9   Ein Mandant schildert dem Rechtsanwalt einen Sachverhalt und legt zugleich einige Schriftstücke (Anlagen zur Sachverhaltsschilderung) vor. Nach dem ersten Durchlesen zeigt sich, dass bisher noch keine Klage in dieser Sache erhoben und auch kein Fall der Vertragsgestaltung betroffen ist. Der Mandant beschreibt ein meist wirtschaftlich formuliertes Ziel, indem er von einem oder mehreren etwas fordert (Leistung). Weniger häufig zielt sein Verlangen auf die Feststellung eines Rechtsverhältnisses, auf die Feststellung der Echtheit einer Urkunde (§ 256 Abs. 1 ZPO) oder auf die richterliche Gestaltung eines Rechts.

2. Mahnverfahren

10   Eine Abwandlung der Aufgabenstellung bringt das Einflechten der Mahnbescheidsproblematik, die in zwei Richtungen wirken kann: Einmal als Maßnahme, anstelle einer Klage den u. U. kostengünstigeren Weg des Mahnbescheidverfahrens zu wählen.[6] Zum Anderen kann der Mandant das Mahnverfahren bereits „mitbringen", indem er eine Mitteilung des Gerichts vorlegt, nach der er aufgefordert wird, binnen 2 Wochen eine **Anspruchsbegründung** an das Gericht zu senden (vgl. § 697 ZPO). In einer solchen Fallgestaltung wird daher zusätzlich beschrieben, dass der Mandant (selbst oder durch einen anderen Anwalt) einen Mahnbescheid erwirkt hat, gegen den jedoch Gesamtwiderspruch eingelegt worden ist. Bei Teilwiderspruch muss bedacht werden, dass der nicht widersprochene Teil die Grundlage für einen Vollstreckungsbescheid bildet, der gleich beantragt werden kann.

3. Vollstreckungsbescheid

11   Ist das Mahnverfahren bereits eine Stufe weiter entwickelt, wird der Mandant nicht nur seinen Sachverhalt schildern, Urkunden vorlegen und vom Mahnverfahren berichten; die Aufgabe teilt zusätzlich den Erlass eines Vollstreckungsbescheids mit, berichtet von dessen Zustellung, dem Einspruch des Gegners und der Aufforderung, nunmehr den **Anspruch zu begründen** (vgl. § 700 Abs. 3 ZPO). In solchen Fällen sollte gleich neben das Stichwort Vollstreckungsbescheid ein Hinweis auf §§ 700, 343 ZPO erfolgen. Im später zu formulierenden Antrag wird nämlich § 343 ZPO zu beachten sein.

---

[6] Hier ist § 688 ZPO wichtig – Zahlung einer bestimmten Geldsumme/niemals Herausgabe.

II. Funktionen der Klageschrift

Vor Beginn eines Rechtsstreits muss die Erfolgsaussicht einer Klage geprüft werden. In der Klausur geschieht dies im Rahmen eines Rechtsgutachtens. Ergibt die Prüfung der Rechtslage, dass keine Erfolgsaussicht besteht, muss der Anwalt **von der Klage abraten**. Die Lösung der Aufgabe führt dann nicht zur Klageschrift, sondern zum Gutachten, das die Erfolglosigkeit einer Klage herausarbeitet und zu einem Schreiben an die Mandantschaft, mit dem erklärt wird, dass eine Klage keinen Erfolg verspricht. Ein solches Schreiben soll sprachlich auf den „Empfängerhorizont" ausgerichtet sein. Dabei handelt es sich bei der Mandantschaft meist um rechtliche Laien. Für die juristische Vertiefung ist Platz im Gutachten.

Ganz anders bei Erfolgsaussicht. Jetzt dient die Klageschrift dem Ziel, den Prozess-Sieg einzuleiten. Dazu ist es notwendig, zunächst die Zustellung der Klage zu erreichen und alle Tatsachen vorzutragen, die bei Gericht im Rahmen der Prüfung der Sachurteilsvoraussetzungen und Schlüssigkeit notwendig sind. Ferner müssen die rechtlichen Erwägungen zutreffen. Im Idealfall trägt eine Klageschrift die Zulässigkeit und Schlüssigkeit der Klage zu Gericht. Diese Qualität zahlt sich besonders dann aus, wenn der Beklagte säumig sein sollte und ein Versäumnisurteil zu prüfen sein wird. In diesem Fall zählt nur der Vortrag des Klägers, § 331 ZPO.

III. Bearbeitungstechnik

Sie dient dem Ziel, die Erfolgsaussicht der Klage zu ermitteln. Eine Klage wird erfolgreich sein, wenn sie zulässig und begründet ist. Da zu Beginn der Fall-Lösung nicht bekannt ist, welche Tatsachen durch ein Bestreiten des Gegners angegriffen werden und deshalb später noch „durch die Beweisaufnahme müssen", sind alle für eine Subsumtion notwendigen – vom Mandanten stammenden – Tatsachen zu verwenden. Dies gilt für die Vorschriften zum Verfahrensrecht wie zum materiellen Recht.

1. Erfolgsaussichten in der Sache

Der erste Lösungsschritt betrifft die materiell-rechtliche Lösung. Sie führt zum sachlichen Ergebnis, damit zum Antrag und der Klageart und ebnet so den Blick für die allgemeinen und besonderen Sachurteilsvoraussetzungen, die für die Zulässigkeit der Klage zu prüfen sein werden. Wer beispielsweise Schadensersatz geltend machen will, muss erst wissen, ob und in welcher Höhe ein Anspruch besteht. Ergibt dann das sachliche Recht einen Anspruch i. H. v. 12 000 Euro, kann auch die Frage nach der sachlichen Zuständigkeit beantwortet werden. – Die Aufgabenstellung wird das oder die Anliegen/Ziel(e) des Mandanten beschreiben. Jedes Anliegen ist rechtlich umzusetzen in die Kategorien Leistungs-, Gestaltungs- oder Feststellungsklage.

Begehrt der Mandant die Umgestaltung eines Rechtsverhältnisses, handelt es sich um eine **Gestaltungsklage** (Mittel zur Rechtsänderung). Typische Fälle: Ehescheidung; Anfechtung der Ehelichkeit eines Kindes; prozessuale Gestaltungsklagen: § 771 ZPO, § 767 ZPO.

17 Geht es dem Mandanten um die Feststellung des Bestehens oder Nichtbestehens eines Rechtsverhältnisses oder die Echtheit/Unechtheit einer Urkunde (§ 256 Abs. 1 ZPO), ist die **Feststellungsklage** zu erwägen. Hier ist Vorsicht angesagt, wenn der Mandant das Wort Feststellung verwendet. Denn ein juristischer Laie meint mit „Feststellung des Eigentums" unter Umständen die Herausgabe einer bestimmten Sache (= Leistungsklage). Typische Fälle: Feststellung, dass ein Mietverhältnis besteht, dass der Mandant Erbe ist, dass der Beklagte allen künftigen Schaden aus einem bestimmten Schadensereignis zu erstatten hat.

18 In der Mehrzahl aller Fälle zielt das Rechtsbegehren des Mandanten auf eine **Leistung**. Hierunter fällt alles, was später auch vollstreckt werden kann: Geldzahlung, Tun (dazu zählt auch die Herausgabe), Dulden, Unterlassen und (hier gibt es keine Vollstreckung) die Abgabe einer Willenserklärung.

a) Von der Klageart zur einschlägigen Rechtsnorm

19 Dieser Teil ist für die Gesamtlösung besonders wichtig. Bei der **Leistungsklage** geht es darum, die einschlägige Anspruchsgrundlage oder die den Anspruch tragende vertragliche Absprache zu finden. Das Aufsuchen von Anspruchsgrundlagen bildete bereits für die Erste Juristische Staatsprüfung den Dreh- und Angelpunkt. Auch jetzt geht es um das Erkennen aller Anspruchsgrundlagen sowie das Lösen von Konkurrenzfragen. Der Weg führt von dem – meist durch wirtschaftliche Erwägungen geprägten – Ziel des Mandanten zu einer Anspruchsgrundlage oder mehreren Anspruchsgrundlagen mit der Einordnung des Begehrens als: Vertragserfüllung, Herausgabe[7], Schadensersatz, Aufopferung, Beseitigung, Unterlassung, Aufwendungsersatz und Verwendungsersatz, Abgabe einer Willenserklärung, Regressansprüche. Danach sind mögliche Einreden und Einwendungen zu prüfen. Verbleiben mehrere Anspruchsgrundlagen, sind schließlich noch Konkurrenzerwägungen anzustellen.

20 Im Rahmen einer **Gestaltungsklage** ist die oder sind die Normen zu finden, bei deren Vorliegen der Mandant gegen den Staat einen Anspruch auf Umgestaltung eines Rechtsverhältnisses hat. Während bei der Feststellungsklage das Gericht nur prüft, ob ein behauptetes Rechtsverhältnis besteht oder nicht besteht, benötigt der Bürger für bestimmte Rechtsänderungen die Gestaltung durch ein Gericht. Bekanntestes Beispiel ist die Ehescheidung. Daneben gibt es eine Reihe von praktisch wichtigen Gestaltungsklagen (z.B. Gesellschaftsrecht: §§ 133, 140 HGB, Familienrecht: §§ 1564, 1313 BGB, Erbrecht: § 2342 BGB, Prozessrecht: §§ 767, 771 ZPO).

21 **Exkurs:** Bei den prozessualen Gestaltungsklagen nach § 767 ZPO gibt es noch eine andere Denkrichtung. Diese Klagen setzen ein rechtskräftiges Urteil voraus, das inzwischen zur Vollstreckung führte oder dessen Vollstreckung droht. Deshalb ist bei einem in der Aufgabe mitgeteilten Urteil sorgfältig zu prüfen, ob bereits Rechtskraft eingetreten ist. Kann nämlich der Eintritt der Rechtskraft noch durch eine Berufung verhindert werden, muss selbstverständlich dieser Weg eingeschlagen werden. Denn für den Mandan-

---

[7] Z.B. § 985 BGB, aber auch Rückabwicklung, Surrogation, Erlös- oder Gewinnherausgabe, Eingriffsausgleich, Nutzungsherausgabe.

ten ist es besser, ohne Beschränkung nach § 767 II ZPO das Urteil angreifen zu können, als nach Eintritt der Rechtskraft in den Grenzen des § 767 ZPO gefangen zu sein. Besonders gefährlich ist dieser Aufgabentyp, wenn der Mandant von einer durchgeführten Pfändung spricht und sich besonders dagegen richten will. Dann kann voreilig auf §§ 767, 769 ZPO abgestellt werden, obwohl richtigerweise die Berufung und §§ 719, 707 ZPO zu wählen sind.

Schließlich gibt es den Fall der analogen Anwendung von § 767 Abs. 1 ZPO[8] wegen inhaltlicher Unbestimmtheit des Streitgegenstandes und damit wegen fehlender materieller Rechtskraft. 22

Bei der **Feststellungsklage** zum Be- oder Nichtbestehen eines Rechtsverhältnisses sollte gleich mit dem Entstehen des Rechtsverhältnisses begonnen werden. Hier geht es also nicht um das Auffinden einer Anspruchsgrundlage, sondern um die Klärung, ob ein Rechtsverhältnis jemals entstanden ist und immer noch besteht. Beispielsweise kann zu klären sein, ob der Mandant Erbe einer bestimmten Person geworden ist. Diese Prüfung führt zum Erbfall (§ 1922 Abs. 1 BGB) und zur gesetzlichen/gewillkürten Erbfolge. 23

b) Subsumtion

Stehen die in Betracht kommenden Normen fest, sind sie in ihre Voraussetzungen aufzulösen, diese zu definieren und sodann mit den Tatsachen des Sachverhalts aufzufüllen[9]. Am Ende dieses Arbeitsschrittes ist geklärt, ob auf der Grundlage der Tatsachen, wie sie der Mandant schildert, das Rechtsbegehren in der Sache erfolgreich ist oder nicht. Im Falle der Leistungsklage zeichnet sich ab, ob die begehrte Rechtsfolge unter Umständen gleich mehrfach begründbar ist. 24

Beispiel: Nach einem Verkehrsunfall begehrt der Mandant Ersatz seines Sachschadens, der sowohl nach § 823 BGB als auch nach § 7 StVG gefordert werden kann. 25

c) Keine Norm passt

Bleibt trotz Auffinden von einschlägigen Normen und sauberer Subsumtion keine Norm übrig, die das Begehren des Mandanten stützt, sollte nicht gleich aufgegeben werden. An dieser Stelle kann die Auslegung des Gesetzes oder eine Analogie weiterhelfen. Dieser Schritt führt rechtlich in die Tiefe, weil eine bekannte Definition neu bewertet werden muss[10]. Zeigt sich nunmehr immer noch kein Erfolg, dann ist die Aufgabe entweder darauf angelegt, dem Mandanten von einer Klage abzuraten oder die Lösung stimmt nicht. Denn im Normalfall wird eine solche Klausur vom Aufgabensteller mit allen erforderlichen Tatsachen ausgestattet. 26

---

[8] Vgl. BGHZ 124, 164 ff.
[9] Handwerk der Normprüfung: Voraussetzung 1 – Definition – Tatsachen aus dem Sachverhalt; Voraussetzung 2 – Definition – Tatsachen aus dem Sachverhalt; Rechtsfolge der Norm; hier unter Umständen wieder: Voraussetzung 1 – Definition – Tatsachen aus dem Sachverhalt (z. B. Höhe des Schadens).
[10] Für den Prüfer zählt hier: Hat der/die Verfasser/in das Problem erkannt? Ist das Problem bewältigt worden? Ist ein sauberes methodisches Vorgehen erkennbar?

d) Schlüssigkeit

27 Die Schlüssigkeit betrifft die Lösung in der Sache. Die Behauptungen des Klägers als solche müssen den „Schluss" auf die erstrebte Rechtsfolge zulassen. Mit den behaupteten Tatsachen muss also eine erfolgreiche Subsumtion möglich sein. Dabei wird so getan, als ob die vom Mandanten vorgetragenen Tatsachen der Wahrheit entsprechen. Schlüssigkeit liegt vor, wenn die vom Kläger vorgetragenen Tatsachen den Klageantrag rechtfertigen[11]; die vorgetragenen Tatsachen müssen alle Tatbestandsmerkmale der anzuwenden Normen so ausfüllen, dass die vom Gesetz vorgesehene, vom Mandanten angestrebte Rechtsfolge eintreten muss. – Bildlich gesprochen ist der Vorgang mit einem Brückenbau vergleichbar. Dabei bilden die vom Bearbeiter aus der Sachverhaltsschilderung der Aufgabe herausgesuchten Tatsachen diejenigen Steine, die zusammengefügt den Brückenbogen bilden. Würde auch nur ein Stein fehlen, müsste der Bogen zusammenfallen. Jeder Stein ist also tragend und im Rahmen der rechtlichen Lösung entscheidungserheblich.

28 Die Bestimmung und rechtliche Bewertung von Tatbestandsmerkmalen ist zu Beginn der Schlüssigkeitsprüfung abgeschlossen. Danach geht es um die Frage, ob der konkret zu entscheidende Fall mit seinen Tatsachen alle Tatbestandsmerkmale des abstrakt formulierten Gesetzes ausfüllt. Dieser Arbeitsschritt muss besonders sorgfältig ausgeführt werden, weil der Zusammenschrieb aller notwendigen Tatsachen später die Sachverhaltsschilderung für die Klageschrift hergibt.

29

Gesetz	Sachverhalt der Aufgabe
aufgelöste in seine Tatbestandsmerkmale	
Voraussetzung 1	passende Tatsache
Voraussetzung 2	passende Tatsache
......	......
Rechtsfolge	
	Tatsachenvortrag

e) Beweislast

30 **(1) Berücksichtigung künftigen Bestreitens.** Ein schlüssiger Tatsachenvortrag – insofern besteht eine Behauptungslast – kann im Verlauf eines Prozesses „zusammenbrechen", weil eine für die Subsumtion notwendige Tatsache vom Gegner bestritten und vom Kläger nicht bewiesen ist. Deshalb muss darüber nachgedacht werden, ob im weiteren Verlauf des Prozesses mit dem Wegfall tragender Tatsachen zu rechnen sein wird. Im Vortrag des Mandanten oder im Inhalt der mitgeteilten Schriftstücke (Schreiben des künftigen Beklagten oder eines vorgerichtlich für ihn tätigen Rechtsanwalts) ist daher nach Hinweisen zu suchen, die auf ein künftiges Bestreiten der entscheidungserheblichen Tatsachen hindeuten. Dabei ist darauf zu achten, dass Aufgabensteller Hinweise einflechten, die das künftige Bestreiten entscheidungserheblicher und entscheidungsunerheblicher Tatsachen betreffen können.

---

[11] Die Tatsachen sind in Verbindung mit einem Rechtssatz geeignet, das geltend gemachte Recht als in der Person des Klägers entstanden erscheinen zu lassen.

(2) Beweismittel. Als Beweismittel kommen in Betracht: der Zeugen- 31
beweis, der Urkundenbeweis, der Sachverständigenbeweis, der Augenschein
und die Parteivernehmung. Für den Zeugen- und Urkundenbeweis muss die
Aufgabenstellung Hinweise liefern[12]. Die übrigen Beweismittel müssen in der
Aufgabenstellung nicht ausdrücklich erwähnt werden, weil sie durch bloßes
Nachdenken eigenständig erschließbar sind[13].

Beispiel: Mandant möchte feststellen lassen, dass der künftige Beklagte Darlehens- 32
nehmer ist. Aus dem bisherigen Schriftwechsel ist erkennbar, dass der künftige Beklagte behaupten wird, kein Darlehen erhalten zu haben. – Hier geht es um eine Feststellungsklage: Kläger will ein Rechtsverhältnis festgestellt haben (Beziehung Person zu Person, hier Darlehen). In einem solchen Fall ist zu prüfen, ob ein Darlehensvertrag geschlossen worden und ob der Vertrag nicht wieder untergegangen ist (z. B. durch Erfüllung). Wer einen Darlehensbetrag noch nicht zur Verfügung gestellt hat, kann ihn auch nicht zurückfordern. Deshalb ist dieser anspruchsbegründende Punkt vom Kläger zu beweisen, falls der Beklagte ihn bestreiten sollte. Findet sich im Sachvortrag der Hinweis auf eine Quittung, kann diese Urkunde als Beweismittel eingesetzt werden. Fehlt eine Quittung, gibt es aber einen Zeugen, dann wird er benannt. Ist der Mandant der einzige „Zeuge", muss erwogen werden, ob er als Kläger ausscheiden und für einen anderen Kläger als Zeuge zur Verfügung stehen kann. Möglich wäre beispielsweise die Forderungsabtretung an die Ehefrau des Mandanten, die dann als Klägerin (eigenes Recht im eigenen Namen) auftreten könnte.

Zwei Problemkreise können sich in der Beweisstation auftun. Zum einen 33
die Frage, für welche Tatsachen ist ein Kläger überhaupt beweispflichtig?
Zum anderen, wie einer Beweismittelnot begegnet werden soll?

(3) Beweislast des Klägers. Der einfache Grundsatz lautet, dass der Klä- 34
ger die anspruchsbegründenden Tatsachen behaupten und im Falle des
wirksamen Bestreitens auch beweisen muss. In seltenen Fällen können die
Behauptungs- und Beweislast auseinanderfallen. So etwa bei einer Klage gegen den vollmachtlosen Vertreter. In diesem Fall muss der Kläger die fehlende Vollmacht des Beklagten behaupten, der Vertreter hingegen muss seine
Vollmacht beweisen, § 179 Abs. 1 BGB. Schwierigkeiten bereiten dabei die
Fälle der Umkehr der Beweislast[14], der gesetzlichen Vermutungen, der Fiktionen und des Beweises des ersten Anscheins (Prima-facie-Beweis)[15].

Gesetzliche Vermutung: Sie betreffen das Vorliegen von Tatsachen oder 35
die Inhaberschaft eines Recht. (etwa §§ 938, 1117 Abs. 3 BGB oder §§ 891,

---

[12] Z. B. der Beifahrer wird benannt, oder der Hinweis, die Ehefrau sei bei Vertragsschluss zugegen gewesen; Rechnungen, Verträge, Quittung usw. werden als Anlage beigefügt oder der Mandant spricht davon, solche Unterlagen zu haben.
[13] Konnte der Mandant sein Fahrzeug noch rechtzeitig anhalten? = Sachverständigenfrage; kein Vorfahrtsschild rechts/vor links? = durch Augenschein klärbar; die Parteivernehmung wird im Regelfall wenig helfen. Der Antrag auf Vernehmung des Beweisgegners (§ 445 ZPO) führt ins gegnerische Lager, der Antrag auf Vernehmung des Beweisführers (§ 447 ZPO) erfordert das Einverständnis des Gegners; § 448 ZPO betrifft ohnehin einen Fall der Vernehmung von Amts wegen (bei Vorliegen einer ausreichenden Wahrscheinlichkeit für die Richtigkeit der streitigen Behauptung).
[14] Thomas/Putzo § 286 Rn. 16.
[15] Thomas/Putzo § 286 Rn. 12 ff.

2365 BGB). In diesen Fällen muss die Partei, die diese Vermutung nutzen will, die Voraussetzungen für die Vermutung dartun und gegebenenfalls beweisen. Beispiel: Der Kläger legt die Eintragung seines Rechts im Grundbuch dar. Jetzt ist es Sache des Beklagten, das Gegenteil der vermuteten Folge darzutun, vgl. § 292 S. 1 ZPO.

36 **Fiktion:** Hier gelten unzweifelhaft nicht gegebene Tatsachen nach dem Gesetz als vorhanden. Der Beweis des Gegenteils ist ausgeschlossen, vgl. z. B. § 674 BGB.

37 **Beweis des erstens Anscheins:** Bei typischen Geschehensabläufen spricht die allgemeine Lebenserfahrung zum Beispiel für ein Verschulden, für die Vollständigkeit einer Erklärung usw. In solchen Fälle genügt die Darstellung des typischen Geschehensablaufs in der Klageschrift. Erst wenn der Beklagte dies wirksam erschüttert, bedarf es in der Replik (die zur Zeit nicht gefertigt wird) eines Beweisangebots[16].

38 **(4) Beweisangebot.** In der Praxis hat sich die Übung bewährt, jede Tatsachenbehauptung mit einem Beweisangebot zu versehen (sofern ein solches zur Verfügung steht). Denn wenn die Beweislast beim Gegner liegen sollte, stellt das Beweisangebot „automatisch" einen Beweis des Gegenteils dar. In einer Klausur ist dazu im Gutachten oder im Begleitschreiben auszuführen, dass dieses Beweisangebot vorsorglich für den Fall des Beweisangebotes durch den Gegner als Gegenbeweis angeführt ist. In diesem Verhalten steckt zugleich eine List. Denn wenn der Gegner seine eigene Beweislast nicht erkennt, unterlässt er u. U. ein Beweisangebot und später wird eine Beweislastentscheidung zu seinem Nachteil ergehen.

39 **(5) Beweismittelnot.** Wenn dem Kläger die Grundsätze der Beweislastumkehr, gesetzliche Vermutungen, Fiktionen und der Beweis des ersten Anscheins nicht weiterhelfen und keine Zeugen und Urkunden zur Verfügung stehen, ist – nur kurz – über den Wert einer Parteivernehmung nachzudenken. Führt dies nicht weiter, kann erwogen werden, den Kläger als Zeuge zu benutzen. Eine Partei kann natürlich nicht Zeuge sein. Es ist aber möglich, das Recht abzutreten und durch einen „anderen" Kläger geltend zu machen. Unter engen Voraussetzungen ist es auch möglich, ein Recht in gewillkürter Prozessstandschaft geltend zu machen. Bei Mitgläubigern kann einer als Kläger auftreten und können die anderen Mitgläubiger als Zeugen genutzt werden.

2. Einreden i. S. d. ZPO

40 Der Gegner kann sich gegen das Klagebegehren mit Einreden i. S. d. ZPO zur Wehr setzen. Der Bearbeiter sollte daher Einwendungen und Einreden erkennen, soweit sie im Sachverhalt anklingen. Einwendungen, die das Gericht von Amts wegen berücksichtigen wird, werden im Rahmen des Gutachtens erörtert, sollten aber in der Klageschrift ausgespart werden, weil es Sache des Gegners ist, diese Tatsachen vorzutragen. Gleiches gilt für die Einreden, die ohnehin nur beachtet werden, wenn der Gegner sie „einredet". Tatsachen, die die Entstehung des geltend gemachten Anspruchs

---

[16] Thomas/Putzo § 286 Rn. 12 ff.

ausschließen oder ihn vernichten, dürfen hingegen bei voller Kenntnis wegen § 138 Abs. 1 ZPO nicht verschwiegen werden.[17]

Es wäre ein klassisches Eigentor, in der Klageschrift einen Anspruch auszuführen und gleichzeitig zu belegen, dass dieser verjährt ist, obwohl sich der künftige Beklagte bisher dazu noch nicht geäußert hat. Natürlich muss dem Mandanten/Prüfer erklärt werden, dass die Einrede jederzeit kommen und den Anspruch auf Dauer hindern kann. 41

Tatsachen →	darlegen und beweisen ist grds. Sache des	42
rechtsbegründend, rechtserhaltend (auch negative)	→ Klägers	
rechtshindernde, – vernichtende und – rechtshemmende einschließlich der tatsächlichen Umstände, die Grundlage einer für sie günstigen Auslegung sind, BGH NJW 1999, 1702	→ Gegners	

3. Festlegung des Sachverhalts, Antrags

Der Zusammenschrieb aller für die Subsumtion notwendiger Tatsachen bildet den tragenden Sachverhalt. Damit wird schlüssig begründet, was als Rechtsfolge im Antrag verlangt wird. Der Antrag erfordert ein genaues Vorgehen. Er nimmt vorweg, was später vollstreckt werden oder kraft Urteils gelten soll. Der Antrag führt in die Leistungs-, Feststellungs- oder Gestaltungsklage. Kraft Urteils gilt, was im Rahmen einer Klage festgestellt oder gestaltet wird. Bei der Leistungsklage richtet sich der Antrag überwiegend auf die Zahlung von Geld (nebst Zinsen). Daneben auf die Herausgabe eines Gegenstandes, im Falle der Klage gegen den Verkäufer auf Besitz- und Eigentumsverschaffung, weniger häufig auf die Vornahme von Handlungen, auf Auskunft und Rechnungslegung, Unterlassung und Duldung, Abgabe einer Willenserklärung. Bei den Anträgen ist große Sorgfalt erforderlich. Beispiele zu den gängigen Bereichen finden sich im Anhang 1 zum Abschnitt „Klageschrift". 43

Fehler im Antrag lassen sich vermeiden, indem bei der Formulierung an die spätere Rechtskraft und bei Leistungsklagen an die Vollstreckung gedacht wird. So vermittelt sich die Bedeutung des Bestimmtheitsgrundsatz: Ein Gerichtsvollzieher muss wissen, was er vollstrecken soll. Eine Ehe ist nur nachvollziehbar geschieden, wenn genau bezeichnet ist, wer geschieden wird. Die Feststellung, dass der Mandant Erbe ist, nützt nichts, wenn nicht zugleich der Erblasser benannt ist. 44

4. Sachergebnis und ZPO

Vom Ergebnis in der Sache führt nun der Weg zu den ZPO-Vorschriften. Bei einer Leistungsklage steht fest, wem das Rechts zusteht und gegen wen sich der Anspruch richtet. Zielt der gefundene Antrag auf eine Feststellungsklage oder eine Gestaltungsklage, zeigt das festzustellende Rechtsverhältnis 45

---

[17] Z. B. eine bekannte Teilerfüllung.

die Personenverknüpfung, auf die es ankommen wird bzw. weist das zu gestaltende Recht auf. – Damit kann die Frage nach den Parteien, der Parteifähigkeit, der Prozessfähigkeit und der Prozessführungsbefugnis gestellt werden. – Neben dem übersichtlichen Fall der Klage eines Klägers gegen einen Beklagten auf Zahlung z. B. des Kaufpreises (1 Anspruch, 1 Klage) sind zahlreiche kompliziertere Gestaltungen möglich. Sie haben ihren Ausgangspunkt bei den Parteien und dem Streitgegenstand.

a) Parteien

46 **(1) Formeller Parteibegriff.** Der Kläger bestimmt die Parteien: Wer Klage erhebt wird Kläger, wer verklagt wird, ist der Beklagte (formeller Parteibegriff). Der Anwalt wird – um keine unsinnigen Prozesse zu führen – denjenigen als Kläger auswählen, dem das Recht zusteht und als Beklagten denjenigen, der verpflichtet ist, der fälschlicherweise behauptet, Eigentümer etc. zu sein oder dessen Rechtsposition umgestaltet werden soll. Besonderheiten treten auf, wenn der Rechtsinhaber ausgetauscht werden muss, um auf diese Weise einen Zeugen zu gewinnen. Die Übertragung eines Rechts auf einen anderen ändert aber nichts an der Notwendigkeit, den Rechtsinhaber als Kläger auftreten zu lassen.

47 **(2) Parteifähigkeit.** Steht fest, wer Kläger und wer Beklagter sein muss, ist zu prüfen, ob diese Personen parteifähig sind, weil die Parteifähigkeit zu den von Amts wegen zu prüfenden Verfahrensvoraussetzungen zählt, § 56 Abs. 1 ZPO. Es geht um die Fähigkeit, Subjekt eines Prozessrechtsverhältnisses zu sein. Damit sind nicht-rechtfähige Gebilde nicht parteifähig[18]. OHG und KG sind nicht rechtsfähig, können aber nach §§ 124, 161 HGB klagen und verklagt werden. Damit sind sie parteifähig. Nach neuerer Rechtsprechung des BGH[19] ist auch eine Gesellschaft bürgerlichen Rechts parteifähig, weil sie rechtsfähig ist, soweit sie durch Teilnahme am Rechtsverkehr eigene Rechte und Pflichten begründet. Durch die Verweisung in § 54 Satz 1 BGB gilt dies auch für den nichtrechtsfähigen Verein (§ 50 Abs. 2 ZPO ist damit gegenstandslos). Ergibt die Prüfung, dass die beabsichtigten Parteien auch parteifähig sind, können sie auf ihre genaue Bezeichnung hin untersucht und sodann in das Rubrum der Klageschrift aufgenommen werden. Zu beachten sind eventuell notwendige Ergänzungen, wie sie sich aus der Prozessfähigkeit ergeben.

48 **(3) Prozessfähigkeit.** Die Prozessfähigkeit (§§ 51 ff. ZPO) als prozessuales Gegenstück zur materiell-rechtlichen Geschäftsfähigkeit kann nur vollständig vorliegen oder ganz fehlen. Betroffen ist die Fähigkeit, Prozesshandlungen selbst oder durch selbstbestellte Vertreter wirksam vorzunehmen oder entgegenzunehmen. Diese Fähigkeit kommt nur natürlichen Personen zu. Deshalb benötigen juristische Personen und Personengesellschaften eine natürliche Person, die für sie handelt, andernfalls fehlt die Prozessfähigkeit als

---

[18] Etwa der Nachlass, die Wohnungseigentümergemeinschaft. Auch die Firma ist nicht parteifähig: Sie ist nur der Name des Kaufmanns, § 17 Abs. 2 HGB. Unter diesem Namen kann der Kaufmann klagen und verklagt werden; Partei ist der Inhaber der Firma.
[19] BGH NJW 2001, 1056.

§ 1 Klageschrift 13

Prozessvoraussetzung. Aus diesem Grund ist im Rubrum der Klageschrift an den gesetzlichen Vertreter der prozessunfähigen Parteien zu denken[20]. Ein Minderjähriger ist nicht prozessfähig. Nach § 1629 Abs. 1 Satz 2 BGB sind seine Eltern die gesetzlichen Vertreter. Will ein Minderjähriger als Kläger auftreten, ist seine Parteifähigkeit unproblematisch. Für ihn müssen jedoch die Eltern handeln. Dadurch wird er prozessfähig. Würden hingegen die Eltern als Kläger auftreten, wären sie nicht aktiv legitimiert, weil ihnen das Recht des minderjährigen Rechtsträgers nicht zusteht.

(4) Prozessführungsbefugnis. Eng mit dem Parteibegriff verbunden ist die im Gesetz nicht ausdrücklich geregelte Prozessführungsbefugnis. Sie muss für den Kläger wie für den Beklagten vorliegen. Dahinter steht der Gedanke, dass es Sache des Rechtsinhabers ist, sein Recht selbst geltend zu machen. Gleiches gilt für die Beklagtenseite, weil hier der materiell Verpflichtete sich selbst verteidigen soll. Es geht also um die Frage, ob der Kläger ein eigenes oder fremdes Recht geltend macht und ob der Beklagte nur zusammen mit anderen Streitgenossen verklagt werden kann.[21] Wer eigene Rechte verfolgt und wer eigene Verpflichtungen abwehrt ist prozessführungsbefugt. Hingegen ist die Prozessführungsbefugnis näher zu prüfen, wenn fremde Rechte und fremde Verpflichtungen betroffen sind. In der Klageschriftklausur geht es gelegentlich darum, dass der Kläger ein fremdes Recht im eigenen Namen gelten macht. So etwa der Insolvenzverwalter, weil dem Schuldner nach Eröffnung des Insolvenzverfahrens die Befugnis zur Prozessführung genommen ist, § 80 Abs. 1 InsO. Im Schriftsatzrubrum ist dann der Insolvenzverwalter Partei[22]. Hier wie in den Fällen der gesetzlichen Prozessstandschaft[23] machen natürliche Personen diejenigen Rechte geltend, die eine andere Person wegen der ihr genommenen Prozessführungsbefugnis nicht geltend machen darf.

Daneben gibt es die Gruppe der materiell Mitberechtigten – etwa Miterben als Inhaber einer Nachlassforderung, § 2039 BGB. Solchenfalls räumt das Gesetz eine Einzelklagebefugnis ein. Für den Antrag ist auf § 2039 Satz 2 BGB zu achten.

Weiterhin gibt es noch die gewillkürte Prozessstandschaft. In diesem Fall wird die Prozessführungsbefugnis durch Rechtsgeschäft vom Rechtsträger auf die Partei des Rechtsstreits übertragen, sodass ein fremdes Recht im eigenen Namen geltend gemacht wird. Dies bedeutet, dass der Prozessstandschafter Partei ist, der Rechtsinhaber Zeuge sein kann und beim Antrag zu beachten sein wird, ob auf Leistung an den Kläger (Prozessstandschafter) oder an den Rechtsträger zu stellen sein wird. Die Antragsrichtung hängt davon

49

50

51

52

---

[20] Die prozessunfähige AG wird prozessfähig, weil ihr Vorstand für sie handelt, § 78 AktG, die prozessunfähige GmbH wird prozessfähig, weil ihr Geschäftsführer für sie handelt, § 35 GmbHG, ebenso bei der Gesellschaft bürgerlichen Rechts, der OHG, der KG und der Partnerschaftsgesellschaft, weil ein vertretungsberechtigter Gesellschafter handelt, §§ 709, 714 BGB; §§ 125, 126, 161 Abs. 2 HGB; § 7 Abs. 3 PartGG.
[21] Fall der materiell-rechtlich notwendigen Streitgenossenschaft.
[22] Es geht hier um die Prozessführung durch Verwalter – Testamentsvollstrecker, Insolvenz-, Nachlass- oder Zwangsverwalter, vgl. Thomas/Putzo § 51 Rn. 25 ff.
[23] Etwa § 1629 Abs. 3 ZPO, vgl. Aufzählung bei Thomas/Putzo § 51 Rn. 24.

ab, ob materiell-rechtlich dem Prozessstandschafter eine Einzugsermächtigung erteilt ist[24]. Dann bewirkt die gewillkürte Prozessstandschaft die Übertragung des Prozessführungsrechts und die Einzugsermächtigung das Recht, die Leistung an sich zu fordern. Ohne Einzugsermächtigung ist der Antrag auf Leistung an den Rechtsinhaber zu richten. Sicherungszession, Inkassozession und Zession führen hingegen zum Gläubigerwechsel und der Möglichkeit, ein eigenes Recht im eigenen Namen geltend zu machen.

53 **(5) Darstellungsbedarf.** Die zutreffende Parteibezeichnung mit den notwendigen gesetzlichen Vertretern kommt im richtigen Rubrum zum Ausdruck und bedarf keiner näheren Begründung. Bei einer Partei kraft Amtes kann im Gutachten oder im Begleitschreiben kurz ausgeführt werden, weshalb beispielsweise der Insolvenzverwalter als Kläger auftreten darf. In Fällen der materiellen Mitberechtigung sollte in der Klageschrift ausgeführt werden, weshalb eine Einzelklagebefugnis gegeben ist. Gleiches gilt für die gewillkürte Prozessstandschaft, weil hier dem Richter auch aufzuzeigen sein wird, dass die Wirksamkeitsvoraussetzungen erfüllt sind[25]. Auch die Parteifähigkeit einer Gesellschaft bürgerlichen Rechts kann dargestellt werden. Die materiell-rechtlich notwendige Streitgenossenschaft[26] löst immer Darstellungsbedarf aus. Nach ihr ist auch dann zu fragen, wenn die bisherigen Überlegungen nur zu einem Kläger gegen einen Beklagten geführt haben. Denn unter Umständen liegt ein bisher nicht erkannter Fall der materiell-rechtlich notwendigen Streitgenossenschaft vor, so dass die Prozessführungsbefugnis durch Aufnahme des fehlenden Streitgenossen noch hergestellt werden muss.

b) Streitgenossen

54 Bei nur einfacher Streitgenossenschaft oder prozessual notwendiger Streitgenossenschaft können alle Streitgenossen als Kläger oder Beklagter auftreten, müssen dies aber nicht. Für den Kläger, der mehrere Streitgenossen verklagt sollte immer bedacht werden, dass das Kostenrisiko sich erhöht. Weist nämlich das Gericht die Klage gegen einen Streitgenossen ab und hat die Klage gegen den anderen Streitgenossen Erfolg, wird der Kläger die Kosten des obsiegenden Streitgenossen tragen, die Hälfte der Gerichtskosten und schließlich die Hälfte seiner eigenen außergerichtlichen Kosten. Andererseits fällt ein verklagter Streitgenosse als Zeuge aus, weil er Partei werden wird. Bei Streitgenossenschaft ist immer an die Frage der Zulässigkeit der gemeinsamen Klage zu denken (§§ 59ff. ZPO). Im Gesellschaftsrecht bei Klagen gegen Personenhandelsgesellschaften führt die Klage gegen die Gesellschaft und den Gesellschafter dazu, beide wie Gesamtschuldner zu behandeln[27].

55 Im Falle der Gesamtgläubigerschaft kann erwogen werden, nur einen der Gesamtgläubiger als Kläger auftreten zu lassen, um die anderen Gesamtgläubiger als Zeugen zu erhalten.

---

[24] Palandt/Heinrichs § 398 Rn. 29.
[25] Vgl. dazu Thomas/Putzo § 51 Rn. 32 ff.
[26] Z.B. Gestaltungsklage nach §§ 117, 127, 133, 140 HGB.
[27] Hopt, Handelsgesetzbuch, 30. Auflage, 2000, § 128 Rn. 39 „als wären sie Gesamtschuldner".

c) Streitgegenstand

Ein Streitgegenstand kann „verkürzt" eingeklagt werden[28]; es können aber auch mehrere Streitgegenstände vorliegen[29].   **56**

(1) Teilklage. Statt 100% soll weniger gefordert werden. Der Vorteil dieser Vorgehensweise besteht im geringeren Kostenrisiko, evtl. auch darin, dass bei einem Obsiegen der Gegner freiwillig den bisher nicht eingeklagten Teil erfüllt; außerdem kann während des Prozess bei einer sich günstig abzeichnenden Entwicklung die Klage erweitert werden, § 264 Nr. 2 ZPO. Gleichzeitig ergeben sich aber Nachteile und Gefahren: Für eine künftige Klage auf den noch offenen Teil ist unklar, welches Gericht zu entscheiden haben wird. Die Rechtskraft des Urteils über die Teilklage hindert nicht die Klage über den noch offenen Teil, bindet aber auch ein künftiges Gericht nicht, weil nur über den eingeklagten Teil entschieden worden ist. Ferner muss der Kläger hinnehmen, dass die Verjährung des nachgeschobenen Anspruchsteils selbstständig beurteilt wird[30].   **57**

In Betracht kommt die Teilklage bei zweifelhafter Beweis- und/oder Rechtslage, wenn also ein Sieg unsicher scheint. In einer Klausur sollte nicht mit „Gewalt" die Teilklage gewählt werden, nur um zu zeigen, dass dieses Instrument bekannt ist. Die auf eine Teilklage angelegte Klausur wird Hinweise enthalten (Mandant klagt über die hohen Kosten; den hohen Streitwert; alles hängt von einem Zeugen ab, der beispielsweise verwandt ist).   **58**

Im Falle der Teilklage ist in der Klagebegründung darzulegen, welcher Teil des Gesamtanspruchs Gegenstand der Klage ist[31]. Steht hinter dem geforderten Betrag ein Gesamtanspruch, der sich aus mehreren selbstständigen Einzelforderungen zusammensetzt, muss wegen des Bestimmtheitsgrundsatzes nach § 253 Abs. 2 Nr. 2 ZPO eine Klarstellung erfolgen.   **59**

Beispiel: Der Antrag lautet: Der Beklagte wird verurteilt, an den Kläger 10 000 Euro zu zahlen. In der Begründung der Klageschrift ist dann auszuführen, dass sich der Sachschaden auf 12 000 Euro beläuft und davon 6000 Euro eingeklagt werden; ferner besteht ein Schmerzensgeldanspruch in Höhe von 8000 Euro, von dem 4000 Euro eingeklagt werden. Eine andere Möglichkeit besteht darin, 10 000 Euro als Sachschaden geltend zu machen und hilfsweise Schmerzensgeld in Höhe von 8000 Euro.   **60**

(2) Klagehäufung. Bei Klageerhebung kommen von den Arten der Klagehäufung meist nur die kumulative und die eventuelle Klagehäufung in Betracht; die dritte Art der nachträglichen Klagehäufung setzt die Rechtshängigkeit voraus, an der es zur Zeit noch fehlt, die vierte Art der alternativen Klagenhäufung kommt außerordentlich selten vor[32].   **61**

Neben den allgemeinen Prozessvoraussetzungen müssen die besonderen Voraussetzungen wie Identität der Parteien, dieselbe Prozessart und Nichtvorliegen eines Verbindungsverbots erfüllt sein. Dann erschließen sich die Vorteile der Prozessökonomie (ein Prozess, eine Beweisaufnahme), Degres-   **62**

---

[28] Teilklage (offen oder verdeckt); Thomas/Putzo § 323 Rn. 22 ff., § 253 Rn. 9.
[29] Objektive Klagehäufung.
[30] Vgl. BGHZ 135, 178 ff sowie BGH NJW 2002, 2167.
[31] BGH NJW-RR 1997, 441, NJW 1990, 2068,2069.
[32] Wahlschuld.

sion der Gebührentabelle (bei der kumulativen Klagenhäufung erfolgt gem. § 5 ZPO eine Addition der Gebührenstreitwerte) und bei der Eventualklagenhäufung ist im Falle desselben Gegenstandes für den Gebührenstreitwert nur der Streitwert des höheren Antrags maßgebend, § 19 Abs. 1 S. 3 GKG.

63 Besondere Arten der Klagehäufung sind die Stufenklage (Auskunft, eidesstattliche Versicherung, Leistung, § 254 ZPO) und die Zwischenfeststellungsklage (§ 256 Abs. 2 ZPO): Die Stufenklage kommt in erbrechtlichen Klausuren häufig vor, weil Pflichtteilsberechtigte den Wert des Nachlasses nicht kennen (§ 2314 BGB) und Erben oft nicht den Bestand des Nachlasses sowie den Verbleib des Nachlasses kennen, vgl. § 2027 BGB. Die Stufenklage bringt gegenüber der bloßen Auskunftsklage den Vorteil, dass alle Streitgegenstände rechtshängig werden. – Die Zwischenfeststellungsklage nach § 256 Abs. 2 ZPO ist zu erwägen, wenn ein streitig gewordenes Rechtsverhältnis – z. B. wer ist Eigentümer einer Sache – in die Rechtskraft ausgedehnt werden soll. Dann kann nämlich künftig bei weiteren Streitigkeiten darauf aufgebaut werden. Es geht also um das vorgreifliche Rechtsverhältnis, aus dem der Anspruch der Hauptklage folgt.

64 Die objektive Klagehäufung erschließt sich in den meisten Fällen aus der Anzahl der Anträge und bei der Leistungsklage zusätzlich durch die Überlegung, ob mehrere Klagebegehren in einem Klagebetrag zusammengefasst sind.

65 **Beispiel:** Schmerzensgeld und Sachschaden lassen sich zu einer Gesamtsumme zusammenfassen. Dennoch liegt eine objektive Klagehäufung vor. Ein Sachschaden kann sich aus neun Einzelposten zusammensetzen. Der einzelne Rechnungsposten stellt keine eigene Klage dar; in solchen Fällen liegt keine objektive Klagehäufung vor[33].

d) Zuständigkeit

66 Steht die Anzahl der Klagen und stehen die Parteien fest, kann die wichtige Frage der Zuständigkeit geprüft werden. Die teilweise sehr komplizierten Überlegungen finden ihren Ausdruck im Adressenfeld der Klageschrift. Da steht einfach das richtige Gericht. Für die sachliche Zuständigkeit (Amts- oder Landgericht) kommt es auf den Zuständigkeitsstreitwert an, für den im Falle der objektiver Klagehäufung an § 5 ZPO zu denken ist. Bei der örtlichen Zuständigkeit sollte ein Ort gefunden werden, der für den Kläger der bequemste und bei subjektiver Klagehäufung für alle Beklagten der richtige Ort ist; u. U. führt aber auch kein Weg an § 36 ZPO vorbei. Oft übersehen wird § 17 ZPO (allgemeiner Gerichtsstand z. B. bei einer GmbH, OHG, KG und GbR). Ein schwerer Fehler liegt vor, sofern ausschließliche Gerichtsstände nicht erkannt werden (§§ 29c Abs. 1 Satz 2 ZPO oder § 29a ZPO). Die zahlreichen besonderen Gerichtsstände können Aufgabensteller benutzen, um Klagen gegen auswärtige Beklagte an den Wohnort/Sitz des Klägers zu ziehen[34].

e) Checkliste

67 Am Ende dieses Lösungsabschnitts sind zur Sicherheit die allgemeinen und besonderen Prozessvoraussetzungen durchzugehen[35]. Die Partei- und Pro-

---

[33] Thomas/Putzo Einl II Rn. 19.
[34] Siehe §§ 20 bis 35a ZPO, § 20 StVG.
[35] Vgl. Thomas/Putzo § 253 Vorbem. Rn. 15 ff.

§ 1 Klageschrift 17

zessfähigkeit verdient besondere Beachtung, weil sie für das Rubrum entscheidende Hinweise liefert – etwa deshalb, weil die Aufgabe von Minderjährigen, Kaufleuten, Gesellschaften spricht, was in der Zulässigkeitsprüfung und im Rubrum zu beachten sein wird. Immer sind die Voraussetzungen des § 256 Abs. 1 ZPO (oder bei einer Zwischenfeststellungsklage die des § 256 Abs. 2 ZPO) genau zu prüfen. Bei subjektiver Klagehäufung (mindestens zwei Kläger oder Beklagte) wiederholt sich dieser Aufwand für jede Partei (u. U. ist ein Beklagter erst 14 Jahre alt oder eine GmbH, dann kann sich ein Eingehen auf die Vertretung Minderjähriger oder einer nicht prozessfähigen juristischen Person ergeben).

Beispiel: A beantragt: 1. B und C werden als Gesamtschuldner verurteilt, an den 68 Kläger 50 000 Euro zu zahlen. 2. Es wird festgestellt, dass die Beklagten als Gesamtschuldner dem Kläger allen künftigen materiellen Schaden aus dem Verkehrsunfall vom 5. 1. 2002 zu ersetzen haben. – Aus der Lösung ist bekannt, dass sich der Klagebetrag von 50 000 Euro aus 20 000 Euro für Sachschäden und 30 000 Euro für Schmerzensgeld zusammensetzt. B ist eine natürliche Person, erwachsen, C ist eine Aktiengesellschaft, der Unfall ereignete sich am Wohnort des A.

Leistungsklage 20 000 Euro	für A gegen B	für A gegen C
Leistungsklage 30 000 Euro	für A gegen B	für A gegen C
Feststellungsklage positive	für A gegen B	für A gegen C

= objektive Klagehäufung = subjektive Klagehäufung auf Beklagtenseite

Das LG ist sachlich zuständig, §§ 23, 71 GVG, § 5 ZPO. Überlegungen zur örtlichen Zuständigkeit: für B der Wohnsitz, für C der Geschäftssitz, aber für beide auch der Unfallort, an dem A wohnt, §§ 12, 13, 17, 32 ZPO. Für C ist zu beachten, dass die AG nicht prozessfähig ist (im Rubrum ist daher der Vertreter zu benennen). für die Feststellungsklage ist § 256 Abs. 1 ZPO zu beachten. §§ 260, 59 ff. ZPO bieten keine Probleme.

Eine Aufgabe kann vordergründig auf die Situation A gegen B ausgerich- 69 tet sein. Selbst dann ist sorgfältig zu prüfen, ob evtl. doch eine materiellrechtliche notwendige Streitgenossenschaft vorliegt. Hinweise in der Aufgabe auf andere Personen oder auf eine Rechtsstellung die mit anderen zusammenhängt können dazu Anlass geben. Ein Miterbe will klagen (§ 2039 BGB), ein Miterbe soll verklagt werden (§§ 2058, 2059 BGB) usw.

Ergeben sich unter dem Gesichtspunkt der Zulässigkeit der Klage keine 70 Hindernisse ist zu klären, ob einige Punkte aus der Zulässigkeitsprüfung in der noch zu fertigenden Klageschrift dem Gericht und dem künftigen Beklagten zu erläutern sein werden. Im obigen Beispiel bestünde dazu kein Anlass.

5. Gesamtergebnis festlegen

Jetzt steht fest, welche Ziele des Mandanten erreicht werden können, wel- 71 che ausscheiden und welche Restrisiken noch bestehen. Für die Klage wird der sicherste Weg gewählt, für das Begleitschreiben werden die Abweichungen vom Ziel, die Gründe dafür und die Restrisiken vorgesehen. – Sodann Denkpause einlegen und danach zur Sicherheit noch kurz überlegen: Ist an die Klagehäufung gedacht? Ist die richtige Klageart getroffen? Stimmen die Anträge?

IV. Fallbeispiel

72 Am 11. 1. 2002 kommt in die Kanzlei von Rechtsanwalt Kurt Klar aus München der Mandant Karl Leichtsinn aus München und bittet um Rat: Herr Rechtsanwalt, ich habe am 4. 1. 2002 bei dem Notar Karl Groß, Leistenstraße 14, 97070 Würzburg, in einer schriftlichen Urkunde bestätigt, von Bruno Hart aus Würzburg ein Darlehen in Höhe von 300 000 Euro erhalten zu haben. In Höhe dieses Betrages nebst Zinsen unterwarf ich mich der sofortigen Zwangsvollstreckung und wies den Notar an, dem Bruno Hart eine vollstreckbare Ausfertigung der Urkunde ohne Nachweis der die Fälligkeit begründenden Tatsachen zu erteilen. Gestern drohte mir Hart für den 15. 1. 2002 mit der Vollstreckung zu beginnen, der Notar habe ihm eine vollstreckbare Ausfertigung der Urkunde vom 4. 1. 2002 erteilt. Herr Rechtsanwalt, ich habe dieses Geld niemals erhalten. Deshalb kann der Bruno Hart auch keine Quittung vorlegen. Es gibt keine Zeugen für die Hingabe des Geldes. Helfen sie mir bitte. Rechtsanwalt Klar sieht die Urkunde des Notars ein und stellt fest, dass die Angaben des Mandanten zum Inhalt der Urkunde zutreffen[36]. Bearbeitervermerk: Fertigen Sie die Klageschrift.

73 **Überblick:** Der Fall bewegt sich im Sonderbereich der Zwangsvollstreckung, die zur Zeit noch nicht betrieben wird. Für die Bearbeitung ist zunächst das Rechtsbegehren des Mandanten zu ermitteln. Danach müssen die einschlägigen Rechtsnormen erfasst und sodann mit den tatsächlichen Behauptungen die abstrakten Tatbestandsmerkmale ausgefüllt werden.

74 **Ziel des Mandanten** → Rechtsbegehren: Die drohende Vollstreckung aus der notariellen Urkunde vom 4. 1. 2002 soll verhindert werden.

1. Klageart, einschlägige Rechtsnormen

75 Das Ziel des Mandanten kann erreicht werden, wenn es eine Klage gibt, die bei Erfolg die Vollstreckung aus der notariellen Urkunde verhindert. Von den Grundlagen zum Vollstreckungsrecht sollte bekannt sein, dass es die Vollstreckungsabwehrklage nach § 767 ZPO und die Drittwiderspruchsklage nach § 771 ZPO gibt. Dabei führt die Vollstreckungsabwehrklage zur Unzulässigkeit der Zwangsvollstreckung aus einem genau bezeichneten Vollstreckungstitel, die Drittwiderspruchsklage zur Unzulässigkeit der Vollstreckung in einen bestimmten Gegenstand. Hier geht es um die Bekämpfung eines Titels und damit um § 767 ZPO[37]. Diese Klage – die zu den prozessualen

---

[36] Der Aufgabensteller hätte auch den Weg wählen können, dass Karl Leichtsinn eine Urkunde vorlegt, aus der die Einzelheiten selbständig zu erkennen sind.
[37] Vollstreckungsgegenklage: Hat zum Ziel, die Vollstreckbarkeit eines titulierten Anspruchs zu beseitigen. Mit ihr können nur Einwendungen gegen den titulierten Anspruch vorgebracht werden. Sie ist eine prozessrechtliche Klage auf ein rechtsgestaltendes Urteil dahin, dass die einem sachlichrechtlichen Anspruch gewährte Vollstreckbarkeit nach Wegfall ihrer Voraussetzungen entfällt. Das ist ihr Streitgegenstand, BGH NJW 1992, 2160, 2162.

Gestaltungsklagen zählt – eignet sich vom Ergebnis her für das Anliegen des Mandanten.

Für die weitere Untersuchung der Gestaltungsklage ist eine Norm zu finden, die dem Bürger im Verhältnis zum Staat ein Recht einräumt, eine Gestaltung zu verlangen. § 767 Abs. 1 ZPO spricht von Einwendungen, die den durch das Urteil festgestellten Anspruch betreffen. Diese Norm führt somit nicht weiter, weil dem Mandanten eine Vollstreckung aus einer notariellen Urkunde droht. § 794 Abs. 1 Nr. 5 ZPO bestimmt, dass aus notariellen Urkunden die Zwangsvollstreckung „ferner" stattfindet. Also werden diese Urkunden den Urteilen gleichgestellt. Die Verbindungsvorschrift (sie sollte neben § 794 Abs. 1 Nr. 5 ZPO stehen) ist § 795 ZPO. Mithin ist § 767 ZPO auch auf Fälle der Vollstreckung aus notariellen Urkunden anzuwenden. Damit bildet § 767 ZPO die anzuwendende Rechtsnorm. Der Gestaltungsanspruch besteht, wenn der Mandant Vollstreckungsschuldner und Bruno Hart Vollstreckungsgegner sind und dem Mandanten eine Einwendung zusteht. Problematisch ist hier allein die Frage der Einwendung. Der Mandant wendet sich gegen die Vollstreckung mit dem Argument, von Bruno Hart niemals Geld erhalten zu haben. Damit wendet er sich gegen die Auszahlung eines Darlehen, also eine Tatsache, die nach materiellem Recht rechtsbegründend ist. Diese Einwendung richtet sich gegen den in der notariellen Urkunde festgestellten Anspruch, §§ 795, 767 Abs. 1 ZPO. Sie könnte allerdings nach § 767 Abs. 2 ZPO ausgeschlossen sein, weil sie nicht erst nach Unterzeichnung der notariellen Urkunde (dies entspricht der vom Gesetz geforderten Voraussetzung „nach dem Schluss der mündlichen Verhandlung") hätte geltend gemacht werden können. Nach § 797 Abs. 4 ZPO ist § 767 Abs. 2 ZPO hier jedoch nicht anzuwenden. Damit steht dem Mandanten grds. die Einwendung zu, dass eine Darlehensrückzahlung vor der Darlehensauszahlung nicht gefordert werden kann.

2. Einwendungen, Darlegungs-, Beweislast

Nun stellt sich die Frage, wie erfolgversprechend es sein wird, wenn der Mandant diese Einwendung erhebt und der Gegner keine Beweise für das Gegenteil haben sollte. Denn der Mandant kann nicht den Beweis führen, zu keiner Zeit das Geld erhalten zu haben. Er könnte nur, falls der Gegner einen bestimmten Zeitpunkt als Übergabezeitpunkt behauptet und evtl. beweist, den Gegenbeweis führen, gar nicht zu dieser Zeit vor Ort gewesen zu sein.

Nach allgemeinen Regeln des Beweisrechts hat jede Partei die Voraussetzungen einer ihr günstigen Norm zu beweisen. Dementsprechend hat der Anspruchsteller die rechtsbegründenden Tatsachen, der Schuldner die rechtshindernden, rechtsvernichtenden und rechtshemmenden Tatsachen zu beweisen[38]. Mithin muss hier Bruno Hart die Auszahlung des Darlehens beweisen[39].

---

[38] BGH NJW 1999, 352, 353.
[39] Thomas/Putzo § 767 ZPO, Rn. 20b a. E.

A. Zivilrecht

79 **Rechtsbegründende Tatsachen – mit ihnen ist eine anspruchsbegründende Norm auszufüllen**

Typische Fragen:
Ist auszuführen, dass der Gegner nicht Geschäftsunfähig war? – nein (betrifft nicht den normalen Entstehungstatbestand).
Ist auszuführen, dass bisher noch nicht erfüllt wurde? – nein (betrifft nicht den normalen Entstehungstatbestand).
Ist die Mangelfreiheit einer Stückkaufsache auszuführen? – nach Übergabe nein.
Ist auszuführen, dass der Gegner etwas ohne rechtlichen Grund erlangt hat? – ja, weil eine im Gesetz vorgesehene negative Tatsache betroffen ist[40].
Richtschnur:
Beweis- und Behauptungslast entsprechen sich grds. Deshalb hilft die Frage nach der Beweislast weiter.

80 Etwas anderes könnte jedoch gelten, wenn der Schuldner wie hier als Kläger auftritt und in der notariellen Urkunde den Verzicht auf den Nachweis der Fälligkeit erklärte. Nach herrschender Meinung wird die Beweislast unabhängig von der Verfahrensart und der Parteirolle allein durch die materielle Rechtslage bestimmt[41]. Der BGH hat diese Auffassung in WM 2001, 1035 bestätigt und zur notariell beurkundeten Vollstreckungsunterwerfung ausgeführt, dass sie sich auf das Zustandekommen eines Vollstreckungstitels als einseitige prozessuale Willenserklärung richte, die nur prozessrechtlichen Grundsätzen unterstehe. Die Beweislast sei demgegenüber dem materiellen Recht zuzuordnen. Auch die Anweisung an den Notar, dem Gläubiger eine vollstreckbare Ausfertigung ohne Nachweis von Fälligkeitsvoraussetzungen des titulierten Anspruchs zu erteilen, beziehe sich nur auf das Klauselerteilungsverfahren nach §§ 724ff. ZPO, in dem es um eine dem Vollsteckungsverfahren vorgeschaltete formelle Prüfung des Bestandes und der Vollsteckbarkeit des Titels gehe. – Da dem notariell beurkundeten Bekenntnis des Leichtsinn – einen bestimmten Betrag als Darlehen empfangen zu haben – gemäß § 415 Abs. 1 ZPO nur formelle Beweiskraft zukommt, liegt die Beweislast bei Hart, der nach bisherigem Sachstand keinen Beweis führen wird. Also ist die Klage erfolgversprechend. – Nunmehr muss geprüft werden, ob sie zulässig geführt werden kann. Dazu bedient man sich des Renners, wie er beispielsweise bei Thomas/Putzo unter Rn. 13ff. zu § 767 ZPO angeboten wird.

3. Zulässigkeit der Klage

81 Die Statthaftigkeit der Klageart ist bereits geprüft. Auch droht die Vollstreckung. Zuständig ist gemäß §§ 797 Abs. 5, 802, 13 ZPO i.V.m. §§ 23 Nr. 1, 71 Abs. 1 GVG das Landgericht, in dessen Bezirk der Schuldner wohnt.

---

[40] Thomas/Putzo vor § 284 Rn. 23.
[41] Thomas/Putzo § 767 Rn. 20b.

4. Antrag

Die Zwangsvollstreckung aus der Urkunde des Notars ...... (Urk. Nr. ......) vom ...... wird für unzulässig erklärt.

Bei Klagen nach § 767 ZPO und § 771 ZPO ist immer daran zu denken, dass allein ihre Erhebung den Fortgang der Vollstreckung nicht hemmt und nach Beendigung der Zwangsvollstreckung das Rechtsschutzbedürfnis entfällt. Deshalb sollte mit der Klageerhebung der Antrag gemäß § 769 ZPO gestellt werden. Etwa hier: Die Zwangsvollstreckung aus der genau bezeichneten Urkunde des ...... vom ...... einstweilen ohne Sicherheitsleistung einzustellen, hilfsweise gegen Sicherheitsleistung in Höhe von ...... Euro. Dieser Antrag ist dann zu begründen. Praktiker nehmen diesen Antrag in die Klageschrift auf und bringen ihn nach dem Sachantrag.

Namens des von mir vertretenen Klägers werde ich beantragen, die Zwangsvollstreckung aus der Urkunde des Notars ...... (Urk. Nr. ......) vom ...... für unzulässig zu erklären.

Vorab beantrage ich,

die Zwangsvollstreckung aus der genannten Urkunde bis zum Erlass des Urteils im vorliegenden Rechtsstreit ohne Sicherheitsleistung, hilfsweise gegen Sicherheitsleistung in Höhe von......Euro einstweilen einzustellen[42].

Begründung
1. Tatsachen zur Klage nach § 767 ZPO.
2. Rechtliche Ausführungen.
3. Begründung des Antrags auf sofortige Einstellung der Zwangsvollstreckung.
4. Hinweis auf eidesstattliche Erklärung des Klägers, § 769 Abs. I S. 2 ZPO.
Hinweis auf Kostenmarken.

Unterschrift

V. Form und Inhalt der Klageschrift

Soweit eine Formularsammlung als Hilfsmittel im Assessorexamen zugelassen ist, wird dort ein Muster für eine Klageschrift zu finden sein. Mit etwas Übung ist ein solches Muster im Ernstfall auf die konkret zu lösende Aufgabe übertragbar. Ohne Mustervorlage muss der Bearbeiter der Klausur die Formalien selbst bewältigen. Gleich wie, Formalien sind keine starren Muss-Vorgaben. Ein Prüfer wird Schwächen in diesem Bereich eher verzeihen, weil Abweichungen von der gängigen Übung im späteren Berufsleben abgeschliffen werden. Entscheidend ist die Beachtung des Gesetzes. Danach muss eine Klageschrift bestimmte Elemente enthalten:

---

[42] Thomas/Putzo § 769 Rn. 11.

86	Rubrum	§ 253 Abs. 2 Nr. 1, Abs. 3, 4; § 130 Nr. 1 ZPO
	Anträge	§ 253 Abs. 2 Nr. 2, Abs. 4; § 130 Nr. 2 ZPO
	Begründung – Klagegrund/ Tatsachenvortrag	§ 253 Abs. 2 Nr. 2 ZPO
	Begründung – Beweismittelangabe	§ 253 Abs. 4; § 130 Nr. 5 ZPO
	Begründung – Rechtsausführungen	fordert das Gesetz nicht
	Einzelrichter und Landgericht	§ 348 ZPO?
	Unterschrift	§ 253 Abs. 4; § 130 Nr. 6 ZPO

1. Rubrum

87 Hierzu zählen die Angaben zum Empfänger (Gericht), den Parteien, dem Prozessgegenstand und zum Streitwert. Natürlich beginnt ein solcher Schriftsatz mit dem Absender, in der Klausur also mit dem Anwalt (für den der Bearbeiter gerade tätig ist) nebst Ort, Datum und Straße.

a) Bezeichnung des Gerichts

88 Hinter der richtigen Bezeichnung stecken die Überlegungen zur sachlichen und örtlichen Zuständigkeit. Diese Fragen sind bereits vorher bewältigt. Fehler in diesem Bereich zählen als grob. Im Ernstfall führen sie zum unzuständigen Gericht und damit zu § 281 ZPO mit unnötigen Mehrkosten.

b) Bezeichnung der Parteien

89 Kläger und Beklagter eines Rechtsstreits sind die in der Klageschrift bezeichneten Parteien – formeller Parteibegriff[43]. Die Parteibezeichnung muss stimmen. Denn bei Gericht wird sie in den Computer übernommen, sie liefert die Anschriften für die Zustellung, führt zur Aufnahme in jedes Rubrum (Protokoll, Beschlüsse, Urteil, § 313 Abs. 1 Nr. 1 ZPO), nach ihr richtet sich die persönliche Rechtskraftwirkung, die Vollstreckung erfolgt auf der Grundlage einer vollstreckbaren Ausfertigung[44] die aus Rubrum, Tenor und Unterschrift(en) besteht. Ohne ladungsfähige Anschrift des Beklagten ist die Zustellung der Klage und damit der Eintritt der Rechtshängigkeit nicht möglich.

90 Hinter der richtigen Parteibezeichnung stehen die Parteifähigkeit, die Prozessfähigkeit, die Prozessführungsbefugnis und die Frage der Aktiv- und Passivlegitimation. Diese Erwägungen sind bereits beim Finden der Lösung durchgeführt. Jetzt geht es nur noch darum, die definierten Personen richtig darzustellen.

91 Im Regelfall wird die Aufgabe die erforderlichen Angaben für die Kläger- und Beklagtenbezeichnung leicht auffindbar vorgeben. Die notwendigen Einzelheiten können aber auch verstreut mitgeteilt sein: Es ist die Rede vom Kläger und seiner Firma, vom Alter des Beklagten und von seinen Eltern, von einer oHG, einer KG, einer GmbH usw.

---

[43] Thomas/Putzo a.a.O. Vorbem. 2ff. zu § 50.
[44] § 724 ZPO, sowie Thomas/Putzo a.a.O. § 317 Rn. 2.

§ 1 Klageschrift 23

Vorsicht ist geboten bei Vorgesellschaften oder Liquidationsgesellschaften 92
(sie sind parteifähig), bei der GbR, bei den Parteien kraft Amtes und bei der
nicht parteifähigen Erbengemeinschaft[45]. Fehleranfällig ist auch der Kaufmann, der unter seiner Firma klagen und verklagt werden kann, § 17 Abs. 2
ZPO. Partei ist hier immer der Inhaber, nicht die Firma.

Da nicht jede parteifähige Person (natürlich wie juristisch) prozessfähig ist, 93
muss an die gesetzlichen Vertreter gedacht werden. Es geht um die Eltern bei
Minderjährigen[46], um den Geschäftsführer bei der GmbH[47], um den Vorstand bei der AG[48], den Komplementär bei der OHG[49], den Betreuer bei
Erwachsenen[50]. Immer bleibt der Vertretene Partei, der Vertreter handelt im
Prozess für diese Partei.

In der Klageschrift sind nach §§ 253 Abs. 4, 130 Nr. 1 ZPO die Namen 94
der gesetzlichen Vertreter sowie ihre Anschrift anzugeben. Da die Klageschrift dem Beklagten zuzustellen sein wird (§ 253 Abs. 1 ZPO) und nach
§ 170 ZPO die Zustellung an Prozessunfähige an deren gesetzliche Vertreter
zu erfolgen hat, müssen die Angaben zum Vertreter unbedingt angegeben
sein, § 130 Nr. 1 ZPO. Ein Mangel bei diesen Angaben kann Zustellungsverzögerungen auslösen[51] oder gar zur fehlerhaften Zustellung führen, im
Übrigen liegt auch keine ordnungsgemäße Klageerhebung vor (Sachurteilsvoraussetzungen).

Nach der Parteibezeichnung ist der Prozessbevollmächtigte zu nennen. An 95
ihn erfolgen künftig die Zustellungen, § 172 ZPO. Da sich bereits vor Klageeinreichung der Prozessbevollmächtigte des Beklagten beim Kläger als Zustellungsbevollmächtigter angezeigt haben kann, ist in einem solchen Fall
nach der Beklagtenbezeichnung dieser Prozessbevollmächtigte anzugeben.
Voraussetzung ist allerdings, dass der gegnerische Anwalt für den Rechtszug
als Prozessbevollmächtigter bestellt ist[52].

Klagt die falsche Partei oder wird die falsche Partei verklagt, kann dieser 96
Umstand später zur Notwendigkeit des gewillkürten Parteiwechsels führen.
Allein aus diesen Spätfolgen wird deutlich, dass ein Prüfer Mängel in diesem
Bereich als schwer – die Grundlagen betreffend – einordnet. Besteht auf Kläger- oder Beklagtenseite eine subjektive Klagehäufung – etwa wenn OHG
und Komplementär verklagt werden –, dann sind die Parten mit arabischen
Nummern zu versehen und hintereinander aufzuführen.

Beispiele 97

1. GbR
Rudolf Kurz GbR, Kleinstraße 17, 50939 Köln, gesetzlich vertreten durch den
vertretungsberechtigten Gesellschafter Rudolf Kurz, Kleinstraße 17, 50939 Köln.

---

[45] BGH NJW 1989, 2133.
[46] § 1629 Abs. 1 Satz 2 BGB.
[47] § 35 GmbHG.
[48] Vorstand bzw. Vorstandsvorsitzender, § 78 AktG.
[49] § 125 HGB.
[50] § 1902 BGB.
[51] Wichtig für § 167 ZPO.
[52] Näher dazu Thomas/Putzo § 172 Rn. 4.

24 A. Zivilrecht

2. Firmeninhaber
Firma Otto Klein, Inhaber Otto Klein, Straße, PLZ Ort
3. gesetzliche Vertreter
Jutta Schneider, geboren am 7. 1. 2002, wohnhaft Karlgasse 4, 97070 Würzburg, gesetzlich vertreten durch ihre Mutter, die Bürokauffrau Elfi Schneider, wohnhaft daselbst.
An wen wird die Klage zugestellt? § 170 ZPO
4. Juristische Personen und Personenhandelsgesellschaften
Fahrrad GmbH u. Co. KG, Ottostraße 5, 97070 Würzburg, gesetzlich vertreten durch ihre alleinvertretungsberechtigte Komplementärin, die Rad-GmbH, diese gesetzlich vertreten durch ihre Geschäftsführer Kurt Stange daselbst.
5. Partei kraft Amtes (Testamentsvollstrecker, Insolvenzverwalter)
Rechtsanwalt Kurt Klein als Testamentsvollstrecker über den Nachlass des am ......
verstorbenen Klaus Mayer ......
– Kläger –
Prozessbevollmächtigter: Kurt Klein, Ottostraße 15, 97070 Würzburg

98   **Grundmuster: Rubrum**

Absender
in Sachen
Bezeichnung des Klägers mit den Einzelheiten nach § 130 Nr. 1 ZPO
– Kläger –
Prozessbevollmächtigter: ......

gegen

Bezeichnung des Beklagten mit den Einzelheiten nach § 130 Nr. 1 ZPO
– Beklagter –
Prozessbevollmächtigter (wenn er sich bereits als Zustellungsbevollmächtigter angezeigt hat)
wegen (hier Angabe des Streitgegenstandes; dient der leichteren Zuordnung bei Gericht)
Streitwert: siehe § 253 Abs. 3 ZPO

2. Anträge

99   In der Klageschrift geht es um den Sachantrag nach § 253 Abs. 2 Nr. 2 ZPO. Vorbehaltlich einer späteren Änderung entscheidet das Gericht über diesen Antrag, wie er in der Klageschrift formuliert und später in der Sitzung gestellt wird, §§ 137 Abs. 1, 297, § 308 ZPO. Der Hauptantrag bildete den Schlusspunkt in der Ergebnissuche. Dort wurde er im Laufe der Lösung formuliert und wird jetzt in die Klageschrift übernommen. Dabei muss Klarheit bestehen über die Parteien, die Prozessführungsbefugnis[53], Gesamtschuld, Gesamtgläubiger.

100   Zur Kostenentscheidung bedarf es keines Antrags, vgl. § 308 Abs. 1 ZPO. Dennoch wird in der Praxis eine Antragstellung vorgenommen. Dasselbe gilt für Anträge zur vorläufigen Vollstreckbarkeit. Hier kann aber im Einzelfall ein Vorgehen nach § 710 ZPO – das Urteil ohne Sicherheitsleistung für vorläufig vollstreckbar zu erklären – erwogen werden. In einem solchen Fall ist

---

[53] Sofern ein fremdes Recht im eigenen Namen geltend gemacht wird. Es geht um die Frage, ob Leistung an den Kläger oder an den Rechtsinhaber zu fordern sein wird.

eine besondere Begründung angezeigt, für die im Sachverhalt die notwendigen Tatsachen vorgegeben sein müssen.

In diesem Zusammenhang kommt auch ein Antrag zur Art der Sicherheit 101
in Betracht. Seit 1. 1. 2002 ist nach § 108 Abs. 1 S. 2 ZPO Sicherheitsleistung durch Bankbürgschaft zulässig, soweit das Gericht eine Bestimmung zur Art der Sicherheit nicht getroffen hat. Deshalb bedarf es jetzt insoweit keines Antrags mehr. Um aber zu verhindern, dass das Gericht von dieser Grundregel abweicht, kann beantragt werden:

„Außerdem beantrage ich, 102
Gelegenheit zur Sicherheitsleistung entsprechend der Grundregel in § 108 ZPO
zu geben."

Sodann empfehlen sich noch Erklärungen zur Übertragung auf den Ein- 103
zelrichter und Anträge auf Versäumnis- bzw. Anerkenntnisurteil. Dieser Teil läuft formelhaft ab. Dabei sollte bedacht werden, dass vor dem Amtsgericht die Erklärung zur Übertragung auf den Einzelrichter verfehlt ist.

Beispiel für eine *Zahlungsklage nebst Prozesszins* 104
beantrage ich,
den Beklagten zu verurteilen, dem Kläger 11 000 Euro nebst Zinsen in Höhe von fünf Prozentpunkte über dem Basiszinssatz ab Rechtshängigkeit zu zahlen.

Übliche Darstellung der Anträge 105

...... erhebe ich namens und im Auftrag des Klägers Klage gegen die Beklagte mit folgenden Anträgen:
1. Die Beklagte wird verurteilt, an den Kläger 40 000,– Euro nebst Zinsen hieraus in Höhe von 5 Prozentpunkten für das Jahr über dem Basiszinssatz ab Rechtshängigkeit zu zahlen.
2. Die Beklagte wird verurteilt, ein angemessenes, der Höhe nach in das Ermessen des Gerichts gestelltes Schmerzensgeld zuzüglich Zinsen wie oben unter 1. zu zahlen.
Für den Fall der Anordnung des schriftlichen Vorverfahrens beantrage ich den Erlass eines Versäumnis- bzw. Anerkenntnisurteils, wenn die Voraussetzungen der §§ 331 Abs. 3, 307 Abs. 2 ZPO vorliegen. Der Übertragung der Sache auf den Einzelrichter stehen keine Gründe entgegen.

Checkliste 106

Anträge
1. Sachantrag
2. Kosten (nicht notwendig)
3. Vorläufige Vollstreckbarkeit (nicht notwendig) – Bürgschaft
4. Evtl. Vollstreckungsschutz
5. Antrag nach § 331 III ZPO
6. Anerkenntnisurteil
7. Übertragung auf den Einzelrichter; siehe § 348 a ZPO

3. Tatsachenvortrag

Für eine zulässige Klage genügt nach § 253 II Nr. 2 ZPO die Angabe des 107
Gegenstandes und des Grundes des erhobenen Anspruchs (der Sachverhalt muss den angekündigten Antrag hinreichend individualisieren). Ein Prozess-

Sieg führt aber über die Zulässigkeit der Klage zur Schlüssigkeit der Klage und später zur Begründetheit der Klage. Bei Klageeinreichung muss demnach auch die Schlüssigkeit erfüllt sein. Schlüssig ist eine Klage nur, wenn die vorgetragenen Tatsachen ausreichen, das geltend gemachte Recht (Leistungsanspruch, Feststellungsbegehren, Gestaltungsbegehren) auszufüllen. Oder anders ausgedrückt: Alle für die Subsumtion notwendigen Tatsachen sind der notwendige Sachverhalt. Denn auch der Richter wird die Sachverhaltsschilderung in Zusammenschau mit dem Sachantrag auf die tragende Rechtsnorm hin untersuchen und fragen, welche Tatsachen notwendig sind, um die vom Gesetz geforderten Voraussetzungen zu erfüllen. Mehr ist es nicht.

108 Eine häufige Fragestellung ergibt sich aus der Erwägung, ob ein einfach gelagerter Ausgangspunkt wie z. B. der Abschluss eines Kaufvertrages als Rechtsbegriff „Kaufvertrag" wie eine Tatsachenschilderung verwendet werden darf. Die Antwort lautet ja, wenn im Zusammenhang mit dem Zustandekommen des Kaufvertrages keine rechtlichen Besonderheiten aufgetreten sind. Also etwa, wenn zwei Erwachsene sich einigten, das A dem B ein Fahrrad zum Preis von 100 Euro „verkauft". – Aber Immer dann, wenn von der „Naturpartei" ein Rechtsbegriff verwendet wird, der zugleich rechtliche Probleme beinhaltet, dann sollte der Rechtsbegriff in Tatsachen aufgelöst werden.

109 Damit zeichnet sich folgendes Geflecht ab: Die begehrte Rechtsfolge bringt der Sachantrag zum Ausdruck. Die Rechtsfolge beruht auf den einschlägigen Normen. Diese abstrakten Gesetze werden durch ein tatsächliches Geschehen ausgefüllt. Diese Tatsachen bilden die Sachverhaltsschilderung. Richtig gemacht und ohne Eintreten von Restrisiken läuft so der gewünschte Urteilsspruch von allein ins Ziel.

110 Die Sachverhaltsschilderung sollte – ähnlich wie bei einem guten Tatbestand – mit einem Einleitungssatz beginnen. Auf diese Weise wird der Streitstoff angekündigt und stimmt den Leser ein. Danach folgen alle für die Schlüssigkeit der Klage notwendigen Tatsachen nach sachlogischen Gesichtspunkten. Einem Kenner des Rechts leuchten bereits beim Lesen der Tatsachen alle angewendeten Normen in ihrer abstrakten Gestalt auf, sodass rechtliche Ausführungen nur noch wiederholen, was längst erkannt ist.

4. Beweismittelangabe

111 Soweit sich bei der Lösung gezeigt hat, dass einzelne Tatsachen voraussichtlich von der Gegenseite bestritten werden, ist nach der Tatsachenschilderung eine Leerzeile einzufügen und sodann anzugeben.

Beweis: jetzt das Beweismittel benennen.

112 Ein Zeuge ist mit ladungsfähiger Anschrift zu benennen. Gleiches gilt für den sachverständigen Zeugen. Soll ein Zeuge zum Beweis innerer Tatsachen benannt werden, ist zugleich anzugeben, woher der Zeuge seine Kenntnis hat[54]. Ist der Beweis durch ein Sachverständigengutachten zu führen, genügt die Angabe „Sachverständigengutachten". Im Übrigen kommen folgende Darstellungen in Betracht:

---

[54] BGH NJW 1999, 3115.

§ 1 Klageschrift

Urkunde 113
Beweis: Die in Urschrift beigefügte, von beiden Parteien unterzeichnete Kaufvertragsurkunde vom ......
Beweis: Dem Beklagten gem. § 425 ZPO aufzugeben, den Kaufvertrag vom ...... in Urschrift vorzulegen

Augenschein 114
Beweis: zum Beweis dafür beantrage ich, den Unfallort in Augenschein zu nehmen.

Partei 115
Beweis: Vernehmung des Beklagten als Partei.

5. Rechtsausführungen

In einem zweiten Teil sollten die Rechtsausführungen dargestellt werden. 116
Das Gesetz fordert zwar keine Rechtsausführungen (iura novit curia), doch wird das Gericht eine gute rechtliche Begründung immer lesen. Vielleicht erschließt sie auch dem gegnerischen Anwalt den richtigen Weg. Wegen dieser Wirkung verschweigen im wirklichen Leben die Kläger den springenden Punkt, weil sich dann der Gegner womöglich auf ein falsches Ziel einschießt. Ganz anders aber im Examensfall. Hier können die „Knackpunkte" straff für einen juristischen Empfängerhorizont formuliert werden. Manche Bearbeiter ziehen es vor, Rechtsausführungen in das Gutachten oder Hilfsgutachten zu verlegen. Auch dann ist im Rahmen der Gesamtdarstellung auf alle Rechtsfragen eingegangen worden. Eine kurze und klare Rechtsdarstellung im Schriftsatz zeigt jedoch praktischen Überblick und wird immer besser wirken. Im Einzelfall kann es sinnvoll sein, innerhalb der Sachverhaltsschilderung gleich rechtliche Erwägungen anzuschließen. In der Mehrzahl der Fälle empfiehlt sich aber eine klare Trennung in Sachverhalt (Tatsachen) und rechtliche Ausführungen.

Wenn es – eher ausnahmsweise – erforderlich ist, auf Sachurteilsvorausset- 117
zungen einzugehen, kann dies zu Beginn der rechtlichen Ausführungen geschehen. An dieser Stelle hat der Richter bereits den Sachverhalt gelesen und versteht, weshalb einzelne Sachurteilsvoraussetzungen belegt werden müssen. Beginnt hingegen eine Begründung sogleich mit z.B. der ausführlichen Darstellung der sachlichen Zuständigkeit und folgt danach die Sachverhaltsschilderung, dann erkennt ein Richter u.U. erst auf Seite 3, dass ein Streitwert von 15 000 Euro in Betracht kommt und daher das Landgericht sachlich zuständig ist.

Praktiker teilen in einem letzten Satz vor der Unterschrift mit, dass die 118
Gerichtskosten in Höhe von ...... Euro eingezahlt sind. Wer diesen Satz schreibt, muss eine Vorstellung zum Streitwert haben (Gebührenstreitwert = GKG, anders der Zuständigkeitsstreitwert = ZPO = wichtig für die sachliche Zuständigkeit). Dann ist es auch nicht mehr schwer, im Rubrum den Streitwert anzugeben „Streitwert: 1000 Euro".

6. Schlussbetrachtung

Wer eine Klageschrift verfassen will, muss beim Zücken der Feder das Er- 119
gebnis kennen. In den Vorüberlegungen entwickelt sich dann die Klarheit zu den einzelnen Elementen der Klageschrift. Auch hier besteht die Kunst darin,

das Tragende in der notwendigen Breite und Kürze darzustellen. Wer etwa meint, dem Prüfer innerhalb der rechtlichen Ausführungen darlegen zu müssen, dass eine GmbH nicht prozessfähig ist, der irrt.

120

Elemente der Klageschrift	Vorüberlegungen/Gutachten
Absender	§ 78 ZPO
Empfänger	Sachurteilsvoraussetzungen
Parteien	Sachurteilsvoraussetzungen
Anträge	Sachantrag = Zentrum = Endpunkt der rechtlichen Lösung
Sachverhaltsdarstellung	Zusammenschrieb des Subsumtionsstoffes
Beweisangebote	Darlegungs- und Beweislast sowie Beweismittel
rechtliche Ausführungen	Darstellung der Rechtsnormen im Gutachten
Hinweis auf Gerichtskosten	GKG
Unterschrift	nicht vergessen (ist letzter Eindruck)

VI. Begleitschreiben

121 Im Gutachten sollte bereits geprüft sein, ob die Klageeinreichung wegen Ablaufs einer Ausschlussfrist oder wegen der Notwendigkeit, die Verjährung zu hemmen, sofort erfolgen muss. Wäre beispielsweise der Prüfungstag (Tag der Klausur) der letzte Tag der Frist, käme kein Begleitschreiben mehr in Betracht, mit dem beim Mandanten angefragt wird, ob er mit der Klageeinreichung einverstanden ist. Solchenfalls wird im Gutachten auszuführen sein, dass noch heute die Schlussabsprache mit dem Mandanten erfolgt und notfalls per FAX die Klage eingereicht werde. Ein vernünftiger Aufgabensteller würde bei einer solchen Zeitlage ohnehin im Aufgabentext zum Ausdruck bringen, dass der Mandant bei Bedarf mit einem sofortigen Handeln einverstanden ist. Besteht hingegen kein Eilbedürfnis, kann in einem Begleitschreiben dem Mandanten mitgeteilt werden, dass der beigefügte Klageentwurf bei Gericht eingereicht werden wird, sofern dies gewünscht wird und in diesem Fall die Gerichtskosten in Höhe von ...... auf dem Konto des Anwalts eingegangen sind. Außerdem ist in dem Begleitschreiben wegen des Haftungsrisikos des Anwalts und weil der Mandant richtig informiert werden soll mitzuteilen, welche Unsicherheiten hinsichtlich eines Klageerfolgs noch bestehen (Tatsachen, Ermessen des Gerichts, Beweisaufnahme, Gesetzesauslegung), dass alle oder nicht alle Zielvorgaben verwirklicht werden können, dass der sicherste Weg eingeschlagen worden ist oder dass wegen des besonderen Wunsches des Mandanten eine Abweichung vom sichersten Weg erfolgte. Das Begleitschreiben kann knapp gehalten und am Empfängerhorizont ausgerichtet werden. Verlangt allerdings der Bearbeitervermerk eine „Aufklärung" zu genau bezeichneten Punkten (solche Mandanten werden dann gerne als Lehrer oder Jurastudenten vorgestellt), dann sind diese Fragen entsprechend abzuhandeln. Wird ein Gutachten gefordert und daneben der/die erforderliche(n) Schriftsatz/-sätze, dann kann das Begleitschreiben knapp gehalten werden (die Lösungsentwicklung bringt bereits das Gutachten). Sind nur Schriftsätze gefordert, werden schwierige Einzelheiten im Be-

§ 1 Klageschrift

gleitschreiben ausgeführt, soweit sie nicht in der Klageschrift notwendig enthalten sind.

VII. Anhang: Beispiele für Anträge

1. Zahlungsklage nebst Verzugszins:

Jetzt ist statt „ab Rechtshängigkeit" ein genaues Datum einzusetzen.[55]

2. Gesamthandsgläubiger

Soweit keine Befugnis besteht, den Anspruch einzeln geltend zu machen, ist zu beantragen:

„...... den Beklagten zu verurteilen, dem Kläger sowie Fritz Müller, Straße, Ort, zur gesamten Hand 11 000 Euro nebst Zinsen seit dem ...... (Datum) in Höhe von fünf Prozentpunkten über dem Basiszinssatz zu zahlen."

3. Gesamtschuldner

Sind mehrere Beklagte verklagt und sind sie zugleich Gesamtschuldner ist zu beantragen:

„...... die Beklagten als Gesamtschuldner zu verurteilen, dem Kläger 11 000 Euro nebst Zinsen in Höhe von fünf Prozentpunkten über dem Basiszinssatz seit dem Datum zu zahlen."

Spätestens bei der Formulierung des Antrags sollte, wenn mehrere Schuldner in Betracht kommen und bisher die Klage auf einen Beklagten ausgerichtet ist, die Gesamtschuld und die Streitgenossenschaft bedacht werden.

4. Gewillkürte Prozessstandschaft

Geht der Kläger in gewillkürter Prozessstandschaft vor, ist zu unterscheiden: Bei Einzugsermächtigung ist Zahlung an den Kläger zu verlangen, ohne Einzugsermächtigung ist zu beantragen,

„...... den Beklagten zu verurteilen, 11 000 Euro nebst Zinsen in Höhe von acht Prozentpunkten über dem Basiszinssatz seit dem ...... an Kurt Klein, wohnhaft ......, zu zahlen."

5. Stufenklage

„Es wird beantragt, für Recht zu erkennen:
1. Der Beklagte wird verurteilt, dem Kläger Auskunft zu erteilen über den Bestand des Nachlasses des am ...... verstorbenen ...... zum Stichtag ...... durch Vorlage eines notariell aufgenommenen Verzeichnisses.
2. Für den Fall, dass das Verzeichnis nicht mit der erforderlichen Sorgfalt aufgestellt sein sollte, wird der Beklagte weiter verurteilt, zu Protokoll an Eides

---

[55] Vgl. Rn. 104.

statt zu versichern, dass er nach bestem Wissen den Bestand so vollständig angegeben hat, als er dazu imstande ist.

3. Nach Auskunftserteilung wird der Beklagte verurteilt, an den Kläger den Pflichtteil in Höhe der Hälfte des Nachlasswertes zu zahlen."

6. Zug-um-Zug

128 „...... beantrage ich,
den Beklagten zu verurteilen, dem Kläger 5000 Euro Zug um Zug gegen Herausgabe und Übereignung des Pkw BMW 323 i, polizeiliches Kennzeichen WÜ – AB – 5, Fahrgestellnummer 5 678 9234 F 42 zu zahlen."

Anmerkung: bei einem Zurückbehaltungsrecht scheidet ein Verzug grds. aus, ebenso § 291 BGB; deshalb kommen hier Verzugszinsen nur in Betracht, wenn sich der Beklagte in Annahmeverzug befindet.

7. Zug-um-Zug/Hilfsantrag

129 Bei Unklarheit zum Bestehen eines Zurückbehaltungsrechts kann beantragt werden:

„1. den Beklagten zu verurteilen, dem Kläger 5000 Euro nebst Zinsen in Höhe von acht Prozentpunkten über dem Basiszinssatz seit Rechtshängigkeit der Klage zu bezahlen,
hilfsweise
2. den Beklagten zu verurteilen, dem Kläger 5000 Euro Zug um Zug gegen Lieferung von 50 Palandt, 62. Auflage, zu zahlen."

8. Herausgabe

130 „...... beantrage ich
den Beklagten zu verurteilen, dem Kläger das Fahrzeug ......, polizeiliches Kennzeichen ......, Fahrgestell-Nummer ......, herauszugeben."
oder
„...... dem Kläger das Bild „Badende" mit den Maßen ca. 1,2 m x 0,90 m mit Goldrahmen herauszugeben, das auf dem der Klageschrift beigefügten, im zu erlassenden Urteil im Tenor wiederzugebenden Foto abgebildet ist."

9. Herausgabe und Eigentumsübergang (Willenserklärung)

131 „... beantrage ich,
den Beklagten zu verurteilen,
a) dem Kläger den PKW Marke BMW 323 i, polizeiliches Kennzeichen ......, Fahrgestell-Nummer ...... herauszugeben und zwar Zug um Zug gegen Zahlung von 10 000 Euro,
und
b) zu erklären, dass er – der Beklagte – sich mit dem Kläger darüber einig ist, dass das Eigentum am im Klageantrag zu a) genannten Fahrzeug auf den Kläger übergeht."

10. Nicht vertretbare Handlung

Zu den nicht vertretbaren Handlungen gehören alle Handlungen, die ausschließlich vom Willen des Schuldners abhängig sind. Im Ernstfall sollte immer im Kommentar nachgesehen werden. Dort finden sich Listen zu vertretbaren und nicht vertretbaren Handlungen. 132

„…… beantrage ich,
der Beklagte wird verurteilt, dem Kläger Auskunft zu erteilen über den Bestand des Nachlasses des am …… verstorbenen …… zum Stichtag …… durch Vorlage eines notariell aufgenommenen Verzeichnisses."

11. Vertretbare Handlung

„…… beantrage ich, 133
den Beklagten zu verurteilen, auf dem Grundstück Kleistweg 17 in Köln die Grenzmauer zum Grundstück Kleistweg 19 auf der ganzen Länge um einen Meter abzutragen."

12. Duldung – Unterlassen

„…… beantrage ich, 134
den Beklagten zu verurteilen, das Befahren des Privatweges Schillerweg in Nürnberg durch den Kläger zu dulden."

oder

„…… den Beklagten zu verurteilen, es zu unterlassen, den Kläger durch das Aufstellen einer Schranke am Befahren des Privatweges Schillerweg in Nürnberg zu hindern."

VIII. Erstellen einer Prüfungsaufgabe

Ein Aufgabenersteller wird den Lösungsweg und die Lösungsinhalte von einem sachlichen Kern her entwickeln. Ausgangspunkt seines Vorhabens ist im Regelfall eine Entscheidung eines Obergerichts, die den abgeklärten Sachverhalt und die rechtliche Bewertung liefert. Dieses Ergebnis schlüsselt der Aufgabensteller auf: Er entnimmt der Entscheidung das anzuwendende Recht, zerlegt die einschlägigen Normen in ihre Voraussetzungen und kennzeichnet dabei das dort angelagerte Rechtsproblem. Diesem Gerüst stellt er die für die Subsumtion notwendigen Tatsachen gegenüber. Meist muss dieser Ausgangspunkt – um Stoff für fünf Stunden Bearbeitungszeit bieten zu können – mit weiteren Problemfeldern umgeben werden. Das WIE hängt davon ab, ob eine Richterklausur oder eine Anwaltsklausur entstehen soll. Natürlich eignet sich jede BGH-Entscheidung für die Konstruktion einer Richterklausur. Bei der Einordnung als Anwaltsklausur kann grundsätzlich an die Klageschrift und an die Klageerwiderung gedacht werden. Betrifft das Rechtsproblem etwa eine Anspruchsgrundlage, wird sich eine Klageschriftklausur empfehlen. Hatte der BGH aber über eine Einrede oder Einwendung zu entscheiden, lässt sich dieser Ausgangspunkt gut in eine Klageerwide- 135

rungsklausur „einbauen". Um den Fall auf fünf Stunden auszuweiten, bieten sich folgende Maßnahmen an:
- Nennen überflüssiger Tatsachen.
- Hinweise liefern, dass notwendige Tatsachen voraussichtlich bestritten werden.
- Dem Bearbeiter dafür Zeugen nennen (offen, versteckt).
- Tatsachen darstellen, für die im Falle des Bestreitens ein Sachverständiger einzuschalten sein wird.
- Hilfestellung geben für das Auslegungsproblem.
- Den Bearbeiter in die Irre leiten (verfehltes Argument, falsche Norm nennen).
- Tatsachen mitteilen, die Einwendungen und Einreden betreffen.
- Beweismittel für diese Gegenrechte einführen.
- Ein bereits im zugelassenen Kommentar dargestelltes Rechtsproblem zu einer Einrede aufnehmen.
- Zulässigkeitsfragen einbauen (z. B. eine unwirksame Gerichtsstandsvereinbarung bei ausschließlichem Gerichtsstand). Beklagte ist eine GmbH (Partei- und Prozessfähigkeit, Organ)
- Subjektive Klagehäufung einbauen usw.

§ 2 Klageerwiderung

I. Aufgabenstellung

1. Standort

Klageschrift	früher erster Termin oder schriftliches Vorverfahren		Beklagter muss reagieren
Klageschrift	früher erster Termin	Versäumnisurteil	Beklagter muss reagieren
Klageschrift	schriftliches Vorverfahren	Versäumnisurteil	Beklagter muss reagieren
Anspruchsbegründung nach vorausgegangenem Mahnbescheid Vollstreckungsbescheid	früher erster Termin schriftliches Vorverfahren	eventuell 2. Versäumnisurteil	Beklagter muss reagieren

2. Aufgabe

Ein Beklagter sucht den Rechtsanwalt auf und überbringt eine Klageschrift sowie eine Mitteilung des Gerichts über die Anordnung des schriftlichen Vorverfahrens oder die Anberaumung eines frühen ersten Termins.[56] Neben diesen Informationsquellen wird der Aufgabensteller zusätzlich Informationen geben, die ein Bestreiten des Tatsachenstoffes erlauben, Ansätze für Rechtsausführungen bieten und den Blick auf Einwendungen bzw. Einreden richten sollen. Die Zusatzinformationen finden sich meist in einer Darstellung, die den Inhalt eines Mandantenbesuches wiedergibt. Als Anlagen sind häufig einige Schriftstücke beigefügt. Sie können Tatsachenmaterial bieten, können aber zusätzlich als Vertrag oder als Testament die rechtliche Einordnung bestimmen[57].

Einen anderen Klausureinstieg bietet das Versäumnisurteil, welches entweder im schriftlichen Vorverfahren oder im frühen ersten Termin ergangen ist. Bei dieser Besonderheit muss an den Einspruch und an § 343 ZPO[58] gedacht werden. Eine zusätzliche Einstiegsbesonderheit bildet der Vollstreckungsbescheid, gegen den im Regelfall bereits Einspruch eingelegt worden ist und für den jetzt die Anspruchsbegründung vorgelegt wird. Für die jetzt notwendige Klageerwiderung ist wegen §§ 700, 343 ZPO nicht einfach die

---

[56] Das Mandantengespräch als Informationsquelle ist nicht zwingend notwendig. Der Anwalt kann gemäß § 172 ZPO „für den Rechtszug bestellter Prozessbevollmächtigter" sein. Dann wird die Klage an ihn zugestellt. In einem solchen Fall ist in der Kanzlei zu überlegen, wie gegen die Klage vorzugehen sein wird.
[57] Sie sind daher genau auf ihre rechtliche Wirksamkeit und Wirkung hin zu untersuchen.
[58] Wichtig für den Antrag.

Klageabweisung ins Auge zu fassen, sondern an die Aufhebung des Vollstreckungsbescheides und die Klageabweisung zu denken.

II. Funktion der Klageerwiderung

139 Die Klageerwiderung soll den Erfolg der Klage ganz oder teilweise verhindern. Bei Aussichtslosigkeit der Rechtsverteidigung kann an einen Vergleich oder ein Anerkenntnisurteil gedacht werden. Im Falle der teilweisen Aussichtslosigkeit ist das Teilanerkenntnis (oder der Teilvergleich) zu erwägen. Dies führt zur Kombination aus „normaler" Klageerwiderung = Klageabweisungsantrag und beispielsweise einem Teilanerkenntnis.

III. Bearbeitungstechnik

1. Einstieg

140 Vorab ist ein Überblick zur Verfahrenslage notwendig. Dazu gehört das Erfassen der prozessleitenden Anordnung und eventuell laufender oder schon abgelaufener Fristen. Es geht um das Erkennen der Anordnung des frühen ersten Termins, des schriftlichen Vorverfahrens, den jeweils gesetzten Fristen und sofern der Mandant ein Versäumnisurteil oder einen Vollstreckungsbescheid mitbringt um die Frage des Einspruchs. Sofern das Gericht schriftliche Vorverfahrens angeordnet hat, sind die Frist für die Verteidigungsanzeige und zusätzlich die Frist für die Klageerwiderung zu beachten, § 276 Abs. 1 ZPO. Hat das Gericht frühen ersten Termin nach § 275 ZPO bestimmt, ist meist eine Frist zur schriftlichen Klageerwiderung gesetzt. Diese Fristen sind zu Beginn der Arbeit vorzumerken und am Ende beim Datum für die Klageerwiderung zu überdenken. Hier kann ein Aufgabensteller das Besuchsdatum des Mandanten auf den Fristablauf oder auf einen Tag vor Fristablauf legen. Dann ist Eile geboten – etwa durch Einwurf der Klageerwiderung in den Nachtbriefkasten oder durch ein Telefax. Bringt die Aufgabe zusätzlich noch ein Versäumnisurteil oder einen Vollstreckungsbescheid ins „Spiel", ist auf die Einspruchsfrist zu achten. Bei Fristablauf bietet die Wiedereinsetzung wegen Versäumung der Einspruchsfrist mögliche Hilfe. Nach diesen Fristfragen ist die Lösung in der Sache anzugehen. Dies geschieht sinnvoller Weise in drei Lösungsschritten:

(1) Zunächst ist die Klageschrift auf Angriffspunkte hin zu prüfen (der Bearbeiter sucht nach Fehlern des Klägers im Werk des Klägers).
(2) Sodann ist zu prüfen, ob der Tatsachenstoff bestritten oder durch eigenen Vortrag verändert werden kann und ob auf diese Weise die rechtliche Beurteilung neu erfolgen muss. Es geht hier um den Einsatz von Verteidigungsmitteln: Dazu zählt alles sachliche und prozessuale Vorbringen, das der Abwehr des geltend gemachten prozessualen Anspruchs dient – Tatsachenbehauptungen, Bestreiten, Einwendungen – wichtig ist hier die Aufrechung – und Einreden (einschließlich der Tatsachenbehauptungen und Beweismittel für die Einwendungen und Einreden).

§ 2 Klageerwiderung

(3) Schließlich bleibt zu überlegen, ob ein Gegenangriff (Widerklage) geführt werden soll.
Kein Verteidigungsmittel sind Rechtsausführungen und die Widerklage.

141

Klageschrift	← Fehlersuche
Tatsachenstoff	← Bestreiten
Rechtsausführungen	← andere Rechtsansicht • Einwendungen • Einreden • Widerklage

142

Neben der Kernarbeit mit den Tatsachen, der Gesetzesauslegung, mit den Einreden, den Einwendungen und der Widerklage können zusätzlich taktische Überlegungen angestellt werden. Dazu zählen das Anerkenntnis bzw. das Teilanerkenntnis, die Erfüllung bzw. die teilweise Erfüllung, die Flucht in die Säumnis, das Stellen von Verweisungsanträgen[59].

143

2. Auseinandersetzung mit der Klageschrift

Zunächst ist die Klageschrift sorgfältig zu erfassen. Der Bearbeiter muss herausfinden, auf welcher rechtlichen Grundlage das Klagebegehren beruht. Das Ergebnis dieser Analyse wird die Antwort auf die Schlüssigkeit der Klage sein. Auf diese Weise klären sich die Klageart, die vom Kläger herangezogenen Rechtsbestimmungen und die „Sauberkeit" des Subsumtionsvorgangs. Nach dem so gewonnenen Überblick kann die Zulässigkeit der Klage untersucht werden. Am Ende dieser Erwägungen stehen mögliche Rügen zur Schlüssigkeit[60] und/oder Zulässigkeit der Klage fest.

144

3. Der Beklagte nimmt Einfluss auf den Tatsachenstoff

Während bisher nur mit den Vorgaben aus der Klageschrift gearbeitet wurde, kann jetzt aktiv durch Bestreiten von Tatsachen eingegriffen werden. Dazu muss die Aufgabenstellung natürlich Hinweise liefern. Grundsätzlich sind alle vom Kläger vorgetragenen Tatsachen bestreitbar. Ergibt jedoch die Information durch den Beklagten, dass bestimmte Tatsachen zutreffen und überdies mit einem Beweisangebot vorgetragen sind, wäre ein Bestreiten unsinnig.

145

Ein scheinbar einfacher Weg – das Tatsachengefüge des Klägers zu erschüttern – besteht im pauschalen Bestreiten. Oft zu lesen sind Sätze wie: Soweit das Vorbringen des Klägers nicht zugestanden wird, wird der Vortrag des Klägers bestritten. Oder: Das Vorbringen des Gegners wird bestritten, soweit es nicht ausdrücklich zugestanden wird. – Während in der Praxis solche Sätze der Richter mit Geduld hinnimmt, führen sie in einer Examens-

146

---

[59] Dabei geht es um den Verweisungsantrag an die Kammer für Handelssachen nach § 98 GVG. Erkannte Fälle der örtlichen oder sachlichen Unzuständigkeit gehören in die Rügen zur Zulässigkeit der Klage.
[60] Die Klage kann unschlüssig sein, weil notwendige Tatsachen nicht vorgetragen sind. Zum anderen kann eine andere rechtliche Beurteilung dazu führen, dass die vorgetragenen Tatsachen nicht reichen.

klausur zum Punkteabzug. Denn dieses pauschale Bestreiten verstößt gegen § 138 Abs. 1 und 2 ZPO. Außerdem verfehlt es ein Prüfungsziel, denn der Prüfling soll zeigen, dass er die entscheidungserheblichen Tatsachen erkannt, mit dem Vortrag der Partei abgeglichen und so die konkrete Bekämpfung der Tatsache erfasst hat; all dies leistet das pauschale Bestreiten natürlich nicht.

147 Grundlage für alle Erwägungen zum Bestreiten sind die entscheidungserheblichen Tatsachen, die bereits bei der Subsumtionswiederholung erkannt worden sind. Alle anderen interessieren nicht. Sodann sind diese Tatsachen mit der Schilderung des Mandanten zu vergleichen. Soweit Abweichungen vorliegen, eignen sich diese Tatsachen zum Bestreiten. Ist das Bestreiten nämlich wirksam, zwingt es in die Beweiserhebung. Hat der Gegner keine Beweismittel, muss er – weil beweisfällig – verlieren. Hat er Beweismittel, wird eine Beweiswürdigung nach Beweiserhebung über das Vorliegen der entscheidungserheblichen Tatsache entscheiden. An dieser Stelle kann mit einem Gegenbeweis das Ergebnis nochmals gedreht werden.

148 Nach dem Gesetz kann Tatsachenvortrag ausdrücklich oder konkludent bestritten werden, § 138 Abs. 3 ZPO. Bestreiten erfolgt entweder einfach (bloße Verneinung), qualifiziert (mit Gegendarstellung) oder durch Bestreiten mit Nichtwissen, § 138 Abs. 4 ZPO. Wird nur einfach bestritten, obwohl ein qualifiziertes Bestreiten notwendig ist, führt dies – ebenso wie ein unzulässiges Bestreiten mit Nichtwissen – zur unstreitigen Tatsache. – Um qualifiziert bestreiten zu können, muss der Aufgabensteller entsprechende Tatsachen schildern, die deshalb auch gleich verwendet werden sollten. § 138 Abs. 4 ZPO erschließt sich hingegen nicht so einfach. Hier muss der Bearbeiter selbst erkennen, dass Tatsachenvortrag des Klägers betroffen ist, der weder eigene Handlungen noch Gegenstand der eigenen Wahrnehmung des Beklagten erfasst.

149 Auf das Bestreiten kann im Einzelfall noch das Angebot zum Gegenbeweis gesetzt werden. Denn hat der Kläger eine Tatsache bereits mit einem Beweisangebot verbunden, bewirkt das Beweisangebot des Beklagten zum selben Tatsachenvortrag, dass in einer Beweisaufnahme auch das Beweismittel des Beklagten zum Einsatz kommt und so dem Kläger der Beweis seiner Tatsache hoffentlich misslingt.

4. Angriff auf die Rechtsanwendung

150 Mit Rechtsausführungen kann der Beklagte sich gegen die vom Kläger herangezogene Norm wenden, indem er die Voraussetzungen der Norm anders definiert, das Gesetz anders auslegt, Konkurrenzfragen aufwirft.

5. Der Beklagte nimmt Einfluss durch Einwendungen/Einreden

a) Einwendungen/Einreden

151 Ähnlich wie der Angriff gegen die Rechtsanwendung wirken die **Einwendungen.** Sie führen zu anspruchshindernden oder anspruchsvernichtenden Gegennormen (z.B. Erfüllung), deren Vorliegen darzulegen ist und deren Tatsachengrundlage bei wirksamem Bestreiten zu beweisen sein wird. Im

§ 2 Klageerwiderung   37

Unterschied zu den Einwendungen führt der Angriff gegen die **Rechtsanwendung** nicht zu einer Gegennorm, sondern in die vom Kläger gewählte „tragende" Norm selbst (der vom Kläger angenommene Werkvertrag ist bei richtiger Beurteilung ein Kaufvertrag). **Einreden** zeigen im Vergleich zu alle dem wieder eine Sonderstellung. Sie führen zu einem zeitlich begrenzten oder dauernden Leistungsverweigerungsrecht, haben also nichts mit der Anwendung der Anspruchsnorm oder mit dem Vortrag einer anspruchshindernden oder anspruchsvernichtenden Gegennorm zu tun. Im Vergleich mit diesen Verteidigungsmöglichkeiten betrifft das **Bestreiten** die tatsächlichen Voraussetzungen der Anspruchsgrundlage.

Tatsachen = Subsumtionsstoff ↔ der bestritten werden kann. 152

Norm = anzuwendendes Gesetz ↔ Rechtsanwendung als unzutreffend darstellen.

Gegennorm = Einwendung ↔ anspruchshindernd, anspruchsvernichtend.
- Einwendungen werden von Amts wegen berücksichtigt.
- Einwendungen hindern die Entstehung des Rechts oder vernichten nachträglich das Recht.
- Rechtshindernde Einwendung stört die Entstehung des Rechts: mangelnde Geschäftsfähigkeit, Bösgläubigkeit.
- Rechtsvernichtende Einwendung lässt das wirksam entstandene Recht nachträglich wieder untergehen: Erfüllung, Aufrechung.

Leistungsverweigerungsrecht = Einrede ↔ wirkt zeitlich begrenzt oder dauernd.
- Einreden beachtet das Gericht nur, wenn der Berechtigte sich auf die Einrede beruft.
- Einreden hemmen die Durchsetzung eines Rechts.
- Aufschiebende (dilatorische) hemmen zeitweilig: Stundung, Zurückbehaltungsrecht.
- Ausschließende (peremptorische) hemmen dauernd: Verjährung.

Zurückbehaltungsrechte, die Einrede der Verjährung, vor allem aber Ge- 153 staltungsrechte wie die Aufrechung oder die Anfechtung können im Aufgabentext durch Hinweise nahegelegt sein. In schwierigeren Fällen fehlt ein solcher Hinweis. Dann muss der Bearbeiter von selbst auf diese Gegenrechte kommen. Die Aufrechung steht immer nahe der Widerklage. Beide sind kreative Reaktionen auf die Klage. Während die Aufrechung eine Gegenforderung voraussetzt, kommt die Widerklage nicht nur als Zahlungsklage in Betracht. Die Feststellungswiderklage ist im Zusammenhang mit einem Klageabweisungsantrag anzudenken, wenn beispielsweise der Kläger die Herausgabe einer Sache begehrt und nunmehr der Beklagte feststellen lassen will, selbst Eigentümer der Sache zu sein.

b) Aufrechnung

(1) **Grundlagen.** Immer dann, wenn von eigenen Forderungen des Man- 154 danten die Rede ist, sollte sich gedanklich eine Verbindungslinie zur Aufrechung aufbauen. Nur so gerät diese Möglichkeit nicht aus dem Blickfeld. Von der Idee, dem Aufrechnungsansatz, erschließen sich dann die Art der Aufrechnung, die Erfolgsaussicht der Aufrechnung, die Frage der Verjährung, der Blick auf § 767 Abs. 2 ZPO und die Kostenproblematik. Die Aufrechnung setzt gute Rechtskenntnisse zu den §§ 387 ff. BGB voraus, hat etwas Dynamisches an sich (Selbsthilfe zur Erfüllung, § 389 BGB) und verkürzt Leistungswege.

155 Da der Vortrag zur Aufrechnung als verspätet zurückgewiesen werden kann (§ 296 ZPO) und damit eine der Rechtskraft fähige – dem Mandanten nachteilige – Entscheidung über die Gegenforderung möglich wird[61], sollte die Aufrechnung mit den dazu erforderlichen Tatsachen frühzeitig – also mit der Klageerwiderung – eingebracht werden.

156 Als Haupt-/Primäraufrechnung führt sie zum Verlust der eigenen Forderung. Diese Konstellation ist selten, weil dann die Klageforderung unbestritten bleibt und nur mit der Aufrechnung bekämpft wird. Überdies sind die den Klageanspruch begründenden tatsächlichen Behauptungen i.S.d. § 288 ZPO dann zugestanden[62]. Weit häufiger ist die Eventualaufrechnung – eventual/bedingt und als solche erstmals im Prozess erhoben – und nur für den Fall, dass das Gericht die Hauptforderung als begründet ansieht. Die Aufrechung ist mit einer genau bestimmten Gegenforderung in der Klageerwiderung zu erklären (bei mehreren zur Aufrechnung gestellten Gegenforderungen ist die Reihenfolge anzugeben). Da die Aufrechnung im Prozess erstmals erklärt wird, löst dies einen Doppeltatbestand aus: Zum Einen die materiell-rechtliche Aufrechnungserklärung nach § 388 BGB und zum Anderen deren prozessuale Geltendmachung als Verteidigungsmittel. Deshalb müssen die allgemeinen Prozessvoraussetzungen vorliegen und zusätzlich die Begründetheitsvoraussetzungen für die Aufrechnung erfüllt sein – also Gegenseitigkeit der Ansprüche, Gleichartigkeit der Forderungen, Fälligkeit der Gegenforderung, Erfüllbarkeit der Hauptforderung. – Von der Prozessaufrechnung ist die bereits außerhalb des Prozesses erklärte Aufrechnung zu unterscheiden[63]. Bei dieser Ausgangslage beruft sich der Beklagte in der Klageerwiderung auf die Aufrechnung als Verteidigungsmittel, vergleichbar anderen materiell-rechtlichen Einwendungen oder Einreden.

157 Da die Aufrechnung zum Verlust der eigenen Forderung führt, muss immer vorher geprüft werden, ob die Abwehr der Klage auf andere Weise ohne Forderungsopfer erreicht werden kann (Bestreiten, Rechtsausführungen, Einreden, andere Einwendungen). Bietet sich hier ein Ansatz, wird die Aufrechnung an die letzte Stelle der Verteidigungsmittel und zwar als Hilfsaufrechnung gerückt (beachte für die Verfahrenskosten § 19 Abs. 3 GKG) und zugleich erwogen, ob eine Widerklage in Betracht zu ziehen sein wird. Bei mehreren Gegenforderungen sollte die sicherste Forderung als erste zur Aufrechnung gestellt werden, weil vielfach der Beklagte gem. § 92 ZPO an den Kosten beteiligt wird, sofern er wegen der Aufrechnung ganz oder teilweise obsiegt[64].

158 (2) **Einzelfragen.** Die Prozessaufrechnung hemmt die Verjährung, § 204 Abs. 1 Nr. 5 BGB; Grenze bildet die Höhe der Klageforderung; bei mehre-

---

[61] BGH NJW-RR 1991, 972.
[62] BGH NJW-RR 1996, 699.
[63] Thomas/Putzo § 145 Rn. 11. Eine Prozessaufrechnung geht ins Leere, sofern die Gegenforderung bereits vor dem Prozess durch Aufrechnung erloschen ist. Deshalb ist in solchen Fällen keine Prozessaufrechnung angezeigt, sondern richtigerweise wird sich der Beklagte auf die bereits erfolgte Aufrechnung berufen.
[64] Thomas/Putzo § 92 Rn. 4 (je mehr erfolglose Gegenforderungen verbraucht werden, um so höher wird der Streitwert und damit die Kostenbeteiligung des Beklagten).

ren Gegenforderungen wirkt die Hemmung für alle Forderungen in Höhe der Klageforderung. Für Folgeprozesse ist § 204 Abs. 2 BGB zu beachten (6-Monats-Frist). Da die Mandantschaft mit dem Begleitschreiben über mögliche Risiken zu unterrichten sein wird, sollte bei unsicherer Aufrechnung mitgeteilt werden, dass die Aufrechnung ohne Zustimmung des Gegners (die Gegenforderung ist nicht rechtshängig) zurückgenommen werden kann und durch die Rücknahme die Aufrechnung materiell-rechtlich unwirksam wird[65]. So vermittelt sich für den Prüfer „Weitblick".

(3) Formfragen. Die Aufrechnung ist als Einwendung im Antrag bereits dadurch berücksichtigt, dass Klageabweisung begehrt wird. Innerhalb der Klageerwiderung führt sie zu einem Tatsachenblock und als Prozesshandlung zu einer Erklärung[66]. **159**

IV. Form und Inhalt der Klageerwiderung

Immer wenn eine Formularsammlung als Hilfsmittel zugelassen ist, sollte das dort abgedruckte Muster zur Klageerwiderung genutzt werden. Rechtlicher Ausgangspunkt für die Klageerwiderung sind die §§ 277 Abs. 1 und 130 ZPO. **160**

Rubrum	§ 130 Nr. 1 ZPO	**161**
Anträge	§ 130 Nr. 2 ZPO	
Begründung – Verteidigungsmittel	§ 277 Abs. 1 S. 1 ZPO	
Begründung – Beweismittelangabe	§ 130 Nr. 5 ZPO	
Begründung – Rechtsausführungen	fordert das Gesetz nicht	
Einzelrichter – Landgericht	§ 277 Abs. 1 S. 2 ZPO	
Unterschrift	§ 130 Nr. 6 ZPO	

1. Rubrum

Dieser Block setzt sich zusammen aus der Absenderangabe, der Angabe des Empfangsgerichts und der Bezeichnung der Parteien. Die Parteien sind nicht mehr ausführlich darzustellen, weil dies bereits in der Klageschrift geschehen ist. Deshalb spricht man hier vom abgekürzten Rubrum. **162**

Absender
Empfänger
In Sachen
Kurt Schmid (Prozessbevollmächtigter: RA Karl Kauf) ./. Bernd Kahl
wegen Forderung
Az.:
zeige ich an, dass ich den Beklagten vertrete.

163

---

[65] Palandt/Heinrichs § 388 Rn. 2
[66] Bearbeiter begründen häufig die Aufrechung und vergessen die Erklärung der Aufrechnung.

2. Anträge

164 Im Normalfall wird Klageabweisung beantragt.

„Die Klage wird abgewiesen."

165 Die Aufgabe kann darauf angelegt sein, ein Teilanerkenntnis abzugeben oder einer Teilerledigungserklärung zuzustimmen.

1. Ich kündige an: Ich erkenne[67] den Anspruch in Höhe von ...... € nebst 9% Zinsen seit ...... an.
2. Ich stimme der Erledigungserklärung[68] des Klägers aus dem Schriftsatz vom ...... in Höhe von ...... € nebst Zinsen unter Verwahrung gegen die Kostenlast zu.
3. Im Übrigen werde ich beantragen:
Die Klage wird abgewiesen.

166 Zu den Kosten und zur vorläufigen Vollstreckbarkeit sind nach dem Gesetz keine Anträge notwendig.

167 Besonderheiten (im Regelfall ohne Bedeutung): Hat sich der Aufgabensteller die Mühe gemacht, Tatsachen vorzutragen, die zur Begründung eines Antrags nach § 712 ZPO erforderlich sind (§ 714 Abs. 2 ZPO), so ist zu beantragen, das Urteil nicht für vorläufig vollstreckbar zu erklären bzw. die Vollstreckung auf die in § 720 a Abs. 1 und 2 ZPO bezeichneten Maßregeln zu beschränken.

3. Begründung

168 Nunmehr sind alle Angriffe gegen die Klage vorzutragen. In einer Einleitung kann die Verteidigungslinie aufgezeigt werden. Danach lassen sich die Angriffe gliedern in
- Zulässigkeit der Klage
- Bestreiten von Tatsachen
(Zunächst werden die unbestritten Tatsachen und dann die bestrittenen dargestellt. Auf diese Weise entsteht eine Tatsachenschilderung aus der Sicht des Beklagten.)
- Gegenbeweisangebote
- Tatsachenvortrag zu Einwendungen/Einreden
(Auch dieser Vortrag gestaltet die Tatsachenschilderung aus der Sicht des Beklagten.)
- Beweisangebote
- rechtliche Ausführungen
  - zur Begründung der Klage durch den Kläger
  - zu den Einwendungen/Einreden
Am Schluss achten die Prüfer auf die Unterschrift des Rechtsanwalts.

---

[67] Ein Teilanerkenntnisurteil muss nach § 307 Abs. 1 ZPO der Kläger beantragen. Der Beklagte kann jedoch das Teilanerkenntnis erklären. Dies ist im schriftlichen Verfahren nach § 128 Abs. 2 und 3 ZPO und im Falle des schriftlichen Vorverfahrens (§§ 276, 307 Abs. 2 ZPO) möglich. Ansonsten ist das Anerkenntnis im Termin zu erklären, § 307 Abs. 1 ZPO, sodass im Falle des frühen ersten Termins das Anerkenntnis besser nur angekündigt werden sollte.

[68] Eine übereinstimmende Teilerledigung ist durch schriftliche Erklärungen möglich, § 91 a Abs. 1 ZPO.

V. Widerklage (Gegenklage)

1. Normalfall

Mit der Widerklage erfolgt der Gegenangriff, der jedoch nicht immer statthaft ist (so im Urkunden-, Wechsel- und Scheckprozess). Im Arrest- und im einstweiligen Verfügungsverfahren scheidet diese Verteidigungsmöglichkeit vollständig aus. In Ehe- und Kindschaftssachen gibt es nur einen eingeschränkten Anwendungsbereich, §§ 610 Abs. 2, 632 Abs. 2, 640c Abs. 1 S. 2 ZPO. Die Widerklage ist bei den Richtern nicht sehr beliebt. Sie bringt Mehrarbeit und das oft spät im Prozess, weil § 296 ZPO nur für Verteidigungsmittel, nicht aber für den Gegenangriff gilt. Außerdem genießt die Widerklage das Privileg des § 65 GKG. Hat der Beklagte bisher die Frist für die Klageerwiderung versäumt und damit § 296 ZPO heraufbeschworen, bietet sich die Flucht in die Widerklage mit deren Begründung dann auch zum Klagevortrag Stellung genommen werden kann. Diese Flucht hat ihre Grenzen in § 145 Abs. 2 ZPO. Denn wenn die mit der Klage und der Widerklage geltend gemachten Forderungen nicht aus dem gleichen Rechtsverhältnis hervorgehen, kommt Prozesstrennung in Betracht, wodurch für die Klage wieder § 296 ZPO greift.

169

Es gibt bekannte und weniger geläufige Arten der Widerklage:

170

normale Widerlage	A klagt gegen B B klagt zurück
Eventualwiderklage	A klagt gegen B B klagt unter einer Bedingung zurück
Zwischenfeststellungswiderklage	Ausgangspunkt ist § 256 Abs. 2 ZPO. **Anwendungsfall – Rechtskrafterstreckung** A klagt gegen B auf Herausgabe nach § 985 BGB B erhebt Widerklage nach § 256 Abs. 2 ZPO um festzustellen zu lassen, dass er Eigentümer ist. **Anwendungsfall – Teilklage** Hier dient die Zwischenfeststellungswiderklage dem Ziel, für den nicht rechtshängigen Teil der Forderung dessen Nichtbestehen feststellen zu lassen.
Inzidentanträge	sind auf Schadensersatz gerichtet. Hauptanwendungsfall in der Klausur ist § 717 Abs. 2 S. 2 ZPO[69]
Drittwiderklage	A klagt gegen B B klagt gegen A zurück und zusätzlich gegen C andere Konstellationen sind kritisch zu sehen, etwa A klagt gegen B B klagt gegen C

---

[69] Vgl. dazu Thomas/Putzo § 717 Rn. 15.

42 A. Zivilrecht

171 Die Widerklage und Eventualwiderklage kommen nur bei Erfolgsaussicht zum Einsatz. Mithin müssen die Zulässigkeits- und Begründetheitsvoraussetzungen erfüllbar sein. Ein gutes Hilfsmittel bieten Thomas/Putzo in der Kommentierung zu § 33 ZPO und mit der dort vorgefügten Übersicht. Aufgabensteller nutzen die Widerklage zum Abprüfen gängiger Grundlagenfragen. Dazu zählt natürlich § 33 ZPO. Hier besteht bei den Bearbeitern eine häufig zu beobachtende Unsicherheit zur Bedeutung des „Zusammenhangs". Liegt er vor, ist zugleich der besondere Gerichtsstand der Widerlage gegeben. Fehlt er, kann die örtliche Zuständigkeit aus anderen Normen folgen (etwa allgemeiner Gerichtsstand des Wohnorts), allerdings ist die vom BGH geforderte besondere Sachurteilsvoraussetzung des Zusammenhangs nicht gegeben. Dann wird ein Anwalt keine Widerklage erheben (auf eine eventuelle Heilung nach § 295 ZPO zu hoffen ist dabei zu riskant)[70]. – Für die sachliche Zuständigkeit ist § 5 ZPO zu beachten, weil keine Wertaddition von Klage und Widerklage stattfindet. Deshalb sind drei Situationen denkbar: Der Prozess befindet sich schon beim Landgericht. Dann wird die Widerklage daran nichts ändern. Ist die Klage beim Amtsgericht eingereicht, wird das Verfahren auch nach Widerklage dort bleiben, sofern die Widerklageforderung in die sachliche Zuständigkeit des Amtsgerichts gehört. Übersteigt jedoch die Widerklageforderung die sachliche Zuständigkeit des Amtsgerichts, ist die Sache an das Landgericht zu verweisen[71].

172 Innerhalb des mit der Widerklage verfolgten Anspruchs – zu diesem Zeitpunkt steht die Zulässigkeit der Widerklage bereits fest – gilt die Arbeitsweise wie im Falle der Klageerhebung, siehe Klageschrift. Für die Gestaltung des Schriftsatzes bringt der Antrag eine Besonderheit. Die Begründung der Klageerwiderung und Widerklage folgt sachlogischen Gesichtspunkten (erst die Klageabweisung begründen (Rügen gegen die Zulässigkeit der Klage, Erwiderung auf die Anspruchsbegründung) und dann die Begründung der Widerklage (Sachverhalt, rechtliche Begründung).

Klageerwiderung und Widerklage – kurzes Rubrum

173 An das Landgericht
......

In Sachen

...... / ...... (Kurzrubrum)
Ich werde beantragen,
1. die Klage abzuweisen,
2. den Kläger zu verurteilen, an den Beklagten 5000 Euro nebst ...... Zinsen ab Zustellung dieses Schriftsatzes zu zahlen.

Begründung:
I. Die Klage ist unbegründet ......

---

[70] Gelegentlich begründen Bearbeiter die Wahl der Literaturmeinung mit dem Hinweis, diese Ansicht sei für den Mandanten günstig. Ein Praktiker wird bei gefestigter Rechtsprechung dafür kein Verständnis zeigen.
[71] Guter Überblick in MDR 1998, 21, 22.

§ 2 Klageerwiderung

2. Mit der Widerklage macht der Beklagte folgenden Anspruch gegen den Kläger geltend ......

Unterschrift – Rechtsanwalt

2. Drittwiderklage

Die Drittwiderklage ist Anhängsel zur Widerklage. Zum Einen besteht die **174** Notwendigkeit zur Drittwiderlage, wenn der Kläger widerbeklagt wird und ein Dritter mit dem Kläger zugleich Gesamtschuldner ist (Verkehrsunfall: A verklagt B und B verklagt A sowie als „Dritten" die Haftpflichtversicherung des A). Zum Anderen ist die Drittwiderklage auch taktisches Anhängsel zur Widerklage, um auf der Klägerseite einen Zeugen auszuschalten, etwa den Fahrer des Fahrzeugs des Klägers. Denn wenn nach einem Unfall die Halter A und B (mit jeweils der Haftpflichtversicherung im Gefolge) sich gegenseitig verklagen, dann kann der Kläger A seinen Fahrer C als Zeugen einsetzen. Wird aber der Fahrer C im Rahmen der Widerklage als Dritter verklagt, fällt er als Zeuge aus und verliert so die Klägerseite ein Beweismittel.

Die parteierweiternde Widerklage (Drittwiderklage) sollte nicht ohne Blick **175** in den Kommentar[72] gelöst werden. Hier bleibt von der Widerlage nicht viel übrig, weil die Lösung über die Parteiänderung läuft. Dieser „Dritte" sollte am Gerichtsort seinen Gerichtsstand (örtliche Zuständigkeit) haben. Denn § 33 ZPO gilt nur im Verhältnis zum Kläger, nicht aber zum Dritten. Unproblematisch ist die Drittwiderklage als streitgenössische Drittwiderklage[73]: In diesem Fall richtet sich die Widerklage gegen den Kläger und die Drittwiderklage gegen den bisher am Rechtsstreit nicht beteiligten Dritten. Der BGH lässt darüber hinaus auch zu, dass nur Widerklage gegen den Dritten erhoben und gleichzeitig Aufrechung gegen den Kläger erklärt wird, wobei die Gegenforderung sich mit der „Drittwiderklageforderung" deckt[74]; zusätzlich müssen dann noch die Voraussetzungen der Klageänderung vorliegen.

Klageerwiderung, Widerklage, Drittwiderklage – großes Rubrum, weil es sich bei der Widerklage gegen den Dritten um eine neue Klage handelt.

An das Landgericht **176**
......

In Sachen

1. ......
– Kläger und Widerbeklagter –
Prozessbevollmächtigter
2. ......
– Drittwiderbeklagter –
Prozessbevollmächtigter[75]

---

[72] Thomas/Putzo § 33 Rn. 10 ff.
[73] BGH NJW 1991, 2838; 1996, 196.
[74] BGHZ 147, 220.
[75] Sofern bestellt; hier ist § 172 ZPO zu beachten. Im Aufgabentext muss die Bestellung mitgeteilt sein.

gegen

......
– Beklagter und Widerkläger –
Prozessbevollmächtigter:

wegen

werde ich beantragen,
1. Die Klage abzuweisen;
2. den Kläger und den Drittwiderbeklagten als Gesamtschuldner zu verurteilen, an den Beklagten ...... Euro nebst Zinsen in Höhe von fünf Prozentpunkten über dem Basiszinssatz ab Rechtshängigkeit zu zahlen.

Begründung:
1. Die Klage ist unbegründet ......
2. Mit der Widerklage macht der Beklagte folgenden Anspruch gegen den Kläger geltend: ......
3. Bei dem Drittwiderbeklagten handelt es sich um den Fahrer des Fahrzeugs des Klägers, der gemäß §§ 18 StVG, 823, 840 BGB gesamtschuldnerisch mit dem Kläger haftet ......
4. Für die Zustellung an den Drittwiderbeklagten füge ich eine weitere beglaubigte Abschrift dieses Schriftsatzes sowie eine Abschrift der Klage bei.

Rechtsanwalt

3. Hilfswiderklage

177 Die Hilfswiderklage ist anerkannt, ihre Zulässigkeit als bedingte Prozesshandlung muss nicht näher begründet werden. Zwei Anwendungsbereiche kommen in Betracht: (1) Für den Fall, dass die Klage Erfolg hat (also der Abweisungsantrag nicht durchdringt); (2) Für den Fall, dass die Klage abgewiesen wird und im Verteidigungswerk eine Gegenforderung enthalten ist, die so nicht verbraucht wird.

178 **Beispiel:** Der Kläger verlangt rückständigen Mietzins. Der Beklagte beantragt Klageabweisung, weil das Mietverhältnis für die Zeit des geforderten Mietzinses durch Kündigung beendet ist. Hat in diesem Fall der Beklagte Erfolg, muss die Klage abgewiesen werden. Erweist sich jedoch die Kündigung als unwirksam, dann erfolgt die Verurteilung des Beklagten zur Zahlung des Mietzinses. War Grund für die Kündigung eine erhebliche Gesundheitsgefährdung durch die Mietsache, kann nunmehr verlangt werden, dass dieser Zustand beendet wird. Deshalb bietet sich die Möglichkeit der Hilfswiderklage mit dem Ziel, den Kläger zur Beseitigung der Mängel der Mietsache zu verurteilen.

Klageerwiderung, Hilfswiderklage – Kurzrubrum

179 An das Amtsgericht
......

In Sachen

...... / ...... (Kurzrubrum)

Ich werde beantragen,
1. die Klage abzuweisen,

2. hilfsweise den Kläger zu verurteilen, die aufgetretene Schimmelbildung in der Einzimmerwohnung im 1. Stockwerk links im Anwesen Brückenstraße 15 in Köln zu beseitigen.

Begründung:

1. Die Klage ist unbegründet:
2. Sollte das Gericht vom Fortbestand des Mietvertrages ausgehen, erhebt der Beklagte
Hilfswiderklage:

Rechtsanwalt

VI. Kombination von Hilfs-/Aufrechnung und Hilfs-/Widerklage

1. Fallgestaltung

Eine Gegenforderung übersteigt die Klageforderung. Mit der Aufrechung verbraucht sich die Gegenforderung nur bis zur Höhe der Klageforderung. Der Rest der Gegenforderung kann dann in einem späteren Prozess aber auch gleich mit der Widerklage geltend gemacht werden. Dieser Schritt ist sogar zwingend geboten, wenn ansonsten die Verjährung droht. Die Aufrechung/Hilfsaufrechung hemmt zwar die Verjährung (§ 204 Abs. 1 Nr. 5 BGB). Diese Wirkung reicht jedoch nur bis zur Höhe der Klageforderung (Hauptforderung). – Ist in der Fallbearbeitung dieser Zusammenhang erkannt, muss die Entscheidung fallen, ob Primäraufrechung oder Hilfsaufrechung und Widerklage oder Hilfswiderklage zu wählen sein werden: Die *Primäraufrechung* kommt in Betracht, wenn sonst keine Verteidigungsmittel zur Verfügung stehen. Dann bleibt als letzter Ausweg das eigene Forderungsopfer. Da die Hauptforderung (Klageforderung) dann nicht bestritten wird, gelten[76] die tatsächlichen Behauptungen als zugestanden (§ 288 ZPO). Später ist dann ein Bestreiten nur noch schwer möglich, vgl. § 290 ZPO. Da mit der Primäraufrechung die Gegenforderung nur bis zur Höhe der Klageforderung verbraucht wird, steht der Überhangbetrag von vornherein fest. Dieser Teil der Gegenforderung ist daher mit der (unbedingten) Widerklage geltend zu machen. – Wird hingegen – was der Regelfall sein dürfte – die *Hilfsaufrechnung* gewählt, dann ist zu unterscheiden: Für den Fall, dass die übrigen Verteidigungsmittel zur Klageabweisung führen, setzt die Hilfsaufrechnung nicht ein. Dann muss die Gegenforderung mit der Hilfswiderklage geltend gemacht werden. Für den Fall, dass die Klageabweisung nur mit der Hilfsaufrechnung erreicht wird, ist der Überhangbetrag aus der Gegenforderung mit der Hilfswiderklage zu verfolgen.

180

2. Fallgestaltung

Der Beklagte verteidigt sich mit der Aufrechung, ist sich aber nicht sicher, ob die Aufrechung unzulässig ist (ausgeschlossen durch AGB, gesetzliches

181

---

[76] BGH NJW-RR 1996, 699.

Aufrechungsverbot, Gefahr, dass die Aufrechung als verspätet zurückgewiesen wird[77]). Für diesen Fall bietet sich an, die Gegenforderung mit der Widerklage als Widerklageforderung hilfsweise geltend zu machen.

Klageerwiderung, Hilfsaufrechung und Hilfswiderklage – Kurzrubrum

182 An das Landgericht
......

In Sachen

...... / ......

Ich werde beantragen,
die Klage abzuweisen.

Hilfsweise erhebe ich Widerlage und werde beantragen,
den Kläger zu verurteilen ......

Begründung:
1. Die Klage ist unbegründet; dem Kläger steht der geltend gemachte ...... nicht zu.
2. Sollte der Anspruch des Klägers begründet sein, rechnet der Beklagte hilfsweise mit folgender Gegenforderung auf:
3. Sollte die Aufrechung im Hinblick auf Nr. 4 der AGB nicht möglich sein, erhebt der Beklagte Hilfswiderklage:

Rechtsanwalt

183 **Anmerkung:** Bei Erfolg des Bestreitens (Kläger kann die Tatsache auch nicht beweisen) wird die Klage abgewiesen. In diesem Fall tritt die Bedingung für die Hilfsaufrechnung nicht ein. Deshalb wird das Gericht über die Gegenforderung keine Entscheidung treffen. Für diese – bei Klageerwiderung offene Ausgangslage – kann zusätzlich hilfsweise Widerklage erhoben werden. Da die innerprozessuale Bedingung „keine Entscheidung über die Hilfsaufrechnung" eingetreten ist, wird nun über die Widerklage und damit über die Forderung des Beklagten entschieden. – Hat das Bestreiten keinen Erfolg, wird die Klageforderung zugesprochen werden. Für diesen Fall kann dann die eigene Forderung „geopfert" werden = Hilfsaufrechung (besteht Klageforderung und besteht Gegenforderung, dann Klageabweisung; besteht Klageforderung und besteht Gegenforderung nicht, dann Klageerfolg bei gleichzeitigem Verlust der Gegenforderung).

184 Besteht ein Aufrechungsverbot, scheidet die Möglichkeit der Aufrechung aus. Dann steht für die Gegenforderung nur die Widerklage zur Verfügung. Wer sich für die Haupt-/Primäraufrechung entscheidet und damit die Hauptforderung nicht bestreiten darf, versperrt sich im Umfang der Hauptforderung die Möglichkeit der Widerklage, behält diese Möglichkeit aber, soweit die Gegenforderung die Hauptforderung übersteigt.

---

[77] Wird der Vortrag zur Aufrechung als verspätet zurückgewiesen, ergeht über die Gegenforderung nach BGH NJW-RR 1991, 972 eine der Rechtskraft fähige Entscheidung.

VII. Teilanerkenntnis; Verurteilung Zug-um-Zug, teilweise Erfüllung, Vorbehalt

1. Teilanerkenntnis

Ergibt die Prüfung der Sach- und Rechtslage, dass der Kläger mit einem **185** Teil der Forderung erfolgreich sein wird, kann ein Teilanerkenntnisurteil erwogen werden (möglicher Kostenvorteil nach § 93 ZPO). Ein Anerkenntnis zu 100% dürfte in einer Examensklausur die seltene Ausnahme sein. Hingegen kann die Kombination aus Klageabweisung und Teilanerkenntnis eine Aufgabenstellung anspruchsvoller machen. Wichtig für den Antrag ist die genaue Bezeichnung des anerkannten Anspruchsteils. Wird von mehreren Ansprüchen nur einer anerkannt, muss dieser Einzelanspruch genau gezeichnet werden.

Klageerwiderung und Teilanerkenntnis

An das Landgericht **186**
......

In Sachen

...... / ...... (Kurzrubrum)
wird der geltend gemachte Anspruch in Höhe von 1000 Euro nebst Zinsen in Höhe von 5 Prozentpunkten über dem Basiszinssatz seit dem ...... anerkannt; das Anerkenntnis erfolgt unter Protest gegen die Kosten. Soweit der Anspruch nicht anerkannt wird, werde ich beantragen,
die Klage abzuweisen

Begründung:

Rechtsanwalt

Anmerkung: der Protest gegen die Kosten ist für das Gericht der Hin- **187** weis auf § 93 ZPO.

2. Zug-um-Zug

Die Einrede der Zug-um-Zug-Leistung führt zu verschiedenen Anwen- **188** dungsfällen. Ergibt die Prüfung der Sach- und Rechtslage, dass der Kläger obsiegen wird, dem Beklagten aber eine Einrede nach §§ 273, 1000, 2022 BGB, 369 HGB, 322 Abs. 1 BGB zusteht, sollte der Klageanspruch unter Hinweis auf die Einrede anerkannt werden (möglicher Vorteil: § 93 ZPO)[78].

...... wird der Klageanspruch mit der Maßgabe anerkannt, dass der Beklagte zur **189** Zahlung nur Zug um Zug gegen Beseitigung folgender Mängel verurteilt wird: nun die Mängel genau bezeichnen

---

[78] Vgl. Thomas/Putzo § 93 Rn. 8 a.

190 Häufiger ist die Kombination aus erfolgversprechendem Angriff gegen die Klage und für den Fall des klägerischen Erfolgs der hilfsweise Einsatz dieser Einrede.

191 Ich werde beantragen,
die Klage abzuweisen,
Hilfsweise werde ich beantragen,
den Beklagten nur Zug um Zug gegen Übertragung des Eigentums am Pkw...... mit der Fahrgestellt-Nr....... und Herausgabe des Fahrzeugbriefs und der Schlüssel an den Beklagten zu verurteilen.

192 **Hinweis:** Die das Zug-um-Zug-Recht betreffende Leistung muss wegen § 756 ZPO genau bezeichnet werden. Bei einem Grundstück geht es um die Auflassung und die Bewilligung der Eintragung des Beklagten ins Grundbuch. Beispiel: ...... nur Zug um Zug gegen Auflassung des im Grundbuch von ...... eingetragenen Grundstücks Flurstück ...... und Bewilligung der Eintragung des Beklagten im Grundbuch. Oder noch genauer: ...... nur Zug um Zug gegen formwirksames (§ 311b BGB) Angebot auf Einigung des Eigentumsübergangs am Grundstück Flurstück ......, eingetragen im Grundbuch von ......, und Bewilligung der Eintragung des Beklagten im Grundbuch.

193 Schließlich kann eine Aufgabe auf die Erledigungsproblematik angelegt sein. Etwa weil der Mandant erklärt, einen Teilbetrag nach/kurz vor/lange vor Erhalt der Klageschrift bezahlt zu haben. Ergibt allerdings die Prüfung der Sach- und Rechtslage, dass der Kläger ein teilweise berechtigtes Zahlungsverlangen geltend macht und bisher noch nichts bezahlt worden ist, sollte insoweit der Kostenanspruch anerkannt werden. Macht der Kläger einen bereits vor Klagerhebung erfüllten Betrag geltend, dann ist dieser Teil des Anspruchs eben unbegründet (Klageabweisung), wurde hingegen nach Rechtshängigkeit bezahlt, sollte an die zu erwartende Teilerledigungserklärung gedacht werden.

194 ...... hat der Beklagte den Anspruch in Höhe von 1000 Euro erfüllt; der Kostenanspruch wird anerkannt. Soweit der Beklagte den Anspruch nicht erfüllt hat, werde ich beantragen,
die Klage abzuweisen.

oder

195 ...... hat der Beklagte den Anspruch in Höhe von 1000 Euro erfüllt; der Beklagte wird sich der Teilerledigungserklärung des Klägers unter Protest gegen die Kosten anschließen. Soweit der Beklagte den Anspruch nicht erfüllt hat, werde ich beantragen,
die Klage abzuweisen.

3. Vorbehalt der Haftungsbeschränkung

196 Richtet sich die Klage gegen einen Erben und ergibt die Prüfung der Sach- und Rechtslage, dass eine beschränkte Haftung in Betracht kommt, so ist ein Antrag auf Haftungsvorbehalt zu stellen. Ohne diesen Vorbehalt kann

§ 2 Klageerwiderung

nämlich in das eigene Vermögen des Erben vollstreckt werden, § 780 Abs. 1 ZPO. Ist hingegen der Vorbehalt erreicht, kann aufgrund dieses Vorbehalts der Erbe in der Zwangsvollstreckung durch Vollstreckungsabwehrklage (§§ 785, 767 ZPO) die beschränkte Haftung geltend machen.

Klageerwiderung und Vorbehalt der Haftungsbeschränkung

An das Landgericht
......

In Sachen

...... / ...... (Kurzrubrum)
Ich werde beantragen,
die Klage abzuweisen,
Hilfsweise werde ich beantragen,
dem Beklagen vorzubehalten, seine Haftung auf den Nachlass des am .... verstorbenen ...... Name des Erblassers ...... zu beschräken.

Begründung:

Rechtsanwalt

VIII. Fallbeispiel

1. Sachverhalt

Am 15. 3. 2002 kommt Kurt Schnell, Bachgasse 9, 97070 Würzburg, zu Rechtsanwalt Albert Scholz, Schlossallee 4, 97070 Würzburg, und trägt Folgendes vor:
Mir wurde heute eine Klage zugestellt. Zugleich wurde ich aufgefordert, mir einen Rechtsanwalt zu nehmen und auf die Klage binnen 2 Wochen zu erwidern. Außerdem wurde ich zum Termin geladen.
Mit der Klage fordert Ernst Fuchs von mir ein Bild heraus. Ich meine, das kann er nicht. Denn sein Vater hat es mir am 20. 12. 2001 übergeben. Er sagte damals, ich könne das Werk viel besser würdigen als sein Sohn. Gleichzeitig schrieb er mir auf ein Stück Papier, dass ich Erbe des Bildes sein soll. Das Bild stellte sein einziges Vermögensstück dar. Bitte prüfen Sie, ob ich das Bild behalten kann.

Anlage 1 Klageschrift

Max Klug	96047 Bamberg, den 6. 3. 2002
Rechtsanwalt	Kunigundenweg 5
Landgericht Bamberg	
Wilhelmsplatz 1	
96047 Bamberg	

Klage
in Sachen

Ernst Fuchs, Lange Gasse 12, 97047 Bamberg
Kläger

Prozessbevollmächtigter: Der Unterfertigte

gegen

Kurt Schnell, Bachgasse 9, 97070 Würzburg,
Beklagter
wegen Herausgabe
Streitwert: 25 000 € (Gerichtskosten über 1290 € sind aufgeklebt)
Namens und im Auftrag des Klägers erhebe ich hiermit Klage zum Landgericht Bamberg mit dem
Antrag:

I. Der Beklagte wird verurteilt, an den Kläger das Bild von Spitzweg, Die Badende, 60 cm auf 40 cm, in einem 7,5 cm breiten Holzrahmen mit Blattgoldauflage, herauszugeben.
II. Der Beklagte hat die Kosten des Rechtsstreits zu tragen.
III. Das Urteils ist vorläufig vollstreckbar.
IV. Für den Fall des schriftlichen Vorverfahrens wird vorsorglich der Erlass eines Anerkenntnis- bzw. Versäumnisurteils beantragt.

Begründung:

Mein Mandant ist der einzige Abkömmling des am 1. 1. 2002 in Bamberg verstorbenen Kurt Fuchs, der im Haus meines Mandanten bis zu seinem Ableben gewohnt hat. Die Ehefrau des Kurt Fuchs ist bereits am 28. 12. 2001 verstorben. Wie mein Mandant am 15. 2. 2002 erfahren hat, befindet sich das einzige Erbstück seines Vaters im Besitz des Beklagten. Es handelt sich um ein Original des Malers Spitzweg mit dem Titel: „Die Badende". Deshalb wurde der Beklagte am 18. 2. 2002 aufgefordert, das Bild herauszugeben. Dies hat er im persönlichen Gespräch mit dem Kläger abgelehnt. Zur Begründung hat er vorgetragen, Alleinerbe nach dem Vater des Klägers zu sein.

Beweis: Lisa Fuchs, zu laden über den Kläger

Rechtlich ist auszuführen, dass mangels gewillkürter Erbfolge der Kläger als alleiniger gesetzlicher Erbe Eigentümer des Bildes geworden ist. Deshalb kann er das Bild vom Beklagten herausfordern.
Gegen die Übertragung des Rechtsstreits auf den Einzelrichter bestehen keine Einwendungen.

Unterschrift

Anlage:
Würzburg, den 20. 12. 2001
Mein letzter Wille,[79]
Ich bestimme hiermit, dass Kurt Schnell aus Würzburg Alleinerbe meines Bildes „Die Badende" sein soll.
Unterschrift.

Bearbeitervermerk: Rechtsanwalt Dr. Klug übergibt den Fall dem zur Ausbildung zugewiesenen Rechtsreferendar Clemens Gründlich und bittet ihn, in

---

[79] Handgeschrieben und unterschrieben.

einem Gutachten die Erfolgsaussichten einer Klageerwiderung zu prüfen und diesen Schriftsatz zu entwerfen.

2. Lösungsweg

Ausgangspunkte sind die Klageschrift, die Bestimmung eines frühen ersten 199
Termins, eine Klageerwiderungsfrist, die Mandanteninformationen und der Bearbeitervermerk.

Die Klageerwiderungsfrist ist leicht einzuhalten (heute zugestellt). Das Ziel 200
des Mandanten ist auf Klageabweisung gerichtet. In einem Gutachten ist dieses Ziel zu prüfen.

		201
Auseinandersetzung mit der Klageschrift – Schlüssigkeitsprüfung – Zulässigkeitsfragen	← hier zu § 2018 BGB ← örtliche Zuständigkeit	
Angriff gegen die angewendete Norm	← hier kein Ansatzpunkt	
Bestreiten	← Erbenstellung des Klägers	
Einreden/Einwendungen	← Vorrang der gewillkürten Erbfolge	
Widerlage/Drittwiderklage	ohne Bedeutung	
endgültige rechtliche Lösung	← Bektlagter ist Alleinerbe, ist nicht Erbschaftsbesitzer, § 2018 BGB greift nicht; andere Anspruchsgrundlagen ebenfalls nicht: §§ 985, 861, 823, 812 BGB	

a) Auseinandersetzung mit der Klageschrift

Der Kläger wählt die Leistungsklage, begehrt Herausgabe und stützt sich 202
auf ein Erbrecht. Im Falle der gesetzlichen Erbfolge ist der einzige Sohn nach dem Vorversterben der Ehefrau Alleinerbe, § 1924 Abs. 1 BGB.

Nach dem Vortrag des Klägers ist der Beklagte Besitzer eines Gegenstan- 203
des der Erbschaft. Der Beklagte besitzt auf Grund eines ihm in Wirklichkeit nicht zustehenden Erbrechts. Damit ist die Klage in Bezug auf § 2018 BGB schlüssig. Zulässigkeitsfragen: Hier ist allenfalls die örtliche Zuständigkeit zu erörtern. Denn der allgemeine Gerichtsstand für den Beklagten richtet sich nach dessen Wohnort, der Würzburg ist. Im Erbrecht gibt es jedoch einen besonderen Gerichtsstand nach § 27 ZPO. Dieser Fall greift hier. Deshalb ist die Klage zulässig in Bamberg erhoben.

b) Bestreiten der Erbenstellung

Nach dem Vortrag des Mandanten gibt es ein Testament. Falls dieses Tes- 204
tament wirksam sein sollte, wäre der Mandant Alleinerbe. Der Tatsachenvortrag, der Kläger sei gesetzlicher Alleinerbe, könnte damit bestritten werden. – Bei dem Testament handelt es sich um ein ordentliches Testament nach § 2231 Nr. 2 BGB i.V.m. § 2247 BGB. Vom Inhalt ist Erbeinsetzung gewollt. Denn nach dem Vortrag des Klägers und des Beklagten ist der einzige Nachlassgegenstand betroffen. Damit soll Rechtsnachfolger im Sinne von § 1922 BGB derjenige sein, der das Bild bekommt. Ein Bestreiten ist damit sinnvoll. Zugleich kann die eigene Rechtsposition durch Urkundenbeweis abgesichert werden.

c) Einwendung

205 Sofern man den Vorrang der gewillkürten Erbfolge vor der gesetzlichen Erbfolge als rechtshindernde Einwendung versteht, geschieht dies durch den Vortrag zum Testament. Mithin kann – weil der Mandant zu Recht besitzt und nicht Erbschaftsbesitzer im Sinne von § 2018 BGB ist – ein Klageabweisungsantrag gut begründet werden. Zugunsten des Klägers kommen andere Anspruchsgrundlagen (etwa §§ 985, 823 BGB) nicht in Betracht, weil der Beklagte mit dem Erbfall Eigentümer und Besitzer (§ 857 BGB) geworden ist. Also wird Klageabweisung zu beantragen sein.

d) Ist mit einer weiteren Entwicklung zu rechnen?[80]

206 Natürlich wird der Kläger im Verlauf des Prozesses auf seinen Pflichtteilsanspruch kommen. Dann kann u.U. später eine Klageänderung erfolgen. Der Kläger kann sogar eine Stufenklage (Auskunft über den Wert des Bildes, Zahlung des Pflichtteils) erwägen. Diese Entwicklungsmöglichkeit ist jedoch nur in einem Begleitschreiben für den Mandanten aufzuzeigen. Bei dieser Gelegenheit kann dann schon das Erbscheinsverfahren ins Spiel gebracht werden (dies bringt später weitere Gebühren). Allerdings besteht zur Zeit noch kein Handlungsbedarf.

e) Aufrechnung und Widerklage zur Sicherheit andenken

207 Die Aufrechnung kann hier mangels Gegenforderung kein Thema werden. Wie aber ist es mit der Widerklage? Eine Durchsicht der Arten der Widerklage[81] zeigt, dass eventuell die Zwischenfeststellungswiderklage in Betracht kommt. Nach § 256 Abs. 2 BGB können vorgreifliche Rechtsverhältnis in die Rechtskraft ausgedehnt werden. Hier ist es künftig möglich, dass der Kläger – nach Jahren, wenn kein Mensch mehr das Testament finden wird – behauptet, Erbe des wertvollen Bildes zu sein. Deshalb kann die Erbenstellung des Mandanten mittels der Zwischenfeststellungswiderklage festgestellt werden. Hinsichtlich der Erbenfeststellung kann noch aufgezeigt werden, welchen Vorteil diese für ein späteres Erbscheinsverfahren bringen wird. Der Kläger könnte später auch behaupten, Eigentümer des Bildes zu sein. Da die Eigentumsfrage innerhalb der Klage nach § 2018 BGB nicht vorgreiflich ist, kommt hier nur die Feststellungswiderklage nach § 256 Abs. 1 ZPO in Betracht.

Aufbau der Klageerwiderung

208 Absender
Empfänger
Rubrum

wegen Herausgabe
werde ich beantragen
1. Die Klage abzuweisen;
2. festzustellen, dass der Beklagte Eigentümer des Spitzwegbildes, Die Badende, 60 cm auf 40 cm, gerahmt mit einem 7,5 cm breiten Holzrahmen mit Blatt-

---

[80] Mit dieser Frage lassen sich versteckte Klausurinhalte aufspüren.
[81] Siehe Rn. 170.

§ 2 Klageerwiderung

goldauflage, und Alleinerbe des am 1.1. 2002 in Bamberg Lange Gasse 12, verstorbenen Kurt Fuchs ist.

Begründung:
1. Ausführen, dass der Mandant Alleinerbe geworden ist. Als Beweismittel die Testamentsurkunde einsetzen.
2. Ausführen, dass die Zwischenfeststellungswiderklage und die Feststellungswiderklage zulässig sind. Hinsichtlich der Zwischenfeststellungswiderklage ist auszuführen, dass die Erbenstellung für die Entscheidung vorgreiflich ist; für die Feststellungswiderklage ist als Rechtsverhältnis die Eigentümerstellung darzulegen.

Rechtsanwalt

Begleitschreiben an Mandanten

Absender
Empfänger
Fuchs gegen Schnell, Aktenzeichen
hier: Herausgabe

Sehr geehrter Herr Schnell,
mit der Anlage überlasse ich Ihnen einen Entwurf der Klageerwiderung. Die Prüfung der Sach- und Rechtslage hat für Sie gute Erfolgsaussicht ergeben. Sofern nämlich die Wirksamkeit des Testamentes vom 20. 12. 2001 künftig nicht in Frage gestellt werden wird – Anhaltspunkte für Unwirksamkeitsgründe sind zur Zeit nicht ersichtlich – werden Sie den Prozess gewinnen, weil die gewillkürte Erbfolge der gesetzlichen Erbfolge vorgeht. Es ist aber zu befürchten, dass der Kläger die Hälfte des Nachlasses als Pflichtteil fordern wird. Dann ist mit einem Auskunfts- und Wertermittlungsverlangen des Klägers zu rechnen. Bisher jedenfalls hat er diesen Schritt noch nicht gewählt.
Zugleich lasse ich ihre Eigentümerstellung am Bild und ihre Erbenstellung vom Gericht feststellen. Damit soll verhindert werden, dass künftig wieder Rechtsstreite zu diesen Streitpunkten des Prozesses angestrengt werden. Überdies führt eine Erbenfeststellung zu einer Bindung des Nachlassgerichts bei der Erteilung eines Erbscheins, soweit Sie und der Kläger einen Erbschein beantragen sollten. Die Notwendigkeit eines Erbscheins ist zur Zeit jedoch noch nicht erkennbar. Diese Frage wird sich aufwerfen, sofern Sie beabsichtigen sollten, ihr Erbstück zu veräußern und ein Käufer den Nachweis über Ihr Erbrecht verlangt. Da bei der Erbscheinserteilung Kosten anfallen, kann dieser Punkt noch zurückgestellt bleiben. Ich beabsichtige, die Klageerwiderung noch in dieser Woche bei Gericht einzureichen. Falls Sie weitere Informationen benötigen, bitte ich um telefonische Rücksprache oder Vereinbarung eines Termins bei mir in der Kanzlei.

Mit freundlichen Grüßen
Rechtsanwalt

§ 3 Vorläufiger Rechtsschutz in der Anwaltsklausur

I. Aufgabenstellung

210 Die Möglichkeiten, vorläufigen Rechtsschutz zu erlangen, sind in der anwaltliche Praxis von großer Bedeutung. Der Zeitraum zwischen Klageerhebung und erstmaliger Erlangung eines vollstreckbaren Titels wird auf Grund der zunehmenden Belastung der Gerichte immer länger und damit die Verwirklichung eines dem Kläger tatsächlich zustehenden Anspruchs immer schwieriger. Der forensisch tätige Rechtsanwalt muss sich daher häufig überlegen, ob für die spätere Durchsetzung einer gewonnenen Klage nicht bereits in einem frühen Verfahrensstadium Maßnahmen möglich sind, um zumindest den status quo zu sichern oder die Rechtsstellung des Klägers durch eine vorläufige Regelung zu verbessern. Entsprechend dieser Entwicklung in der Rechtspraxis nimmt auch die Bedeutung des vorläufigen Rechtsschutzes für die Klausuren im 2. juristischen Staatsexamen zu.

Diese Klausuren ähneln zwar Aufgaben, die die Erstellung einer Klageschrift zum Inhalt haben. Hier wie dort liegt ein Schwerpunkt bei der materiell-rechtlichen Lösung des Falles. Bei Klausuren aus dem Bereich des vorläufigen Rechtsschutzes kommt dann aber die Besonderheit hinzu, dass für die entwickelte materiell-rechtliche Lösung ein passendes Eilverfahren gefunden und ein praxisgerechter Schriftsatz gefertigt werden muss. Daher ist für die erfolgreiche Bearbeitung solcher Klausuren neben soliden Kenntnissen in diesem Rechtsbereich auch ein taktisches Gespür für die richtige Vorgehensweise wichtige Voraussetzung.

Der Aufbau der Sachverhalte unterscheidet sich kaum von Klausuren, die die Erstellung einer Klageschrift zum Inhalt haben. Meist wird im Sachverhalt ein Mandantengespräch wiedergegeben, aus dem sich das tatsächliche Geschehen und das Rechtsschutzziel des Mandanten ermitteln lässt. Daneben enthält der Aufgabentext Hinweise darauf, dass die Zielvorstellungen des Mandanten in einem normalen Klageverfahren nicht zu realisieren sind. Oft sind es allein solche Hinweise, die erkennen lassen, dass die Möglichkeit eines vorläufigen Rechtsschutzes zu prüfen ist. Gelegentlich wird dies aber schon durch den Bearbeitervermerk ausdrücklich klargestellt.

Schließlich enthält der Sachverhalt auch Angaben zu den zur Verfügung stehenden Beweismitteln oder den Hinweis, das mögliche Zeugen bereit wären, ihre Angaben schriftlich niederzulegen und notfalls auch entsprechende eidesstattliche Versicherungen abzugeben.

II. Besonderheiten

211 Die prozessualen Möglichkeiten vorläufigen Rechtsschutz zu erlangen sind vielfältig. In Familiensachen sieht die ZPO in den §§ 620, 644 ZPO den Erlass einstweiliger Anordnungen vor. Im Zwangsvollstreckungsrecht finden sich verschiedene Möglichkeiten, vorläufige Regelungen zu treffen (vgl. z.B. §§ 732 Abs. 2, 765 a Abs. 1 S. 2, 766 Abs. 1 S. 2 ZPO) und schließlich existieren auch im Bereich der Freiwilligen Gerichtsbarkeit spezielle Vorschriften für den Erlass von einstweiligen Anordnungen (vgl. z.B. §§ 24 Abs. 3, 50 d

§ 3 Vorläufiger Rechtsschutz in der Anwaltsklausur   55

FGG). Sieht man vom Familienrecht ab, sind für die Klausuren jedoch die beiden in den §§ 916–945 ZPO geregelten Formen des vorläufigen Rechtsschutzes durch Arrest und einstweilige Verfügung am wichtigsten. Daher beschränkt sich die nachfolgende Darstellung auf diese beiden Eilverfahren[82].

Beim Arrest (§§ 916–934 ZPO) und der einstweiligen Verfügung (§§ 935 ff. ZPO) handelt es sich um summarische Verfahren zur vorläufigen Sicherung eines Anspruchs. Beide Formen des vorläufigen Rechtsschutzes schließen sich gegenseitig aus. Der Arrest dient der Sicherung der Zwangsvollstreckung wegen einer Geldforderung oder eines Anspruchs, der in eine solche übergehen kann. Die einstweilige Verfügung dient der Sicherung eines sonstigen Individualanspruchs auf eine gegenständliche Leistung (§ 935 ZPO), der Sicherung des Rechtsfriedens (§ 940 ZPO) sowie ausnahmsweise in Form der Leistungsverfügung der vorläufigen Befriedigung eines Anspruchs.

Das Verfahren gliedert sich wie ein Hauptsacheverfahren in ein Erkenntnisverfahren (Anordnungsverfahren) und ein Vollstreckungsverfahren. Da das Anordnungsverfahren den allgemeinen Regeln des Erkenntnisverfahrens folgt, so weit sich aus den §§ 916 ff. ZPO nichts Anderes ergibt, sind die Unterschiede dieser Aufgabenstellung zu Klausuren, in denen die Fertigung einer Klageschrift verlangt wird, zwar nicht sehr groß, aber im Detail bedeutsam.

Grundsätzlich ist zunächst auch bei einem Antrag auf Erlass eines Arrestes oder einer einstweiligen Verfügung zwischen der Zulässigkeit und der Begründetheit des Antrags zu unterscheiden. Die Besonderheiten, die sich insoweit für den Antrag ergeben, können der nachfolgenden Übersicht entnommen werden.

Prüfung	einstweilige Verfügung	Arrest
	Zulässigkeit	
Statthaftigkeit	Allgemeine Prozessvoraussetzungen	allgemeine Prozessvoraussetzungen
	Subsidiarität gegenüber einstweiliger Anordnung[84]	Subsidiarität gegenüber einstweiliger Anordnung[85]
Antrag	Schriftlich oder zu Protokoll des Urkundsbeamten der Geschäftsstelle, §§ 936, 920 III, 78 III (kein Anwaltszwang!)	Schriftlich oder zu Protokoll des Urkundsbeamten der Geschäftsstelle, §§ 920 III, 78 III (kein Anwaltszwang!)
Zuständigkeit (ausschließlich, § 802 ZPO)	Gericht der Hauptsache, § 937 Abs. 1, 943 ZPO	Gericht der Hauptsache, §§ 919, 943 ZPO
	subsidiär: Amtsgericht am Ort der belegenen Sache, § 942 Abs. 1 ZPO	wahlweise: Amtsgericht der belegenen Sache, § 919 ZPO
Behauptung[83] von	• Verfügungsanspruch • Verfügungsgrund	• Arrestanspruch • Arrestgrund

---

[82] Näheres zum einstweiligen Rechtsschutz in Familiensachen finden Sie unten im Abschnitt „Besonderheiten familienrechtlicher Klausuren".
[83] Thomas/Putzo § 935 ZPO, Rn. 1; § 916 ZPO, Rn. 2.
[84] Thomas/Putzo § 935 ZPO, Rn. 2.
[85] Thomas/Putzo § 916 ZPO, Rn. 6.

Prüfung	einstweilige Verfügung	Arrest
	Begründetheit	
Glaubhaftmachung § 294 ZPO, von	• Verfügungsanspruch • Verfügungsgrund	• Arrestanspruch • Arrestgrund

215 Ein weiterer grundlegender Unterschied zur Klageschrift besteht darin, dass die vorgetragenen Tatsachen nicht bewiesen, sondern nur glaubhaft gemacht werden müssen, §§ 920 Abs. 2, 936 ZPO. An die Stelle eines Vollbeweises tritt damit die Feststellung überwiegender Wahrscheinlichkeit[86]. In der Klausurbearbeitung wirkt sich dieser Unterschied bei der Auswahl der Beweisangebote aus. In der Antragsschrift dürfen nämlich nur solche Beweismittel angeführt werden, die gem. § 294 ZPO als Mittel der Glaubhaftmachung zugelassen sind. Zwar erfasst diese Vorschrift alle auch sonst nach den §§ 355–455 ZPO zugelassenen Beweismittel. Als Mittel der Glaubhaftmachung sind sie jedoch nur dann geeignet, wenn die Beweiserhebung sofort, d. h. im Zeitpunkt der Entscheidung über den Antrag, möglich ist, § 294 Abs. 2 ZPO. Daher ist es in einem Verfahren, dass die Glaubhaftmachung einer tatsächlichen Behauptung verlangt, unzulässig, einen Zeugen anzubieten, den das Gericht zunächst laden müsste oder sich auf vom Gericht erst einzuholende Auskünfte zu beziehen[87].

216 Als Mittel der Glaubhaftmachung kommen daher in Betracht:
- schriftliche Erklärungen von Zeugen
- „anwaltliche Versicherungen"
- vorhandene Schriftstücke und Urkunden (z. B. Sachverständigengutachten, Verträge, vorprozessualer Schriftverkehr)
- eidesstattliche Versicherungen (auch des Antragstellers[88]!)

In der Klausurbearbeitung ist darauf zu achten, ob derartige präsente Beweismittel vorhanden oder bis zur Antragstellung noch zu erlangen sind. In der Regel lassen sich im Sachverhalt entsprechende Anhaltspunkte finden[89].

III. Bearbeitungstechnik

1. Sachverhaltsanalyse

Am Beginn der Klausurbearbeitung muss auch bei dieser Aufgabenstellung eine sorgfältige Analyse des Sachverhalts erfolgen, bei der auf die folgenden Gesichtspunkte besonders zu achten ist.

a) Ermittlung des konkreten Rechtsschutzzieles und des Gegners

217 Zunächst sollte sich der Klausurbearbeiter Klarheit über das konkrete Rechtsschutzziel des Mandanten verschaffen. Der Sachverhalt wird in der Regel ein fiktives Mandantengespräch wiedergeben, in dem der Mandant mit laienhaften Formulierungen sein Rechtsschutzbegehren umschreibt. Der Klausurbe-

---

[86] Vgl. Zöller, ZPO, 20. Aufl., § 294 ZPO, Rn. 1.
[87] Vgl. Zöller, a. a. O.
[88] Vgl. insgesamt zu den zulässigen Beweismitteln Thomas/Putzo § 294 ZPO, Rn. 2.
[89] Näher dazu bei II. 1. e).

arbeiter muss dann, wie auch der Rechtsanwalt in der Praxis, diese Angaben in verwertbare rechtliche Kategorien umsetzen. Anders als in einem praktischen Fall kann in der Klausur natürlich bei dem Mandanten nicht nachgefragt werden. Daher ist der Sachverhalt genau auf mögliche Hinweise zu untersuchen, die zur Auslegung eines von dem Mandanten unklar oder missverständlich formulierten Rechtsschutzbegehrens herangezogen werden können. An dieser Stelle sollte sich der Klausurbearbeitung auch bereits Gedanken machen, wer als möglicher Antragsgegner in Betracht kommt. Möglicherweise glaubt der Mandant, Ansprüche gegen mehrere Personen zu haben. Eventuell kann der Mandant aber auch überhaupt keine konkrete Person benennen, gegen die er vorgehen will. Während im ersten Fall oft taktische Überlegungen die Lösung bestimmen[90], können im anderen Fall rechtliche Erwägungen maßgeblich sein[91].

b) Ist Eilbedürftigkeit gegeben?

Im nächsten Schritt ist der Sachverhalt darauf zu überprüfen, ob eine Eilbedürftigkeit gegeben ist. Hierzu können bereits Hinweise im Bearbeitervermerk enthalten sein. Andernfalls ist nach entsprechenden Hinweisen im Sachverhalt zu suchen. Solche Hinweise können darin bestehen, dass der Mandant von Umständen erzählt, die auf eine baldige Änderung der aktuellen tatsächlichen Situation schließen lassen oder er selbst dringend auf eine (wenn auch nur vorläufige) Verwirklichung des behaupten Anspruchs angewiesen ist.

c) Welche Art des vorläufigen Rechtsschutzes kommt in Betracht?

Nach Abschluss der Sachverhaltsanalyse verfügt der Bearbeiter in der Regel über ausreichende Informationen, um festlegen zu können, welche Art des vorläufigen Rechtsschutzes in Betracht kommt. Die Abgrenzung zwischen Arrest und einstweilige Verfügung wurde bereits oben dargestellt. Hier folgt zur Erinnerung nochmals eine Übersicht:

Bei	kommt in Betracht
• einer Geldforderung oder einer Forderung, die in eine Geldforderung übergehen kann	• dinglicher Arrest, § 917 ZPO • persönlicher Arrest, § 918 ZPO
• sonstigen Ansprüchen oder Rechtsverhältnissen	• Sicherungsverfügung, § 935 ZPO • Regelungsverfügung, § 940 ZPO • Leistungsverfügung, § 940 ZPO analog[92] • spezielle Verfahren, z. B. §§ 620 ff. ZPO

---

[90] Z. B. kann sich ein Herausgabeanspruch aus § 985 BGB gegen den unmittelbaren oder den mittelbaren Besitzer richten. Eine effektive Zwangsvollstreckung aus einer entsprechenden einstweiligen Verfügung ist meist aber nur gegen den unmittelbaren Besitzer möglich.
[91] Beispiel: Der Mandant will die Nichtveröffentlichung eines Zeitungsartikels erreichen. Er kennt aber weder den Namen des Herausgebers noch den des Redakteurs.
[92] Thomas/Putzo § 940 Rn. 6.

Dieser Arbeitsschritt sollte mit viel Sorgfalt erledigt werden. Da sich Arrest und einstweilige Verfügung als Sicherungsmittel **für ein und denselben Anspruch**[93] gegenseitig ausschließen und ein falsch gewählter Antrag unzulässig ist[94], ist hier bereits eine Schlüsselstelle der Klausur. Wählt ein Klausurbearbeiter die falsche Art des vorläufigen Rechtsschutzes, kann die Klausur kaum noch als ausreichende Leistung bewertet werden.

220 Dagegen ist im Rahmen der einstweiligen Verfügung die im Einzelfall oft schwierige Unterscheidung zwischen Sicherungsverfügung und Regelungsverfügung in der Klausur von geringerer Bedeutung. Da sich beide Sicherungsarten in ihren Voraussetzungen nicht unterscheiden, kann im Zweifelsfall die Abgrenzung dahingestellt bleiben, ohne dass die Klausurlösung davon beeinträchtigt wird.

d) Ist das Vorbringen des Mandanten schlüssig hinsichtlich einer Anspruchsgrundlage für sein Begehren?

221 Im nächsten Schritt kann der Fall der materiell – rechtlichen Lösung zugeführt werden. Wie bei der Erstellung einer Klageschrift ist hierzu mit Hilfe eines gedanklich oder im Konzept erstellten Relationsgutachtens zu prüfen, ob mit dem tatsächlichen Vorbringen des Mandanten eine Anspruchsgrundlage für sein Begehren schlüssig begründet werden kann.

e) Welche präsenten Beweismittel stehen zur Glaubhaftmachung zur Verfügung?

222 Hat die vorangegangene Prüfung ergeben, dass für das Begehren des Mandanten eine oder mehrere Anspruchsgrundlagen bestehen, ist nun zu prüfen, welche Mittel zur Glaubhaftmachung des Verfügungs-(Arrest-)anspruchs und Verfügungs-(Arrest-)grunds zur Verfügung stehen. Da das Ziel eines Rechtsanwalts, der den Antragsteller vertritt, darin besteht, eine möglichst schnelle Entscheidung zur erhalten, muss er auch bei der Auswahl der Mittel der Glaubhaftmachung darauf achten, dass die begehrte gerichtliche Entscheidung ohne Durchführung einer mündlichen Verhandlung ergehen kann. Daher ist die Benennung von Zeugen als Mittel der Glaubhaftmachung möglichst zu vermeiden, da deren Vernehmung nur im Rahmen einer mündlichen Verhandlung erfolgen kann. Stattdessen bieten sich eidesstattliche Versicherungen der Zeugen, aber auch des Mandanten[95], als Mittel der Glaubhaftmachung an. Im Bearbeitervermerk entsprechender Klausuren findet sich oft der Hinweis, dass die als Zeugen in Betracht kommenden Personen bereit sind, ihre Erklärungen auch in der erforderlichen schriftlichen Form abzugeben.

Taugliche Beweismittel für ein Eilverfahren sind daher Lichtbilder, Urkunden, schriftliche Erklärungen oder eidesstattliche Versicherungen, auch des Antragstellers selbst.

---

[93] Denkbar ist allerdings, dass beide Arten des vorläufigen Rechtsschutzes in einem Eventualverhältnis geltendgemacht werden, weil primär ein Individualanspruch und hilfsweise eine eventuelle Schadenersatzforderung für den Fall, dass der Individualanspruch nicht realisiert werden kann, gesichert werden sollen.
[94] Thomas/Putzo Vorbem. zu § 916 Rn. 8.
[95] Thomas/Putzo § 294 ZPO, Rn. 2.

f) Welche gerichtliche Anordnung erfüllt das Rechtsschutzziel und ist realistisch auch zu erreichen?

Als letzte Vorüberlegung sollte sich der Bearbeiter darüber Gedanken machen, welche gerichtliche Anordnung das Rechtsschutzziel des Mandanten bestmöglich erfüllt und ob realistisch erwartet werden kann, dass das Gericht diese optimale Anordnung auch erlässt. Dabei sind oft taktische Erwägungen maßgeblich. Das Gericht muss in Verfahren des vorläufigen Rechtsschutzes schnell und ohne eine völlig gesicherte Tatsachengrundlage entscheiden. Das führt in vielen Fällen dazu, dass Gerichte zwar die einstweilige Verfügung erlassen, dort aber Anordnungen treffen, die hinter dem aus der Sicht des Antragstellers optimalen Ergebnis zurückbleiben. Deshalb kann es im Einzelfall taktisch günstig sein, gleich von vornherein eine weniger einschneidende Massnahme zu beantragen. Damit kann auch verhindert werden, dass das Gericht den Antrag zwar nicht ablehnt, aber zunächst eine mündliche Verhandlung anberaumt (Zeitverlust!). Solche Überlegungen, die ein Rechtsanwalt in der Praxis anstellen muss, sollten auch bei der Klausurbearbeitung angestellt werden.

2. Rechtliche Umsetzung in den Schriftsatz

223

Form und Inhalt der Antragsschrift im Arrest – oder einstweiligen Verfügungsverfahren entsprechen im Wesentlichen der Klageschrift. Daher werden nachfolgend nur die Besonderheiten dargestellt, die bei der Erstellung des Schriftsatzes zu beachten sind. Referendare, die in der Prüfung auf die Formularsammlung von Böhme/Fleck/Bayerlein zurückgreifen dürfen, finden unter der Nr. 1 und Nr. 3 Muster für den Antrag auf Erlass eines Arrestes bzw. einer einstweiligen Anordnung.

224

a) Adressierung

Die Adressierung der Antragsschrift richtet sich danach, welches Gericht für den Erlass der erstrebten Eilmaßnahme zuständig ist. Primär ist bei beiden Arten des vorläufigen Rechtsschutzes das Gericht der Hauptsache zuständig, §§ 919, 937 Abs. 1 ZPO. Gericht der Hauptsache in diesem Sinne ist gemäß § 943 Abs. 1 ZPO das Gericht des ersten Rechtszuges oder das Berufungsgericht, wenn das Verfahren in der Berufungsinstanz anhängig ist. Es ist daher für die Bestimmung der Zuständigkeit zu unterscheiden, ob bereits ein Hauptsacheverfahren anhängig ist oder nicht. Schwebt bereits ein Hauptsacheverfahren in der 1. Instanz ist das mit der Sache befasste Gericht für den Erlass eines Arrestes oder einer einstweiligen Verfügung zuständig. Das gilt selbst dann, wenn in der Hauptsache eine Zuständigkeit des Gerichts nicht gegeben sein sollte[96]. Ist das Hauptsacheverfahren in der Berufungsinstanz anhängig, ist für Maßnahmen des vorläufigen Rechtsschutzes das Berufungsgericht zuständig. Ist noch kein Hauptsacheverfahren anhängig, ist für den Erlass eines Arrestes bzw. einer einstweiligen Verfügung jedes deutsche Gericht zuständig, bei dem nach den allgemeinen Zuständigkeitsvorschriften in der Sache Klage erhoben werden könnte[97].

225

---

[96] Thomas/Putzo § 919 ZPO, Rn. 3.
[97] Thomas/Putzo § 919 ZPO, Rn. 2.

226 Eine besondere Zuständigkeitsvorschrift für die einstweilige Verfügung enthält § 943 Abs. 1 ZPO. Danach kann eine einstweilige Verfügung auch durch das Amtsgericht der belegenen Sache erlassen werden. Voraussetzung ist dafür aber eine besondere Dringlichkeit, die über die „normale" Eilbedürftigkeit, die jedem Antrag auf Erlass einer einstweiligen Verfügung innewohnt, hinausgehen muss. Will man von dieser Zuständigkeit Gebrauch machen, muss daher in der Antragsschrift begründet werden, warum die begehrte vorläufige Regelung so eilbedürftig ist, dass eine Anrufung des Gerichts der Hauptsache nach § 937 Abs. 1 ZPO nicht möglich ist.

Schließlich ist zu berücksichtigen, dass es sich bei den genannten Zuständigkeitsvorschriften um ausschließliche Gerichtsstände handelt, § 802 ZPO.

b) Rubrum

227 Im Rubrum ist darauf zu achten, dass die Parteien als Antragsteller (-in) und Antragsgegner (-in) bezeichnet werden[98].

c) Anträge

228 **(1) Sachantrag.** Im Arrestverfahren richtet sich die Antragstellung nach § 920 Abs. 1, 923 ZPO. Im Antrag ist daher die Art und Höhe der Forderung zu bezeichnen, die durch den Arrest gesichert werden soll sowie anzugeben, ob ein dinglicher oder persönlicher Arrest beantragt. Da es in der Praxis üblich ist, die geschätzten Kosten des Hauptsacheverfahrens in den Arrestantrag einzubeziehen, sind auch diese betragsmäßig zu benennen.

229 **Formulierungsbeispiel:**

„...... beantrage ich
wegen einer Werklohnforderung des Antragstellers in Höhe von 52 700 €
(i. W. zweiundfünfzigtausendsiebenhundert €) und einer Kostenpauschale in
Höhe von 9200 € den dinglichen Arrest in das bewegliche und unbewegliche Vermögen des Antragsgegners (oder: den persönlichen Arrest) anzuordnen."

Im Verfahren auf Erlass einer einstweiligen Verfügung ist die Formulierung des Sachantrags problematischer. Hier ist besonders darauf zu achten, dass der Antrag einen vollstreckungsfähigen Inhalt hat. Soll etwa durch die einstweilige Verfügung ein Herausgabeanspruch gesichert werden, muss der herauszugebende Gegenstand genau bezeichnet werden. Schwierigkeiten ergeben sich insbesondere dann, wenn Unterlassungsansprüche geltend gemacht werden. Eine kleine Hilfestellung, welche Maßnahmen Gegenstand einer einstweiligen Verfügung sein können, gibt § 938 Abs. 2 ZPO. Soweit im Examen ein Kommentar zur ZPO zur Verfügung steht, können daher eventuell den Anmerkungen zu dieser Vorschrift nützliche Hinweise für die Formulierung des Antrags entnommen werden.

---

[98] Beachten Sie: Wird nach durchgeführter mündlicher Verhandlung im Urteilsverfahren über den Antrag entschieden, werden die Parteien als Arrest – (Verfügungs-)kläger bzw. Arrest – (Verfügungs-)beklagter bezeichnet.

Der Antrag darf zudem auch keine Vorwegnahme der Hauptsache darstellen, also nicht zu einer endgültigen Befriedigung des Gläubigers führen. Ein zu weit gefasster Sachantrag würde zwar nicht zur Erfolglosigkeit des Antrags insgesamt führen. Es käme jedoch einen Teilabweisung mit einer entsprechenden Kostentragungspflicht des Antragstellers entsprechend § 92 ZPO in Betracht.

(2) Weitere Anträge. Um eine weitere Verfahrensbeschleunigung durch eine Entscheidung des Gerichts ohne mündliche Verhandlung zu erreichen, können neben dem eigentlichen Sachantrag folgende weitere Anträge veranlasst sein.

- **Antrag auf Entscheidung ohne mündliche Verhandlung, §§ 922 Abs. 1, 937 Abs. 2 ZPO** 230
Während im Arrestverfahren dem Gericht die Durchführung einer mündlichen Verhandlung freigestellt ist (§ 922 Abs. 1 ZPO), ist im Verfügungsverfahren eine Entscheidung ohne mündliche Verhandlung nur in dringenden Fällen oder bei Ablehnung des Antrags möglich, § 937 Abs. 2 ZPO. Bei einem Antrag auf Erlass einer einstweiligen Verfügung sollte daher ausdrücklich eine Entscheidung ohne mündliche Verhandlung begehrt werden. Nicht vergessen werden darf dann aber im Schriftsatz die **besondere** Dringlichkeit zu begründen, die darin bestehen muss, dass die Anordnung einer mündlichen Verhandlung den Zweck der einstweiligen Verfügung gefährden würde[99].

- **Antrag auf Entscheidung durch den Vorsitzenden allein, § 944 ZPO** 231
Bei Verfahren vor dem Landgericht kann eine zusätzliche Beschleunigung möglicherweise noch dadurch erreicht werden, dass die Entscheidung statt durch die Kammer durch den Vorsitzenden allein ergeht. Diese Möglichkeit sieht § 944 ZPO in dringenden Fällen vor. Voraussetzung ist, dass eine Entscheidung durch die Kammer zu einer Verzögerung führen würde, die den Zweck der einseitigen Verfügung gefährdet. § 944 ZPO erfasst daher nur Fällen, in denen über die besondere Dringlichkeit i. S. von § 937 Abs. 2 ZPO hinaus eine weitere Beschleunigung des Verfahrens notwendig ist. Kommt dieser Antrag im Einzelfall in Betracht, ist diese Eilbedürftigkeit im Schriftsatz zu begründen.

(3) Kostenantrag. Schließlich sollten die Anträge mit dem Kostenantrag 232 abgeschlossen werden.

(4) Zusammenfassendes Formulierungsbeispiel: 233
„Namens und im Auftrag des Antragstellers – Vollmacht liegt bei – beantrage ich, wegen Dringlichkeit ohne mündliche Verhandlung (evtl.: und durch den Vorsitzenden allein) im Wege einer einstweiligen Verfügung anzuordnen:
I. Der Antragsgegner hat den im Eigentum des Antragstellers stehenden PKW Marke Ford FOCUS, Farbe blau, Fahrgestellnr. ..., den für dieses Fahrzeug ausgegebenen KfZ-Brief Nr. ... und 2 zum Fahrzeug gehörende Fahrzeugschlüssel an den Gerichtsvollzieher, hilfsweise an einen vom Gericht zu bestellenden Sequester herauszugeben.

---

[99] Thomas/Putzo § 937 ZPO, Rn. 2.

II. Die Durchsuchung der Geschäftsräume des Antragsgegners in ...... zur Vollstreckung der Herausgabe wird gestattet[100].
III. Der Antragsgegner hat die Kosten des Verfahrens zu tragen."

d) Angabe des Streitwerts

234 Schließlich ist noch der Streitwert für das Arrest- bzw. Verfügungsverfahren anzugeben.[101]

e) Aufbau und Inhalt der Begründung des Schriftsatzes

235 Aufbau und Inhalt der Begründung des Antrags ähnelt dem Aufbau der Klageschrift. Insbesondere ist auch bei der Antragsschrift auf eine strikte Trennung zwischen Tatsachenvortrag und Rechtsausführungen zu achten. Die Begründung kann daher nach folgendem Schema strukturiert werden:
- Schlüssiger **Tatsachen**vortrag zum Verfügungsanspruch mit Angabe der Mittel der Glaubhaftmachung
- Schlüssiger **Tatsachen**vortrag zum Verfügungsgrund mit Angabe der Mittel der Glaubhaftmachung
- Rechtliche Ausführungen

236 Der Antragsteller hat damit zunächst die Tatsachen vorzutragen, die erforderlich sind, um die Tatbestandsmerkmale des behaupteten Verfügungsanspruchs schlüssig darzulegen. Für jede tatbestandsrelevante Tatsache ist ein Mittel zur Glaubhaftmachung anzubieten. Dabei folgt die Darlegungs- und Beweislast den allgemeinen Regeln[102]. Eine wichtige Besonderheit im Arrest- bzw. Verfügungsverfahren besteht jedoch darin, dass – anders als in der Klageschrift – auch auf mögliche Einreden und Einwendungen des Gegners einzugehen ist, sofern sich dafür Anhaltspunkte im Sachverhalt ergeben, ohne dass es darauf ankommt, ob sich der Gegner im Verfahren bereits darauf berufen hat. Diese Besonderheit erklärt sich dadurch, dass das Gericht eine Entscheidung ohne mündliche Verhandlung treffen soll, dem Antragsgegner zunächst also kein rechtliches Gehör gewährt wird[103]. In der Antragsschrift muss in solchen Fällen dargestellt werden, warum die in Betracht kommende Einrede oder Einwendung dem behaupteten Anspruch nicht entgegenstehen würde.

237 Nach der Darstellung zum Arrest- bzw. Verfügungsanspruch sind die Tatsachen zum Verfügungsgrund vorzutragen und die erforderlichen Mittel zur Glaubhaftmachung anzubieten. Entbehrlich ist die Glaubhaftmachung des Verfügungsgrundes (nicht aber der entsprechenden Vortrag!) in den Fällen der §§ 489, 885 Abs. 1 S. 2, 899 Abs. 2 S. 2, 1615o BGB, 25 UWG[104]. Im Arrestverfahren kann die Glaubhaftmachung von Arrestanspruch und/oder

---

[100] Dieser Antrag kann im Hinblick auf § 758a ZPO veranlasst sein. Umstritten ist allerdings, ob die Durchsuchungsanordnung „vorsorglich" für den Vollstreckungsbeginn beantragt werden darf, vgl. die Nachweise bei Zöller, ZPO, 20. Aufl., § 758a ZPO, Rn. 20.
[101] Zur Höhe vgl. Thomas/Putzo § 3 ZPO, Rn. 52.
[102] Vgl. Thomas/Putzo vor § 916, Rn. 9.
[103] Vgl. Thomas/Putzo vor § 916, Rn. 9, 7.
[104] Vgl. Thomas/Putzo § 935 ZPO, Rn. 8; zu den Besonderheiten bei Ansprüchen aus §§ 861, 862 BGB vgl. weiter unten.

Arrestgrund gem. § 921 S. 2 ZPO auch durch Anerbieten einer Sicherheitsleistung ersetzt werden. In der Klausur sollte man diese Möglichkeit allerdings nur in Betracht ziehen, wenn im Sachverhalt Hinweise darauf enthalten sind, dass der Mandant eine Sicherheitsleistung auch erbringen kann. Anschließend folgen die rechtlichen Ausführungen, die in der Praxis nicht zwingend erforderlich, in der Klausur aber unterlässlich sind und mit folgender Formulierung eingeleitet werden können:

„In rechtlicher Hinsicht ist Folgendes auszuführen:"

Hinweis für die Klausur:
Stehen für das Rechtsschutzbegehren des Antragstellers mehrere materiell- **238** rechtliche Anspruchsgrundlagen zur Verfügung, müssen nicht alle Anspruchsgrundlagen in der Antragsschrift erörtert werden. Man sollte vielmehr überlegen, welche Anspruchsgrundlage taktisch sinnvoll ist. Da das Gericht eine schnelle Entscheidung treffen soll, beschränken sich die Ausführungen in der Regel auf die „einfachste" Anspruchsgrundlage. Weitere Anspruchsgrundlagen können in der Klausur im Hilfsgutachten erörtert werden.

Die Wahl der Anspruchsgrundlage kann auch für den erforderlichen Tatsachenvortrag maßgeblich sein. Dies soll an folgendem Beispiel illustriert werden:

Der Antragsteller trägt in einem anwaltlichen Beratungsgespräch vor, sein Vermieter habe ihm wegen eines Streits über die Berechtigung eine Mietminderung die Heizung abgestellt. Der Rechtsanwalt solle nun möglichst schnell dafür sorgen, dass die Wohnung wieder beheizt werden kann. Zur Begründung des Verfügungsanspruchs kommt in diesem Fall neben einem Anspruch aus dem Mietvertrag auch ein Anspruch wegen Besitzstörung gem. § 862 Abs. 1 BGB in Betracht. Stellt der Rechtsanwalt in seiner Antragsschrift auf den vertraglichen Anspruch ab, müssen sowohl der Verfügungsanspruch als auch der Verfügungsgrund schlüssig dargelegt und glaubhaft gemacht werden. Stützt sich der Rechtsanwalt dagegen auf den Anspruch aus § 862 Abs. 1 BGB sind Ausführungen zum Verfügungsanspruch bzw. dessen Glaubhaftmachung entbehrlich[105].

f) Unterschrift, Anlagen

Abgeschlossen wird der Schriftsatz schließlich mit der Unterschrift des **239** Rechtsanwalts und der Bezeichnung der beigefügten Anlagen. Als Anlagen sind dabei die Vollmacht (wegen §§ 88, 89 ZPO) und die Schriftstücke zur Glaubhaftmachung aufzuführen.

---

[105] Palandt/Bassenge § 861, Rn. 18; § 862, Rn. 14.

§ 4 Besonderheiten familienrechtlicher Klausuren

240 In einigen Bundesländern sind familienrechtliche Klausuren nicht bzw. nur im Rahmen einer bestimmten Wahlfachgruppe zu bearbeiten, während etwa in Bayern das in der Rechtspraxis doch sehr bedeutsame Familienrecht zum Pflichtstoff des 2. Staatsexamens gehört. Wie im gesamten zivilrechtlichen Bereich üblich können auch familienrechtlich ausgerichtete Arbeiten sowohl als Kautelar- als auch als Schriftsatzklausur konzipiert sein. Die letztgenannte Aufgabenstellung fordert von den Bearbeitern die Fertigung von Klage- oder Klageerwiderungsschriften, bei denen es teilweise ganz erhebliche prozessuale Problembereiche zu bewältigen gilt. Deshalb wird hier gerade dieser Klausurtyp einer Darstellung unterzogen.

Eine als recht anspruchsvoll einzustufende Aufgabenstellung kann eine Abgrenzung zwischen einer Abänderungsklage und einer Vollstreckungsgegenklage fordern. Auch kann die Frage zu beantworten sein, ob ein Schriftsatz im Rahmen eines Verbundverfahrens einzureichen oder eine gesonderte isolierte Rechtsstreitigkeit anhängig zu machen ist. Der einstweilige Rechtsschutz folgt besonderen Normen, insbesondere den Regelungen der §§ 620, 644, 621 g ZPO, so dass der Anwendungsbereich der einstweiligen Verfügung von untergeordneter Bedeutung ist. Ebenso enthalten die Rechtsmittel und Rechtsbehelfe betreffenden Vorschriften Besonderheiten, die es zu beachten gilt.

Aufgrund dieser vielfältigen speziellen Regelungen im familienrechtlichen Bereich entsteht bei den Referendaren nicht selten der Eindruck, als sei Familienprozessrecht (völlig) losgelöst vom allgemeinen Zivilprozessrecht[106], was keinesfalls zutreffend ist. Auch der Familienrichter hat sich wie der allgemeine Zivilrichter mit der Problematik einer Klageänderung, des Erlasses von Versäumnisurteilen usw. zu beschäftigen; zusätzlich jedoch muss er familienrechtliche Abweichungen von den „normalen" Regelungen und Zusatzfragen lösen können. Dies bedeutet, dass die allgemeinen Darstellungen zur Klageschrift, Klageerwiderungsschrift und auch zur Kautelartechnik hier in gleicher Weise gelten. Die folgenden Ausführungen beschränken sich demzufolge weitgehend ausschließlich auf die Besonderheiten der in § 23b GVG angesprochenen Rechtsmaterien.

Bei der Bearbeitung familienrechtlicher Klausuren gilt es zu beachten, dass sich nicht alle familienrechtlichen Angelegenheiten nach den Regelungen der ZPO richten, sondern zahlreiche Streitigkeiten FGG-Regeln oder den Verfahrensvorschriften der HausrVO folgen, die wiederum durch Normen der ZPO modifiziert werden können. Dies wirkt sich in der Art der Erledi-

---

[106] Dies zeigt sich übrigens in ähnlicher Weise bei der Prüfung materieller Probleme. Die Klausurbearbeiter erörtern häufig familienrechtliche Ansprüche, ohne einschlägige Normen des allgemeinen Schuldrechts wie beispielsweise die Verzugsregelungen zu bedenken.

gung der anwaltlichen Aufgabenstellung aus, indem etwa in FGG-Angelegenheiten keine Klageschrift gefertigt, sondern bei Gericht eine Antragsschrift eingereicht wird. Die Beteiligten (nicht Parteien wie in ZPO-Verfahren) werden als Antragsteller und Antragsgegner bezeichnet.

Die korrekte Erstellung eines Schriftsatzes erfordert die Beachtung einiger Differenzierungen, die im Folgenden dargestellt werden.

I. Die Zuständigkeit des Familiengerichts in Abgrenzung zum allgemeinen Zivilgericht

Der anwaltliche Schriftsatz ist an das Familiengericht zu richten, wenn es sich um eine Streitigkeit handelt, die in § 23b Abs. 1 GVG benannt ist. Diese Regelung betrifft nach h. M. nicht die sachliche Zuständigkeit[107], sondern schreibt kraft Gesetzes vor, dass bestimmte Geschäftsaufgaben dem Familiengericht zugewiesen sind. Es handelt sich demzufolge um eine **gesetzliche Regelung der Geschäftsverteilung**. 241

Klausuren beziehen sich vorwiegend auf die Rechtsmaterien Scheidung, Unterhalt und Zugewinn. Jedoch ist es ebenso denkbar, dass sich Referendare in einer Anwaltsklausur darum bemühen müssen, eine Entscheidung zur elterlichen Sorge, zum Umgangsrecht, zu Ehewohnung und Hausrat oder auch zu Maßnahmen nach dem neu geschaffenen GewSchG[108] zu erwirken.

Zu beachten ist in diesem Zusammenhang weiter, dass nicht nur die in § 23b GVG ausdrücklich benannten Regelungsbereiche durch den Familienrichter zu bearbeiten sind, sondern darüber hinaus eine Zuständigkeit kraft Sachzusammenhangs und kraft Prozesszusammenhangs anerkannt ist. 242

Als **Familiensachen kraft Sachzusammenhangs** werden vor allem behandelt:[109]
– Rückgewähransprüche, die sich auf rechtsgrundlos erbrachte Leistungen beziehen, die ihrerseits Familiensachen wären (z. B. Unterhalt)
– Schadensersatzansprüche, die sich aus der Verletzung familienrechtlicher Pflichten ergeben
– Auskunftsansprüche, die der Durchsetzung eines familienrechtlichen Anspruchs dienen (z. B. § 1605 BGB).

Familiensachen kraft Prozesszusammenhangs sind unter anderem:[110]
– Verfahren des einstweiligen Rechtsschutzes, die der (vorläufigen) Durchsetzung, Regelung oder Sicherung eines familienrechtlichen Anspruchs oder Rechtsverhältnisses dienen
– Abänderungsklagen, soweit die abzuändernden Titel Familiensachen betreffen (Unterhaltstitel)

---

[107] Die sachliche Zuständigkeit ergibt sich aus §§ 23a GVG, 64 Abs. 1 FGG, 11 Abs. 1 HausrVO.
[108] Gesetz zum zivilrechtlichen Schutz vor Gewalttaten und Nachstellungen vom 11. 12. 2001; BGBl. I S. 3513.
[109] Thomas/Putzo § 621 Rn. 8 ff.
[110] Thomas/Putzo § 621 Rn. 12 ff.

66 A. Zivilrecht

- Vollstreckungsabwehrklagen, wenn der in Vollstreckung befindliche Anspruch aus dem Familienrecht stammt und vom Familiengericht entschieden wurde
- Prozesskostenhilfeverfahren für familienrechtliche Angelegenheiten.

II. Die Unterscheidung zwischen zivilprozessualen Streitigkeiten und FGG-Angelegenheiten

243 Die Zuordnung der einzelnen familienrechtlichen Streitigkeiten zu FGG-Angelegenheiten bzw. zu zivilprozessualen Streitigkeiten lässt sich aus § 621a Abs. 1 S. 1 ZPO erschließen.

Nach ZPO-Regeln ist demzufolge insbesondere vorzugehen bei Streitigkeiten, die die Scheidung einer Ehe, die Aufhebung einer Lebenspartnerschaft, Unterhalt oder Zugewinn betreffen, während Anträge, die sich auf elterliche Sorge, Umgangsrecht, Ehewohnung und Hausrat sowie Maßnahmen nach dem Gewaltschutzgesetz[111] beziehen, FGG-Vorschriften zu folgen haben (ggf. zusätzlich den Verfahrensvorschriften der HausrVO).

1. Zivilprozessuale Streitigkeiten

244 Wie bei allen zivilprozessualen Rechtsstreitigkeiten wird die **Klageart** vom **Ziel des Klägers** bestimmt. Im Bereich familienrechtlicher Aufgabenstellungen sind die Gestaltungsmöglichkeiten und auch denkbaren Anspruchsgrundlagen wegen der Besonderheit der Materie jedoch beschränkt. Die Arbeit wird sich auf ein Scheidungsverfahren, auf unterhaltsrechtliche Fragestellungen oder etwa den Zugewinnausgleich beziehen. In der Klausur wird geschildert werden, dass ein Mandant bei einem Anwalt erscheint und bestimmte Ziele verfolgt.

a) Scheidung

245 Für den Fall, dass sich der Mandant oder die Mandantin scheiden lassen möchte, ist die materielle Rechtslage anhand der §§ 1564ff. BGB zu prüfen. Wenn diese Vorprüfung ergibt, dass die Voraussetzungen einer Scheidung vorliegen, ist ein entsprechender Scheidungsantrag einzureichen. Insoweit handelt es sich um eine **Gestaltungsklage,** mit deren Hilfe die Auflösung der Ehe betrieben wird.

Regelmäßig ist davon auszugehen, dass sich die Aufgabenstellung nicht damit begnügt, vom Bearbeiter die Einreichung eines solchen Scheidungsantrages zu verlangen. Es sind weitere Rechtsfragen zu lösen. Der Mandant wird etwa unterhaltsrechtliche[112] Probleme darstellen, die er vom anwaltli-

---

[111] Hier ist weiter Voraussetzung, dass die Beteiligten einen auf Dauer angelegten gemeinsamen Haushalt führen oder innerhalb von sechs Monaten vor Antragstellung geführt haben, da ansonsten die Zuständigkeit des Familiengerichts nicht eröffnet ist – vgl. §§ 64b Abs. 1 FGG, 23b Abs. 1 S. 2 Nr. 8a GVG.
[112] Zu FGG-Angelegenheiten als Folgesachen siehe Rn. 288f.

chen Berater gelöst und ggf. in eine Klage umgesetzt haben möchte. Hieraus resultieren als prozessuale Fragestellungen solche der (örtlichen) Zuständigkeit des Familiengerichtes und des Entscheidungsverbundes nach § 623 ZPO.

Ebenso ist es jedoch möglich, dass die in der Aufgabenstellung enthaltenen Tatsachenangaben[113] dazu anhalten sollen, dem Mandanten von der Einreichung eines Scheidungsantrages abzuraten. Je nach Inhalt des Bearbeitervermerkes wäre dies lediglich im Rahmen eines Gutachtens als Ergebnis herauszuarbeiten oder aber (zusätzlich) ein Anschreiben an den Mandanten zu fertigen und diesem hierin die Rechtslage zu erläutern. Es ist dann aber zu erwarten, dass sich die Arbeit mit weiteren Rechtsfragen zu befassen hat, beispielsweise mit einer vermögensrechtlichen Auseinandersetzung oder unterhaltsrechtlichen Fragestellungen. Diese Problemstellungen können im Wege einer Klageerhebung oder auch im Rahmen eines Mandantenschreibens zu lösen sein. Im Falle der Einreichung einer Klageschrift wird sich die erforderliche prozessuale Prüfung vielfach auf familienrechtliche Zuständigkeitsfragen beziehen.

(1) Antrag auf Scheidung. Ein Scheidungsantrag ist mit Hilfe einer **246** Gestaltungsklage einzureichen. Formal wird diese als **Antragsschrift** bezeichnet (vgl. § 622 Abs. 1 ZPO). Demzufolge treten die Parteien des Scheidungsverfahrens nicht als Kläger und Beklagte, sondern als Antragsteller und Antragsgegner auf (§ 622 Abs. 3 ZPO).

Durch die Regelung in § 622 Abs. 2 S. 1 ZPO wird der notwendige Inhalt einer Antragsschrift erweitert um die Angaben zu gemeinschaftlichen minderjährigen Kinder sowie zur evt. Anhängigkeit weiterer Familiensachen nach § 621 Abs. 2 S. 1 ZPO.

Darüber hinaus gelten die Vorschriften über die Klageschrift entsprechend (§ 622 Abs. 2 S. 1 ZPO). Somit muss die Antragsschrift die Namen und Anschriften der Ehegatten, die Bezeichnung des Gerichts[114] und den Antrag, die Ehe zu scheiden, enthalten. Hierbei sind Angaben zum Datum der Eheschließung und dem maßgeblichen Standesamt erforderlich.

Werden **Folgesachen** anhängig, ist es durchaus üblich[115], auch in zivilprozessualen Angelegenheiten die Bezeichnung Antragsteller(in) und Antragsgegner(in) beizubehalten.[116]

Zur Begründung des Scheidungsantrages sind die Tatsachen zu den materiellen Voraussetzungen nach §§ 1564 ff. BGB darzustellen, also zunächst dass die Lebensgemeinschaft nicht mehr besteht. Der Zeitpunkt des Getrenntlebens ist anzuführen. Ebenso sind die Umstände herauszuarbeiten, aus denen sich ergibt, dass nicht mehr erwartet werden kann, dass die Ehegatten die Lebensgemeinschaft wiederherstellen. Greifen die Zerrüttungsvermutungen des § 1566 BGB auch diese anzuführen und ggf. unter Beweis zu stellen (z.B. Beweisangebot zum dreijährigen Getrenntleben).

---

[113] Beispielsweise könnte die regelmäßig einzuhaltende Trennungszeit von einem Jahr (§ 1565 Abs. 2 BGB) noch nicht abgelaufen sein.
[114] Vgl. Rn. 87 ff.
[115] Von Heintschel-Heinegg, JA-Sonderheft 21, S. 75 Fn. 24.
[116] Anders bei Thomas/Putzo § 622 Rn. 3.

68 A. Zivilrecht

Hierbei gilt es zu beachten, dass für den Fall, dass eine einverständliche Scheidung angestrebt wird, § 630 Abs. 1 ZPO die Angabe zusätzlicher Tatsachen[117] in der Antragsschrift fordert. Sind diese Voraussetzungen nicht erfüllt, ist die Scheidung als streitige[118] durchzuführen; d. h. der Antragsteller kann den Scheidungsantrag nicht auf die Zerrüttungsvermutungen des § 1566 BGB stützen, sondern hat die Voraussetzungen des § 1565 Abs. 1 S. 2 BGB positiv darzulegen.

247 Eine Klausur, in der eine Antragsschrift ausschließlich zur Scheidung[119] gefordert wird, ist keineswegs zu erwarten. Weitere familienrechtliche Streitigkeiten sind zu lösen. Hierbei stellt sich die Frage, ob diese im Rahmen des Scheidungsverbundes als **Folgesachen** nach § 623 ZPO oder als **isolierte Angelegenheiten** anhängig zu machen sind. Dies ist bei ZPO-Verfahren davon abhängig, ob ein Antrag **für den Fall der Scheidung** gestellt wird (§ 623 Abs. 1 ZPO) oder der Rechtsstreit unbedingt entschieden werden und bereits während der Trennungszeit greifen soll. Der erstrebte Regelungsinhalt ist exakt zu beachten.

Als (ZPO-) Folgesachen kommen in Betracht:
– Ehegattenunterhalt nach §§ 1569 ff. BGB
– Unterhalt für ein gemeinschaftliches Kind der Ehegatten
– Ausgleich des Zugewinns

248 **Beispiel:** Eine Mandantin schildert dem Anwalt einen Sachverhalt, aus dem sich ersehen lässt, dass sie bereits seit ca. 15 Monaten von ihrem Ehegatten getrennt lebt. Sie und ihr Ehegatte haben sich mittlerweile jeweils neuen Lebensgefährten zugewandt.
Die Mandantin möchte geschieden werden und außerdem einen ab sofort wirkenden Titel auf Unterhaltsleistungen erlangen, da ihr Ehemann die bislang freiwillig vorgenommenen Zahlungen ohne jegliche Begründung eingestellt hat. Sie trägt vor, dass sie sich nicht selbst unterhalten kann, da sie ein aus der Ehe stammendes 5-jähriges Kind zu betreuen hat, für das sie ebenfalls Unterhalt benötigt. Darüber hinaus begehrt Sie den Ausgleich des Zugewinns.
Der Anwalt wird einen Scheidungsantrag stellen, da die Voraussetzungen vorliegen, unter denen eine Ehe geschieden werden kann (§§ 1565, 1566 I BGB). Ist zu erwarten, dass der Ehegatte der Scheidung zustimmen wird, käme nach § 630 ZPO eine einverständliche Scheidung in Betracht, wenn die dort benannten Voraussetzungen vorliegen. Hierzu wäre aber unter anderem eine Einigung[120] der Ehegatten zum Unterhalt erforderlich, die derzeit wohl nicht zu erlangen ist. Somit wäre der nacheheliche[121] Unterhaltsanspruch der Mandantin im Rahmen des Verbundes (§ 623 Abs. 1 S. 1 i. V. m. § 621 Abs. 1 Nr. 5 ZPO) geltend zu machen, da dieser Unterhalt nach

---

[117] Vgl. etwa die übereinstimmenden Erklärungen der Ehegatten zum Sorgerecht oder die Einigungen zum Unterhalt – § 630 Abs. 1 Nr. 2, 3 und Abs. 3 ZPO.
[118] Thomas/Putzo § 630 Rn. 2; Zöller/Philippi § 630 Rn. 2.
[119] Die Folgesache Versorgungsausgleich wäre im sogenannten Zwangsverbund mit zu erledigen (§ 623 Abs. 1 S. 3 ZPO); dieser Bereich ist jedoch beispielsweise in bayerischen Staatsexamen kein Prüfungsstoff.
[120] Vgl. auch § 630 Abs. 1 Nr. 3 ZPO.
[121] Es ist derzeit davon auszugehen, dass auch dieser Anspruch geltend gemacht werden soll. Falls die Mandantin hierzu nichts vorträgt, wäre ggf. ein anwaltlicher Hinweis auf die Rechtslage zum Unterhalt während der Zeit des Getrenntlebens und nach der Scheidung (unterschiedlicher Streitgegenstand – vgl. sofort) angebracht.

§ 4 Besonderheiten familienrechtlicher Klausuren

§§ 1569 ff. BGB „für den Fall der Scheidung" beansprucht wird. Darüber hinaus wäre ein Rechtsstreit auf Zahlung von Trennungsunterhalt[122] in einem gesonderten Verfahren isoliert anhängig zu machen. Denn dieser Unterhaltsanspruch soll sofort realisiert werden. Er wird gerade nicht für den Fall der Scheidung begehrt.[123] Bezüglich Kindesunterhalt gilt ebenfalls, dass eine baldige Titulierung die Erhebung einer isolierten Klage erfordert. Der Kindesunterhalt darf hier eben nicht für den Fall der Scheidung geltend gemacht werden, da in einem solchen Fall im Rahmen des Verbundes erst im Zusammenhang mit der Scheidung entschieden würde (§ 629 Abs. 1 ZPO).

Wird die isolierte Klage erhoben, ist es jedoch nicht erforderlich, den Unterhalt für das Kind zusätzlich im Rahmen des Verbundes für die Zeit nach Scheidung geltend zu machen, da ein Titel zum Kindesunterhalt durch eine nachfolgende Scheidung nicht berührt wird, der Titel also auch nach Rechtskraft der Scheidung geeignete Vollstreckungsgrundlage ist.

Der Zugewinnausgleich wiederum ist als Folgesache i. S. d. § 623 Abs. 1 S. 1 ZPO zu qualifizieren. Der Anspruch resultiert hier aus §§ 1372, 1378 Abs. 1 BGB; die Beendigung des Güterstandes erfolgt durch rechtskräftige Scheidung. Von der Mandantin werden keine Umstände geschildert, die einen vorzeitigen Ausgleich des Zugewinns nach §§ 1385, 1386 BGB rechtfertigen würden.

(2) Zuständigkeit. Die **örtliche Zuständigkeit** des Familiengerichts ergibt sich für die Ehesache selbst aus § 606 ZPO. Es handelt sich insoweit um eine **ausschließliche Zuständigkeit.**

Die **sachliche Zuständigkeit** für die Scheidung und sonstige Ehesachen[124] ist in § 23 a Nr. 4 ZPO geregelt. Auch diese Zuständigkeit ist nach § 621 Abs. 1 ZPO als **ausschließliche** zu qualifizieren. § 23b Abs. 1 S. 2 Nr. 1 GVG enthält schließlich die gesetzliche Regelung zur Geschäftsverteilung innerhalb des Amtsgerichts.

Folgesachen sind aufgrund des Wesens des Verbundes (es soll nach § 629 Abs. 1 BGB eine einheitliche Entscheidung ergehen) beim Gericht der Ehesache – und zwar im selben Verfahren unter demselben Aktenzeichen – anhängig zu machen. Werden solche somit später anhängig gemacht, ist es durchaus angezeigt, ein aus der Aufgabenstellung ersichtliches Aktenzeichen zum Scheidungsverfahren in den Schriftsatz zu übernehmen.

Isolierte Rechtsstreitigkeiten, also diejenigen, die nicht im Verbund zu entscheiden sind, müssen exakt daraufhin überprüft werden, ob sie der Regelung zur Zuständigkeitskonzentration nach § 621 Abs. 2 S. 1 ZPO unterfallen und demzufolge eine ausschließliche örtliche Zuständigkeit begründet ist.

Beispiel: Wird Kindesunterhalt bereits während der Zeit des Getrenntlebens der Ehegatten begehrt und bezieht sich der Anspruch auf ein nicht gemeinsames Kind der Ehegatten, greift § 621 Abs. 2 S. 1 ZPO nicht. Wenn somit ein Scheidungsverfahren zwischen den Ehegatten Manfred und seiner zweiten Ehefrau Frieda anhängig ist und

---

[122] Es handelt sich insoweit um einen anderen Streitgegenstand als bei nachehelichem Ehegattenunterhalt.
[123] Trennungsunterhalt ist niemals im Verbund anhängig zu machen. Zum einstweiligen Rechtsschutz nach § 620 Nr. 4 ZPO vgl. Rn. 282.
[124] Zur Legaldefinition vgl. § 606 Abs. 1 S. 1 ZPO.

Manfred nach Anhängigkeit dieser Ehesache von einem Kind aus erster Ehe auf Unterhaltsleistungen in Anspruch genommen wird, greift die zitierte Regelung nicht, sondern es ist auf § 621 Abs. 2 S. 2 ZPO abzustellen. Diese Unterhaltsklage ist am Wohnsitzgericht des Beklagten Manfred (§§ 12, 13 ZPO) zu erheben, wenn nicht die ausschließliche Zuständigkeit nach § 642 Abs. 1 ZPO begründet ist, weil es sich um ein noch minderjähriges Kind handelt.

Wird Manfred auf Unterhalt nach § 1615l BGB verklagt, greift ebenso wenig die Zuständigkeitskonzentration, da § 621 Abs. 2 S. 1 ZPO eben nicht auch § 621 Abs. 1 Nr. 11 ZPO Bezug nimmt.

Somit kann festgehalten werden, dass durch exaktes Studium der (zugegebenermaßen durch die vorgenommenen Verweisungen zunächst verwirrend wirkenden) Regelung des § 621 Abs. 2 S. 1 ZPO die Lösung herausgearbeitet werden kann, ob die isolierte Klage beim Gericht der Ehesache eingereicht werden muss oder auf § 621 Abs. 2 S. 2 ZPO abzustellen ist und damit die allgemeinen Vorschriften greifen.

251 **(3) Prozessstandschaft.** Soweit Kindesunterhalt für ein gemeinsames Kind im Rahmen des Verbundes geltend gemacht wird, besteht nach **§ 1629 Abs. 3 S. 1 BGB** ein Fall gesetzlicher Prozessstandschaft.[125] Somit kann die Folgesache nur durch die Mutter oder den Vater des Kindes gegen den Ehegatten geltend gemacht werden.[126] Das Kind selbst ist nicht Partei des Scheidungsverfahrens. Wird allerdings das Kind während der Anhängigkeit der Ehesache volljährig, so ist die Folgesache Kindesunterhalt gemäß § 623 Abs. 1 S. 2 ZPO abzutrennen. Ist das Kind bei Einreichung des Scheidungsantrages bereits volljährig, so muss der Rechtsstreit um dessen Unterhalt von Anfang an in einem isolierten Verfahren geltend gemacht werden. Das Kind hat selbst Klage zu erheben, da die Voraussetzungen des § 1629 Abs. 3 S. 1 BGB nicht vorliegen. Der Abkömmling steht nicht unter elterlicher Sorge.

Wird der Anspruch auf Kindesunterhalt unbedingt und nicht nur für den Fall der Scheidung geltend gemacht, greift ab dem Zeitpunkt des Getrenntlebens oder ab Anhängigkeit einer Ehesache ebenfalls § 1629 Abs. 3 S. 1 BGB, so dass auch eine isoliert eingereichte Klage nur durch einen Elternteil in dessen Namen eingereicht werden kann. Das Kind kann nicht als Partei auftreten.[127]

252 **(4) Antragsaufbau bei Scheidung und Folgesachen.** Eine Antragsschrift, mit deren Hilfe eine Ehesache und Folgesachen anhängig gemacht werden, ist aufgrund des Verbundsystems in formaler Hinsicht Besonderheiten unterworfen. So ist es in der Praxis zwar erforderlich, für die Scheidung selbst und für jede Folgesache gesonderte Schriftsätze einzureichen.[128] Gleichwohl ist es durchaus in Klausuren zu akzeptieren und wird dementsprechend durch Formularsammlungen[129] auch entsprechend vorgeschlagen, die **Antragsschrift** aufbaumäßig **wie ein Verbundurteil** zu fertigen. Dem schließt sich die hier vorgenommene Darstellung an.

---

[125] Vgl. eingehender Rn. 256.
[126] Zur Antragstellung Rn. 252.
[127] Zur Antragstellung vgl. Rn. 259.
[128] Vgl. Zöller/Philippi § 622 Rn. 10.
[129] Vgl. Böhme/Fleck/Bayerlein, Nr. 10.

Die Klageschrift wäre somit wie folgt aufzubauen:
I. Die am 10. 3. 1992 vor dem Standesamt Regensburg unter der Heiratseintragungsnummer 126/1992 geschlossene Ehe der Parteien wird geschieden.
II. Die elterliche Sorge für das gemeinsame Kind Thomas wird auf die Antragstellerin übertragen.
III. Der Antragsgegner wird verurteilt, an die Antragstellerin ab Rechtskraft der Scheidung Unterhalt in Höhe von ...... € monatlich im Voraus zu zahlen.[130]
IV. Der Antragsgegner wird verurteilt, an die Antragstellerin ab Rechtskraft der Scheidung für das gemeinsame Kind Michael Unterhalt in Höhe von ...... € monatlich im Voraus zu zahlen.
V. Der Antragsgegner wird verurteilt, an die Antragstellerin zum Ausgleich des Zugewinns einen Betrag von ...... € zu zahlen.
VI. Die Kosten werden gegeneinander aufgehoben.[131]

Begründung:
Zu Antrag I.
Tatsachenschilderung mit Beweisangeboten
Rechtliche Ausführungen
Zu Antrag II.
Zum Aufbau vgl. Rn. 290 f.
Zu Antrag III.
Tatsachenschilderung mit Beweisangeboten
Rechtliche Ausführungen
Zu Antrag IV.
Tatsachenschilderung mit Beweisangeboten
Rechtliche Ausführungen
Zu Antrag V.
Tatsachenschilderung mit Beweisangeboten
Rechtliche Ausführungen

(5) **Antragserwiderung.** Falls der Bearbeiter mit der Prozesslage konfrontiert wird, dass ein Scheidungsantrag bereits gestellt ist und er den Antragsgegner vertreten soll, ändert sich an der Arbeitsweise nichts Grundlegendes. Es wird von ihm eben erwartet, dass er für seinen Mandanten zum Antrag auf Scheidung Stellung nimmt und diesem letztlich zustimmt oder Abweisung beantragt.

Hat die Antragstellerseite Anträge in Folgesachen gestellt, ist auf diese wie bei einer sonstigen Klage zu erwidern.[132]

Sodann wird sich der Klausurbearbeiter mit der Frage zu beschäftigen haben, ob er nicht für seinen Mandanten selbst Folgesachen anhängig machen oder – ggf. auch zusätzlich – Klagen in isolierten Familiensachen wie z. B. zum Trennungsunterhalt[133] einreichen soll. Auch der Antragsgegner ist be-

---

[130] Zur evt. Stufenklage vgl. Rn. 261.
[131] Vgl. § 93 a ZPO; eine Antragstellung zur Kostenentscheidung ist zwar nicht erforderlich, aber vielfach üblich.
[132] Hierzu vgl. oben § 2 Klageerwiderung.
[133] Hierzu vgl. Rn. 248.

fugt, in sämtlichen geeigneten Bereichen Folgesachenanträge zu stellen. Dies lässt sich unschwer dem Gesetzeswortlaut des § 623 Abs. 1 und Abs. 2 ZPO entnehmen („...... und von **einem** Ehegatten rechtzeitig begehrt ......").

254 **(6) Klausurbearbeitung bei Ablehnung der Scheidungsvoraussetzungen.** Sollte die gutachterliche Prüfung der Scheidungsvoraussetzungen ergeben, dass ein Antrag auf Scheidung (derzeit) nicht erfolgreich sein wird, wäre dies bei entsprechender Aufgabenstellung dem Mandanten im Rahmen eines Anschreibens zu erläutern. Hierbei sind die maßgeblichen Aspekte herauszuarbeiten und in einer Weise zu schildern, dass auch ein juristischer Laie diese verstehen kann.

Die Aufgabenstellung, die ein derartiges Begleitschreiben verlangt, könnte etwa lauten:
– Der Schriftsatz von Rechtsanwältin R an das Gericht und ihr Schreiben an den Mandanten – soweit erforderlich – sind zu entwerfen.
– Die Klage-(Antrags)schrift) von Rechtsanwalt R ist zu entwerfen. Soweit in dem Schriftsatz ein Eingehen auf alle berührten Rechtsfragen nicht erforderlich ist *(da die Klage insoweit nicht erfolgversprechend erscheint),* sind diese in einem Schreiben an die Mandantin zu erläutern.

Es ist zu erwarten, dass in einem solchen Fall jedoch über die Scheidung hinaus weitere familienrechtliche Problembereiche zu erörtern und zu lösen sind. Regelmäßig wird ein Unterhaltsanspruch im Raume stehen.

Soweit Ehegattenunterhalt betroffen ist, kann es sich materiell ausschließlich um Unterhalt während der Zeit des Getrenntlebens nach § 1361 BGB handeln und nicht um nachehelichen Unterhalt (§§ 1569 ff. BGB). Solange die Ehe noch nicht geschieden ist, besteht hierauf kein Anspruch.

Bei Kindesunterhalt besteht diese Problematik nicht, da sich der Streitgegenstand zu Kindesunterhalt durch Scheidung der Eltern nicht ändert.[134]

Diese zivilprozessualen Ansprüche sind allesamt im Rahmen einer **Leistungsklage** geltend zu machen. Wehrt sich der Unterhaltsverpflichtete dagegen, dass sich der (vermeintlich) Unterhaltsberechtigte eines Anspruchs berühmt, ist die Feststellungsklage die richtige Klageart.

Die **örtliche Zuständigkeit** für diese isolierten Klagen richtet sich gemäß § 621 Abs. 2 S. 2 ZPO nach den allgemeinen Vorschriften und damit nach §§ 12, 13, 642 Abs. 1, 3 ZPO.

b) Besondere prozessuale Situationen in isolierten ZPO-Angelegenheiten

255 **(1) Subjektive Klagehäufung.** Klausuren, die im Unterhaltsrecht angesiedelt sind, werden sich nicht selten mit der Problematik der subjektiven (und auch objektiven) Klagehäufung beschäftigen. So ist es durchaus praxis- und auch examensrelevant, dass zwei unterhaltsberechtigte Kinder gegen einen Unterhaltsverpflichteten Ansprüche aus §§ 1601 ff. BGB geltend machen möchten.

Vor Klageerhebung ist jedes dieser beiden Prozessrechtsverhältnisse auf seine Zulässigkeit hin zu prüfen. Anschließend sind die Voraussetzungen der

---
[134] Vgl. Rn. 248.

§ 4 Besonderheiten familienrechtlicher Klausuren

§§ 59, 60 ZPO zu hinterfragen, wenn eine gemeinsame Klageerhebung erfolgen soll.

Besonderheiten können sich hier bezüglich der örtlichen Zuständigkeit ergeben, wenn der Rechtsstreit durch (oder auch gegen) einen Elternteil und zusätzlich ein Kind geführt wird, also materiell die Normen der §§ 1601 ff. BGB einerseits und §§ 1569 ff. BGB bzw. § 1361 BGB andererseits betroffen sind. Bezüglich der gesetzlichen Unterhaltspflicht eines Elternteils gegenüber einem minderjährigen Kind greift die **ausschließliche Zuständigkeit** des **§ 642 Abs. 1 ZPO,** so dass die Klage bei dem Gericht zu erheben ist, bei dem das Kind oder der Elternteil, der es gesetzlich vertritt.[135] Die Klage gegen den (geschiedenen) Ehegatten ist grds. am Wohnsitz des Beklagten zu führen (§§ 621 Abs. 2 S. 2, 12, 13 ZPO). Jedoch begründet **§ 642 Abs. 3 ZPO** einen zusätzlichen **besonderen Gerichtsstand** bei dem Gericht, bei dem der Kindesunterhalt anhängig ist oder gleichzeitig anhängig gemacht wird.

Dasselbe gilt, wenn ein Anspruch nach § 1615l BGB neben Unterhalt für ein minderjähriges Kind geltend gemacht wird.

Vor Fertigung der Klageschrift muss sich der Klausurbearbeiter auch die Frage stellen, wer denn in einem solchen Fall die Klage zu erheben hat, also **Partei des Rechtsstreits** wird. Hier gilt es zu differenzieren. 256

Sind die Eltern des minderjährigen Kindes nicht miteinander verheiratet, muss stets das Kind, gesetzlich vertreten durch den Elternteil, der die Alleinsorge ausübt oder bei gemeinsamer Sorge in dessen Obhut sich das Kind befindet (§ 1629 Abs. 2 S. 2 BGB), den Unterhalt geltend machen. Partei ist hier somit das Kind selbst.

Bei verheirateten Eltern, die getrennt leben oder zwischen denen eine Ehesache anhängig ist, ist ein Fall **gesetzlicher Prozessstandschaft** nach § 1629 Abs. 3 S. 1 BGB begründet. Kindesunterhalt kann in einem solchen Fall nur im Namen des Elternteiles selbst geltend gemacht werden. Partei ist der Elternteil, in dessen Obhut sich das minderjährige Kind befindet.

Sind die Voraussetzungen des § 1629 Abs. 3 S. 1 BGB nicht gegeben – etwa wenn die Eltern des minderjährigen Kindes bereits geschieden sind –, hat wiederum das Kind selbst als Partei aufzutreten, gesetzlich vertreten durch den sorgeberechtigten Elternteil. Üben die Eltern die gemeinsame elterliche Sorge aus[136], so ist § 1629 Abs. 2 S. 2 BGB zu beachten, so dass derjenige Elternteil das Kind vertritt, in dessen Obhut es sich befindet.

Volljährige Abkömmlinge stehen nicht mehr unter elterlicher Sorge und müssen demzufolge stets selbst die Klage erheben.

Besondere Achtsamkeit erfordert eine **Abänderungsklage** bezüglich Kindesunterhalt, wenn der abzuändernde Titel im Wege gesetzlicher Prozessstandschaft erlangt wurde. 257

Beispiel: F lebt von ihrem Ehegatten M getrennt und klagt erfolgreich auf Unterhalt für das gemeinsame minderjährige Kind K, das bei F lebt. Als Partei agiert auf Klägerseite ausschließlich F. Sie erscheint im Rubrum, nicht jedoch das Kind. Den-

---

[135] § 1629 Abs. 1 S. 1 BGB bzw. § 1629 Abs. 2 S. 2 BGB.
[136] Unerheblich ist, ob sich die gemeinsame Sorge auf § 1626 BGB oder § 1626a Abs. 1 BGB gründet.

noch ist eine spätere Abänderungsklage des M gegen das erlassene Urteil, mit deren Hilfe er eine Reduzierung des titulierten Unterhaltes erstrebt, gegen das Kind selbst, gesetzlich vertreten durch F, zu richten, wenn bei Klageerhebung die Voraussetzungen des § 1629 Abs. 3 S. 1 BGB nicht mehr vorliegen. Diese Vorgehensweise wird durch die Regelung in § 1629 Abs. 3 S. 2 BGB ermöglicht, der anordnet, dass im Wege der gesetzlichen Prozessstandschaft erwirkte Urteile und gerichtliche Vergleiche auch für und gegen das Kind wirken.

Im Rahmen der Antragstellung selbst ist unbedingt zu beachten, dass die jeweiligen Ansprüche verschiedener Unterhaltsberechtigter getrennt geltend gemacht und keinesfalls addiert werden.[137]

258 **(2) Objektive Klagehäufung.** Eine objektive Klagehäufung kommt im familienrechtlichen Bereich in unterschiedlicher Weise vor. So ist es denkbar, dass ein Kläger Rückforderung zu viel geleisteten Unterhaltes im Wege einer Leistungsklage durchsetzen möchte und zusätzlich für die Zukunft die Feststellung erstrebt, keinen Unterhalt zu schulden.

Ebenso liegt ein Fall objektiver Klagehäufung[138] vor, wenn mehrere Kläger jeweils für sich selbst Unterhaltsforderungen einklagen. Dasselbe gilt bei einem Zusammentreffen von Ehegattenunterhalt und Kindesunterhalt, der durch denselben Kläger zum einen aus eigenem Recht (Ehegattenunterhalt) und zum anderen im Wege gesetzlicher Prozessstandschaft (Kindesunterhalt) geltend gemacht wird.

In all diesen Fällen ist dringend zu beachten, dass die **Klageforderungen streng getrennt** formuliert werden. Es ist keineswegs zulässig, die verschiedenen Unterhaltsansprüche zu addieren und in einem Betrag geltend zu machen.

259 **Beispiel:** Die beiden Kinder Klaus und Martina erheben gemeinsam eine Klage auf Unterhalt in Höhe von insgesamt 500 € monatlich ab Februar 2003. Hiervon entfallen 200 € auf Klaus und 300 € auf Martina. Dies muss die Antragstellung deutlich machen. Richtigerweise lautet also der Antrag etwa:
Der Beklagte wird verurteilt, an die Kläger ab Februar 2003 monatlich im Voraus Unterhalt zu leisten in Höhe von jeweils 200 € an Klaus und 300 € an Martina.

Beispiel: F, getrennt lebende Ehefrau, erhebt Klage gegen ihren Ehegatten M auf Zahlung von 500 € Ehegattenunterhalt während der Zeit des Getrenntlebens und 200 € für das gemeinsame Kind Klaus, jeweils beginnend ab Rechtshängigkeit.
Der Antrag muss lauten:
Der Beklagte wird verurteilt, an die Klägerin ab Rechtshängigkeit monatlich im Voraus
a) Kindesunterhalt in Höhe von 200 € für das gemeinsame Kind[139] Klaus
b) Ehegattenunterhalt während der Zeit des Getrenntlebens in Höhe von 500 €
zu leisten.

260 **(3) Teilklage.** In **unterhaltsrechtlichen Streitigkeiten** sind zur **Rechtskraft** einer Teilklage Besonderheiten zu beachten. Bei einer verdeckten Teilklage erstreckt sich die Rechtskraft im allgemeinen nicht auf den nicht

---

[137] Hierzu vgl. die Darstellung zur objektiven Klagehäufung – Rn. 258.
[138] Ebenso sind die Voraussetzungen der subjektiven Klagehäufung zu prüfen.
[139] Zur gesetzlichen Prozessstandschaft vgl. Rn 265.

§ 4 Besonderheiten familienrechtlicher Klausuren

eingeklagten Rest. Bei einer Klage auf wiederkehrende Leistungen (§ 258 ZPO) dagegen, also bei einer solchen auf laufende Unterhaltszahlungen, spricht die Vermutung gegen eine verdeckte Teilklage.[140] Der Kläger muss sich demnach eine Nachforderung ausdrücklich oder zumindest erkennbar vorbehalten, will er nicht die Möglichkeit verlieren, den Unterhaltsbetrag einzuklagen, um den der tatsächliche Anspruch den ursprünglich eingeklagten Betrag übersteigt. Eine nachfolgende weitere Teilklage wird nicht erfolgreich sein.

Zur „Nachforderung" im Wege einer Abänderungsklage vgl. Rn. 267.

Wird **Zugewinn** eingeklagt, gelten die oben dargestellten allgemeinen Grundsätze. Eine Teilklage ist zulässig. Rechtskraft tritt auch bei einer verdeckten Teilklage nur ein bezüglich des eingeklagten Teiles.[141]

(4) Stufenklage. Eine familienrechtlich typische Sachlage ist die Unkenntnis des Anspruchstellers von den den Anspruch begründenden Umständen zum Unterhalt oder auch zum Zugewinn. Der Unterhaltsberechtigte hat keine hinreichend sichere Kenntnis vom relevanten Einkommen des Unterhaltsverpflichteten. Der nach § 1378 Abs. 1 BGB Ausgleichsberechtigte kennt die Vermögensverhältnisse des Ausgleichverpflichteten nicht exakt genug. Dasselbe gilt in umgekehrter Richtung. Deshalb wird in §§ 1605, 1361 Abs. 4 S. 4, 1580, 1379 BGB kraft Gesetzes jeweils eine gegenseitige Auskunftspflicht angeordnet.

261

In einem solchen Fall sollte der Bearbeiter einer Klausur erkennen, dass die Möglichkeit besteht, eine **Stufenklage nach § 254 ZPO** zu erheben, mit deren Hilfe dem jeweiligen Anspruchsteller die Privilegien der Rechtshängigkeit des jeweiligen Anspruchs erhalten werden.

Der Antragsteller muss hierzu eine Klageschrift einreichen, in der er auf Stufe 1 zur Auskunftserteilung einen bestimmten Antrag stellt. In der Leistungsstufe dagegen kann er und wird er sich darauf beschränken, den sich aus der Auskunft ergebenden Betrag zu verlangen. Obwohl dieser Antrag (zunächst) nicht hinreichend bestimmt ist, tritt Rechtshängigkeit ein hinsichtlich des Leistungsbegehrens, das erst nach Auskunftserteilung beziffert wird.

Eine solche Stufenklage kann in einer isolierten Rechtsstreitigkeit und ebenso im Rahmen eines Verbundverfahrens anhängig gemacht werden.

262

Die Antragstellung lautet wie folgt:

1. Der Beklagte[142] wird verurteilt, der Klägerin Auskunft über die Höhe seines Einkommens im Jahre 2001 zu erteilen und hierzu sämtliche Nettogehaltsbescheinigungen und den im gleichen Zeitraum erlassenen Einkommensteuerbescheid bzw. Bescheid über den Lohnsteuerjahresausgleich vorzulegen.[143]
2. Der Beklagte wird verurteilt, die Richtigkeit seiner Angaben an Eides statt zu versichern.[144]

---

[140] BGH NJW 1994, 3165.
[141] BGH NJW 1994, 3166; FamRZ 1996, 853; OLG Düsseldorf FamRZ 1998, 916.
[142] Im Verbund: Antragsgegner oder Antragsteller.
[143] Der Anspruch auf Belegvorlage ist als gesonderter Anspruch zu qualifizieren.
[144] Diese Antragstellung in Ziffer 2 ist für die Herbeiführung der Rechtsfolgen des § 254 ZPO nicht erforderlich.

3. Der Beklagte wird verurteilt, ab Rechtshängigkeit den sich aus der Auskunft ergebenden noch zu beziffernden Unterhalt monatlich im Voraus an die Klägerin zu zahlen.

Im Falle einer Stufenklage zum Zugewinn wäre folgende Antragstellung vorzunehmen:

1. Der Beklagte[145] wird verurteilt, Auskunft über den Bestand seines Endvermögens am …… (in der Regel Datum der Rechtshängigkeit des Scheidungsantrages) durch Vorlage eines Vermögensverzeichnisses, in dem Aktiva und Passiva vollständig und geordnet zusammengestellt sind, zu erteilen.
2. Der Beklagte wird verurteilt, die Vollständigkeit und Richtigkeit dieser Auskunft an Eides statt zu versichern.
3. Der Beklagte wird verurteilt, der Klägerin den nach Auskunftserteilung zu beziffernden Zugewinnausgleichsbetrag zu zahlen.

263 **(5) Abänderungsklage.** Gerade im familienrechtlichen Bereich des Unterhaltsrechts bietet es sich an, eine Abänderungsklage nach § 323 ZPO zu prüfen.

Die Aufgabenstellung gibt in einem solchen Fall vor, dass ein Titel über künftig fällig werdende wiederkehrende Leistungen – also Unterhalt – existiert, der dem anwaltlichen Vertreter entweder ohnehin aus früherer anwaltlicher Tätigkeit bekannt ist oder ihm von seinem Mandanten zur Einsichtnahme vorgelegt wird. Der Bearbeiter muss nunmehr erörtern, ob die Klage nach § 323 ZPO zur Abänderung dieses Titels **statthaft** ist. Wann dies der Fall ist, lässt sich dem Gesetzestext ausdrücklich entnehmen. Demnach greift die Abänderungsklage bei **Urteilen** (§ 323 Abs. 1 ZPO) und den weiteren in § 323 Abs. 4 ZPO benannten Titeln, insbesondere bei einem **Prozessvergleich**.

Darüber hinaus kann zu hinterfragen sein, ob das von dem Mandanten dargelegte Ziel mit Hilfe einer Abänderungsklage auch tatsächlich erreichbar ist oder eine andere Klageart zu wählen wäre.

Zur Abgrenzung der Abänderungsklage von der Vollstreckungsgegenklage, der Leistungs- oder negativen Feststellungsklage vgl. Rn. 275 ff.

Eine Klage auf Abänderung eines derartigen Vollstreckungstitels kann sowohl der Titelgläubiger als auch der Schuldner erheben.

Die Antragstellung muss folgende Umstände beinhalten:
– abzuändernder Titel
– neu festzusetzende Höhe des Unterhalts
– Zeitpunkt der Abänderung

Beispiel (Erhöhung oder Reduzierung auf 670 €):
Das Endurteil des AG Würzburg – Familiengericht – vom 25. 10. 2002, Az. 12 F 323/02, wird dahingehend abgeändert, dass der Kläger ab Rechtshängigkeit an die Beklagte einen monatlichen im Voraus fälligen Unterhalt in Höhe von 670 € zu zahlen hat.

---
[145] Im Verbund: Antragsgegner oder Antragsteller.

§ 4 Besonderheiten familienrechtlicher Klausuren

Beispiel (Reduzierung auf Null):
Das Endurteil des AG Würzburg – Familiengericht – vom 25. 10. 2002, Az. 12 F 323/02, wird dahingehend abgeändert, dass der Kläger ab Rechtshängigkeit an die Beklagte keinen Unterhalt mehr zu leisten hat.[146]

Abänderung eines Urteils

Nach Feststellung der Statthaftigkeit der Abänderungsklage wird der Klausurbearbeiter selbstverständlich eine derartige Klageschrift zumindest im Entwurf fertigen müssen. Hierbei ist zu beachten, dass die **Schlüssigkeit** des klägerischen Vortrags es erfordert, tatsächlich eine Abänderung zu schildern. Dies bedeutet, dass sich der Sachvortrag auf die tatsächlichen Umstände, die zum Erlass des Urteils geführt haben, ebenso beziehen muss wie auf die neuen, nunmehr maßgeblichen Umstände, die eine Abänderung des Urteils rechtfertigen sollen. Diese Umstände müssen als wesentlich[147] zu qualifizieren sein. Fehlt eine Behauptung derartiger Tatsachen, ist die Klage **unzulässig**.[148]

Verkürzt formuliert könnte man sagen, dass die Aufgabenstellung der Abänderungsklage nach § 323 Abs. 1 ZPO eine doppelte Schilderung von Tatsachen verlangt, nämlich eine solche der damals (bei Erlass des Ersturteils) maßgeblichen und weiter die Darstellung der aktuellen Umstände.

Da mit Hilfe des § 323 ZPO eine Durchbrechung der Rechtskraft bewirkt wird, ist es zum Schutze der Bestandskraft des ursprünglichen Urteils gemäß § 323 Abs. 2 ZPO erforderlich, dass die vorgebrachten Tatsachen erst **nach dem Schluss der mündlichen Verhandlung entstanden** sind, aufgrund derer das Ausgangsurteil erlassen wurde.[149]

Bei der Antragstellung ist § 323 Abs. 3 ZPO zu beachten, so dass eine Abänderung erst **ab dem Zeitpunkt der Rechtshängigkeit der Klage** beantragt werden kann. Ausnahmsweise kommt auch eine frühere Abänderung in Betracht, wenn die in § 323 Abs. 2 S. 2 ZPO benannten Voraussetzungen vorliegen, also sich etwa der Unterhaltsschuldner bereits zu einem früheren Zeitpunkt wegen eines Verlangens des Unterhaltsgläubigers nach höheren Unterhaltszahlungen in Verzug befunden hat.

Der Schuldner dagegen kann sich nicht auf die Privilegierungen aus dieser Norm stützen; eine „negative" Verzugsbegründung ist nicht möglich. Demzufolge kann es Gegenstand der Aufgabenstellung sein, zu erkennen, dass der Unterhaltsschuldner, dessen Ziel es ist, eine Reduzierung des aus dem Urteil zu leistenden Betrages zu erreichen, die Klage unverzüglich erheben muss, um zu verhindern, dass eine zeitliche Verzögerung bewirkt, dass noch für längere Zeit (bis zur endgültigen Zustellung der Klageschrift) Unterhalt zu

264

265

---

[146] Ungenau ist die Formulierung: „Das Endurteil des AG Würzburg – Familiengericht – vom 25. 10. 2002, Az. 12 F 323/02, wird dahingehend abgeändert, dass festgestellt wird, dass der Kläger ab Rechtshängigkeit keinen Unterhalt mehr zu leisten hat." Dies klingt nach einer negativen Feststellungsklage, bei der § 256 ZPO zu prüfen wäre. Es handelt sich jedoch um eine Abänderungsklage im Sinne des § 323 ZPO.
[147] Zum Begriff vgl. Thomas/Putzo § 323 Rn. 19 ff.
[148] Thomas/Putzo § 323 Rn. 18 mit Hinweis auf BGH FamRZ 85, 376, 378.
[149] Zum Fall der Abänderungsklage gegen ein Versäumnisurteil vgl. den Wortlaut des § 323 Abs. 1 ZPO und Thomas/Putzo § 323 Rn. 24.

78 A. Zivilrecht

zahlen ist, ohne dass dieser zurückgefordert werden könnte. Schließlich stellt das abzuändernde rechtskräftige Urteil den Rechtsgrund für die erhaltenen Unterhaltsleistungen dar.

266 **Beispiel:** Mit Urteil vom 8. Februar 2000 wurde K dazu verurteilt, an seine Ehefrau F monatlichen Unterhalt (§ 1361 BGB) in Höhe von (umgerechnet) 860 € zu zahlen. Ende Januar 2002 ging ihm ein Schreiben von F zu, in dem er aufgefordert wurde, ab dem 1. Februar 2002 Unterhalt in Höhe von 1000 € zu zahlen. Begründet wurde dies durch F mit einer Reduzierung ihrer Eigeneinkünfte. K dagegen möchte, dass er ab sofort (Mai 2002) nur noch 500 € Unterhalt zahlen muss, da er selbst wegen einer Änderung der Steuerklasse ebenfalls erheblich weniger Einkommen erzielt.

Wenn F im Mai 2002 eine Abänderungsklage erhebt, kann sie mit Erfolgsaussicht[150] verlangen, dass der Unterhaltsbetrag ab dem 1. Februar 2002 erhöht wird, da dies durch die Regelungen in §§ 323 Abs. 3 S. 2 ZPO, 1361 Abs. 4 S. 4, 1360a Abs. 3, 1613 Abs. 1 BGB ermöglicht wird. K dagegen kann erst ab dem Zeitpunkt der Zustellung der Klage – frühestens im Mai 2002 – eine Reduzierung erreichen[151], da § 323 Abs. 3 S. 1 ZPO greift, nicht jedoch § 323 Abs. 3 S. 2 ZPO.

267 Weiter sollte bei Antragstellung beachtet werden, dass eine Abänderung des Urteils grds. nur insoweit möglich ist, als sich die **Umstände auch tatsächlich** nach Schluss der mündlichen Verhandlung **geändert** haben (vgl. § 323 Abs. 2 ZPO). Eine völlig neue Festsetzung des zu leistenden Betrages erfolgt nicht. Soweit die dem alten Urteil zugrunde liegenden Umstände weiterhin Bestand haben, sind sie auch für die aktuelle Unterhaltsberechnung maßgeblich.

Eine **Ausnahme** von diesem Fortbestand gleich bleibender Verhältnisse wird dann anerkannt, wenn eine Abänderungsklage aufgrund der vorgebrachten Umstände zulässig erhoben ist, der Kläger weitere Tatsachen vorbringt, die zum Zeitpunkt der mündlichen Verhandlung der Ausgangsentscheidung bereits vorlagen, jedoch nicht berücksichtigt wurden und wenn eine unterlassene Berücksichtigung dieser Umstände zu unerträglichen Ergebnissen führen würde.[152]

Eine weitere Ausnahme greift, wenn im abzuändernden Urteil die maßgeblichen Verhältnisse nicht festgestellt wurden.[153] In einem solchen Fall wird die Unterhaltsberechnung völlig neu durchgeführt. Streitig ist, ob dies bei einem abzuändernden Anerkenntnisurteil[154] ebenso gilt.

268 Bei der Fertigung einer **Klageerwiderung** ist in diesem Zusammenhang noch zu beachten, dass auf Seiten des Unterhaltspflichtigen zudem eine

---

[150] Es wird unterstellt, dass eine Erhöhung tatsächlich gerechtfertigt ist.
[151] Es wird nun gegenteilig unterstellt, die von ihm begehrte Reduzierung sei tatsächlich materiell gerechtfertigt und nicht die von F erstrebte Erhöhung.
[152] BGH FamRZ 1998, 99, 101; BGH FamRZ 1990, 1095 zum Fall des (fortwirkenden) betrügerischen Verhaltens im Vorprozess; eingehender Zöller/Vollkommer § 323 Rn. 41 ff.; Thomas/Putzo § 323 Rn. 38 ff.
[153] BGH FamRZ 1987, 257 zum Fall, dass die ehelichen Lebensverhältnisse im Urteil nicht festgestellt sind.
[154] Keine Bindung nach OLG Bamberg FamRZ 1986, 702; a. A. OLG Karlsruhe NJW-RR 1994, 69; zum Streit, ob beim Versäumnisurteil auf eine Abänderung nur für das VU fingierten Umstände (§ 331 Abs. 1 S. 1 ZPO) oder die tatsächlichen Umstände abzustellen ist, vgl. Zöller/Vollkommer § 323 Rn. 31.

Durchbrechung des § 323 Abs. 2 ZPO zugelassen wird, soweit er sich in einem Abänderungsverfahren gegen eine Erhöhung des bereits titulierten Unterhaltes wendet.[155] Demzufolge darf er Umstände vortragen, die nicht erst nach dem Schluss der mündlichen Verhandlung des Ausgangsprozesses bestanden, aber im Urteil nicht berücksichtigt wurden, weil ein entsprechender Sachvortrag unterblieben war. Derartige Umstände werden aber nur soweit berücksichtigt, als er sich gegen die Erhöhung des alten Titels zur Wehr setzt. Eine Reduzierung der Tituierung kann er nicht erreichen.[156]

Abänderung eines Prozessvergleichs und sonstiger Titel aus § 323 Abs. 4 ZPO

Falls die Aufgabenstellung es erfordert, die Abänderung eines Prozessvergleiches zu bewirken, gilt es zu beachten, dass die Regelungen des **§ 323 Abs. 2, 3 ZPO nicht greifen,** da diese dem Schutz der Rechtskraft dienen. Da ein Vergleich aber nicht in Rechtskraft erwachsen kann, wäre eine Anwendung dieser Normen sinnwidrig, obwohl der Wortlaut des § 323 Abs. 4 ZPO deren Berücksichtigung nahe legt. 269

Dasselbe gilt für die weiteren in § 323 Abs. 4 ZPO benannten Titel entsprechend.

Die Abänderung eines Vergleiches folgt den Grundsätzen zum **Wegfall der Geschäftsgrundlage**[157] (nunmehr § 313 BGB – Störung der Geschäftsgrundlage). Die Zulässigkeit einer Abänderungsklage erfordert, dass der Kläger Tatsachen behauptet, die eine wesentliche Änderung der von den Parteien übereinstimmend zugrunde gelegten und für die damaligen Verhältnisse maßgebenden Umstände ergeben und daher nach Treu und Glauben eine Anpassung rechtfertigen.[158] Hierauf muss sich also der Sachvortrag des Klägers beziehen. Die Tatsachenbehauptungen sind ggf. unter Beweis zu stellen.

Dagegen kommt auch bei einer Abänderungsklage nach § 323 Abs. 4 ZPO (§ 794 Abs. 1 Nr. 1 ZPO) eine völlige Neufestsetzung des Unterhalts grds. nicht in Betracht.

Nur wenn die Vergleichsgrundlagen nicht feststellbar sind oder die Parteien sich im Vergleich darauf geeinigt haben, im Falle einer Abänderung oder nach einem gewissen Zeitablauf den Unterhalt neu zu bestimmen, ist eine derartige von den Grundlagen des Vergleichs völlig losgelöste Neuberechnung zulässig.[159]

Eine **rückwirkende Abänderung** ist über den in § 323 Abs. 3 ZPO benannten Zeitpunkt hinaus zulässig. Der früheste Zeitpunkt wird danach bestimmt, ab wann eine Störung der Geschäftsgrundlage (§ 313 BGB) angenommen werden kann. Dies kann dazu führen, dass etwa Unterhalt aufgrund eines bestehenden gerichtlichen Vergleiches bereits geleistet wurde, 270

---

[155] BGH NJW 1987, 1201; 2000, 3789; hierzu Niklas FamRZ 1987, 869.
[156] Die soeben dargestellte Ausnahme bei Unbilligkeit gilt hier selbstverständlich ebenso.
[157] BGH NJW 1986, 2054; 2001, 3618.
[158] BGH NJW 2001, 3168.
[159] BGH NJW 2001, 2259 zur fehlenden Feststellbarkeit der Grundlagen; BGH FamRZ 1992, 839 zur Einigung über die Neuberechnung.

dieser Vergleich später rückwirkend eine Abänderung erfährt und somit der Rechtsgrund für die Unterhaltszahlungen nachträglich entfällt, der Unterhaltsgläubiger folglich einer Rückforderungsklage nach § 812 BGB ausgesetzt ist. Hiergegen ist der Gläubiger nach Ansicht der Rechtsprechung durch § 818 Abs. 3 BGB hinreichend geschützt.[160]

271 **(6) Vollstreckungsgegenklage – § 767 ZPO.** Das Ziel des Mandanten, mit Hilfe der Vollstreckungsgegenklage die weitere Zwangsvollstreckung zu verhindern, kann bei **Urteilen** und **sämtlichen in § 794 Abs. 1 ZPO benannten Titeln** erreicht werden, also auch bei einstweiligen Anordnungen (vgl. § 794 Abs. 1 Nr. 3a ZPO).[161]

Da gemäß § 767 Abs. 2 ZPO lediglich solche Umstände berücksichtigt werden dürfen, die nach Schluss der mündlichen Verhandlung eingetreten sind, aufgrund derer das Urteil ergangen ist, muss sich die Sachdarstellung in einer Klageschrift auf eben diese Tatsachen beziehen.

Die Zwangsvollstreckungsgegenklage kann sich auch gegen Unterhaltsforderungen für die Vergangenheit richten. Eine dem § 323 Abs. 3 ZPO entsprechende Norm existiert bei § 767 ZPO gerade nicht.

272 **Beispiel:** Frau Friedrich betreibt im Juli 2002 aus einem Urteil über Unterhalt nach § 1570 BGB gegen den geschiedenen Ehegatten die Zwangsvollstreckung wegen rückständigen Unterhalts ab Januar 2002. Am 25. April 2002 erfährt der Ehemann, dass seine von ihm geschiedene frühere Ehefrau seit dem 1. Februar 2002 verheiratet ist.

Müsste der Ehegatte hier die Abänderungsklage erheben, könnte er wegen § 323 Abs. 3 ZPO eine Abänderung erst ab der Zustellung der Klage verlangen. Bei einer Vollstreckungsgegenklage ist auch eine rückwirkende Klageerhebung möglich und erfolgversprechend, soweit noch nicht vollstreckt ist.

Im vorliegenden Fall greift § 1586 Abs. 1 BGB. Die erneute Eheschließung stellt einen rechtsvernichtenden Einwand dar (punktuelles Ereignis). Somit ist die Vollstreckungsgegenklage statthaft. Der Ehegatte kann mit Aussicht auf Erfolg den Antrag stellen, die Zwangsvollstreckung seit Februar 2002 für unzulässig zu erklären.[162]

273 Wegen der Ähnlichkeit der mit beiden Klagen verfolgten Ziele und wegen bestehender Abgrenzungsschwierigkeiten im Einzelfall wird auch eine **Eventualverknüpfung** der Abänderungsklage mit der Vollstreckungsgegenklage zugelassen.[163] Dennoch wird in aller Regel im Rahmen der Bearbeitung einer Klausur diejenige Lösung die bessere sein, bei der auf dieses „Hilfsmittel" verzichtet werden kann, da die tatsächlich statthafte Klage eingereicht wird.

Es ist jedoch m.E. dem Examenskandidaten durchaus positiv anzurechnen, wenn er erkennt, dass gerade in den Fällen, in denen Streit in der Rechtsprechung darüber besteht (aber nur dann), ob im Einzelfall eine Vollstreckungsabwehrklage zu erheben oder eine Abänderungsklage statthaft ist, die hilfs-

---

[160] BGH NJW 1990, 3274; Thomas/Putzo § 323 Rn. 32.
[161] Häufig wird der Unterschied zur Statthaftigkeit der Abänderungsklage, mit deren Hilfe eine einstweilige Anordnung gerade nicht abgeändert werden kann, nicht exakt erkannt.
[162] Zur Antragstellung vgl. Rn. 276.
[163] BGH FamRZ 79, 573; Thomas/Putzo § 323 Rn. 2; § 767 Rn. 4.

§ 4 Besonderheiten familienrechtlicher Klausuren 81

weise vorgenommene Antragstellung eine mögliche Lösung des Problems in der Praxis bieten kann.

(7) Feststellungsklage. Bei einer (negativen) Feststellungsklage zum Unterhalt ist wie bei jeder Feststellungsklage das **rechtliche Interesse** (§ 256 Abs. 1 ZPO) an alsbaldiger Feststellung des Bestehens oder Nichtbestehens des angesprochenen Rechtsverhältnisses zu prüfen. Im unterhaltsrechtlichen Bereich ist es insbesondere dann zu bejahen, wenn sich der Beklagte eines Unterhaltsanspruches berühmt.[164]

Eine familienrechtliche Besonderheit ergibt sich aus der Möglichkeit, im Rahmen einer Ehesache eine einstweilige Anordnung nach § 620 Nr. 4, 6 ZPO zu erlangen, die einen vollstreckbaren Unterhaltstitel darstellt. Will sich der zur Leistung von Unterhalt Verpflichtete gegen einen solchen Titel zur Wehr setzen, kann er einen Antrag auf Abänderung der einstweiligen Anordnung nach § 620b Abs. 1 ZPO stellen.[165] Obwohl im Allgemeinen eine erleichterte Möglichkeit, sein Ziel zu erreichen, den Weg für eine (negative) Feststellungsklage versperrt, bleibt dem unterlegenen Anordnungsgegner hier jedoch die freie Wahl, wie er gegen die einstweilige Anordnung vorgeht. Das Feststellungsinteresse wird bejaht, indem die Grundgedanken der §§ 936, 926 ZPO, dass vorläufige Regelungen in einem Hauptsacheverfahren überprüft werden können, auch auf das Anordnungsverfahren nach §§ 620 ff. ZPO übertragen werden.[166]

(8) Abgrenzung der Klagearten bei unterhaltsrechtlichen Streitigkeiten. Die Abgrenzung der Abänderungsklage nach § 323 ZPO von der Vollstreckungsabwehrklage nach § 767 ZPO ist vom **Rechtsschutzziel** her bestimmt. Dasselbe gilt zum Verhältnis zur Leistungs- und zur negativen Feststellungsklage.

Die **Abänderungsklage**[167] ist zu erheben, wenn der Kläger das Ziel verfolgt, die Rechtskraft eines bestehenden Unterhaltstitels aus § 323 Abs. 1, 4 ZPO zu durchbrechen, wenn also der Titel in seinem Bestand angegriffen wird. Der Tenor des Titels soll eine Änderung erfahren. Wird eine Abänderungsklage erhoben, müssen sich die stets wandelbaren, bei Erlass des Urteils zugrunde gelegten Verhältnisse geändert haben. Die vom Richter getroffene Prognoseentscheidung hat sich im nachhinein als unrichtig erwiesen.

Zur Antragstellung vgl. Rn. 363.

Eine **Vollstreckungsabwehrklage** dagegen ist anhängig zu machen, wenn es dem Kläger nicht um einen Eingriff in den Bestand des Urteils als solchem geht, sondern er (nur) das Ziel verfolgt, dass die Vollstreckung aus dem Urteil nicht mehr betrieben werden darf. Der Schuldner trägt hier nicht einen Sachverhalt vor, der sich auf die stets wandelbaren Verhältnisse und die Prognoseentscheidung des Richters bezieht, sondern auf punktuelle Ereignisse, die eben die Vollstreckbarkeit des Titels berühren wie z. B. die Erfüllung des Unterhaltsanspruchs.

274

275

276

---

[164] Zöller/Greger § 256 Rn. 7.
[165] Ausgeschlossen ist dieser Abänderungsantrag ab Eintritt der Rechtskraft im Scheidungsurteil; Thomas/Putzo § 620b Rn. 4.
[166] Zöller/Philippi § 620 Rn. 13.
[167] Zur Abänderungsklage vgl. Rn. 263.

Die korrekte **Antragstellung** einer Klage nach § 767 ZPO lautet:

„Die Zwangsvollstreckung aus dem Urteil des Amtsgerichts – Familiengericht – Würzburg, vom 13. Mai 1998, Az. 12 F 356/98[168], wird (in Ziffer II[169]) für die Zeit ab Januar 2002[170] für unzulässig erklärt."

277 Die **Leistungsklage** ist zu erheben, wenn der Kläger erstmals einen Titel erstrebt, kraft dessen er Unterhaltsansprüche im Wege der Zwangsvollstreckung realisieren kann.

Im Ausnahmefall kann mit Hilfe der Leistungsklage trotz bestehenden Titels über Unterhalt ein weiterer Unterhaltsbetrag gefordert werden, wenn nämlich deutlich geworden ist, dass der bereits existente Titel nur einen Teilbetrag des materiell zustehenden Unterhaltes betrifft, also die Leistung in offener Teilklage gefordert wurde.[171]

278 Eine **negative Feststellungsklage** führt dann zum Erfolg, wenn der Kläger sich gegen einen Unterhaltsschuldner zur Wehr setzen möchte, der sich eines Unterhaltsanspruches berühmt. Auch wenn eine einstweilige Anordnung nach § 620 Nr. 4, 6 ZPO existiert, ist die negative Feststellungsklage[172] die zutreffende Klageart, die bewirkt, dass die einstweilige Anordnung nach § 620 f ZPO außer Kraft tritt, sobald rechtskräftig festgestellt ist, dass der Kläger keinen Unterhalt schuldet.[173] Hier eine Abänderungsklage zu erheben, wäre ein fataler Fehler; § 323 Abs. 4 ZPO lässt nun mal eine Abänderungsklage gegen eine einstweilige Anordnung nicht zu.

279 **(9) Klagearten zum Zugewinnausgleich.** Streitigkeiten zum Zugewinn bewirken bei den maßgeblichen Klagearten keine spezifisch familienrechtliche Besonderheiten. Der (vermeintlich) Ausgleichsverpflichtete hat die Möglichkeit, eine negative Feststellungsklage zu erheben, wenn sich der andere Ehegatte ernsthaft eines Ausgleichsanspruchs berühmt. Dem Ausgleichsberechtigten steht die Leistungsklage zur Verfügung, wenn der Verpflichtete den Zugewinn nicht freiwillig ausgleicht.

Zur Stufenklage vgl. Rn. 261.

280 **(10) Rechtsmittel.** In allen ZPO-Angelegenheiten ist die **Berufung** nach §§ 511 ff. ZPO das statthafte Rechtsmittel gegen erstinstanzliche Urteile in isolierten Familiensachen.

Dies gilt auch, wenn eine Verbundentscheidung getroffen wurde und der Scheidungsausspruch oder eine sonstige Teilentscheidung, die nach ZPO-Regeln zu treffen ist, angefochten werden soll.

---

[168] Der Titel ist genau zu bezeichnen.
[169] Eine derart exakte Bezeichnung ist erforderlich, wenn etwa in Ziffer I. Kindesunterhalt tituliert wurde, der von der Eheschließung einer Partei (Vater oder Mutter) nicht beeinflusst und somit auch nicht angegriffen wird.
[170] Etwa weil Ende Dezember 2001 eine Eheschließung vorgenommen wurde: § 1586 BGB.
[171] Vgl. Rn. 260.
[172] Ebenso wäre es möglich, einen Antrag nach § 620 b ZPO auf Abänderung oder erneute Entscheidung nach mündlicher Verhandlung zu stellen, solange die Scheidung noch nicht rechtskräftig erledigt ist. Vgl. Rn. 274.
[173] Vgl. BGH NJW 2000, 740.

§ 4 Besonderheiten familienrechtlicher Klausuren 83

Will ein Ehegatte sich gegen eine FGG-Regelung wenden und gleichzeitig[174] eine ZPO-Entscheidung angreifen, muss er ebenfalls insgesamt einheitlich Berufung einlegen (Umkehrschluss aus § 629a Abs. 2 S. 1 ZPO und Rechtsgedanke des § 629a Abs. 2 S. 2 ZPO).

Besonderheiten im Rechtsmittelbereich ergeben sich insbesondere durch eine andere Zuständigkeit im Instanzenzug. Während im allgemeinen Zivilrecht eine Berufung gegen ein amtsgerichtliches Urteil am Landgericht einzulegen ist (§ 72 GVG), werden Berufungen gegen familiengerichtliche Urteile durch die Oberlandesgerichte entschieden (§ 119 Abs. 1 Nr. 1a GVG). Somit ist eine Berufungsschrift stets an das zuständige Oberlandesgericht zu adressieren.

(11) Einstweiliger Rechtsschutz. Gerade in der familienrechtlichen Praxis spielt der einstweilige Rechtsschutz eine große Rolle. Es liegt auf der Hand, dass die Regelungsmaterien Unterhalt, aber auch elterliche Sorge und Umgangsrecht als FGG-Angelegenheiten einer zügigen vorläufigen Lösung bedürfen. 281

Deshalb hat sich der Gesetzgeber zu einer doch sehr umfassenden speziellen Regelung des einstweiligen Rechtsschutzes entschlossen. In diesem Bereich herrschen zahlreiche Sonderregelungen.

Insbesondere unterhaltsrechtliche Regelungen und auch solche zur Leistung eines Prozesskostenvorschusses können im Rahmen sogenannter **einstweiliger Anordnungen** getroffen werden nach §§ 620 Nr. 4, 6, 10, 644, 127a, 641d ZPO. Auch enthält § 1615o BGB eine Sonderregelung zum Erlass einer einstweiligen Verfügung.

Angesichts dieser gesetzlichen Normierungen bleibt im unterhaltsrechtlichen Bereich kaum noch ein Anwendungsbereich[175] für die gesetzlich nicht normierte, in der Rechtsprechung aber anerkannte Leistungsverfügung.[176]

Die Besonderheiten der einstweiligen Anordnungen zur **Leistung von Unterhalt** (§§ 620 Nr. 4, 6, 644 ZPO) bestehen darin, dass mit ihrer Hilfe im Rahmen einstweiligen Rechtsschutzes Unterhalt nicht nur in Höhe des Notbedarfes, sondern in Höhe des vollen Bedarfes geltend gemacht werden kann. Ebenso kommt eine generelle zeitliche Beschränkung wie bei der Leistungsverfügung (in der Regel für 6 Monate) nicht in Betracht. 282

Voraussetzung für den Erlass einer einstweiligen Anordnung nach § 620 ZPO ist die Anhängigkeit einer Ehesache (oder eines Pkh-Antrages; vgl. § 620a Abs. 2 S. 1 ZPO), während für eine einstweilige Anordnung nach § 644 ZPO ein inhaltlich deckungsgleiches[177] Hauptsacheverfahren anhängig sein muss (oder ein entsprechender Pkh-Antrag). Letzteres ist bei einer einstweiligen Anordnung nach § 620 ZPO nicht der Fall. Somit kann mit

---

[174] Anders ist die Rechtslage, wenn ausschließlich eine FGG-Entscheidung angefochten werden soll – vgl. Rn. 292.
[175] Zum Nachrang der Leistungsverfügung vgl. Thomas/Putzo § 940 Rn. 9 mit zahlreichen Nachweisen auf die Rechtsprechung.
[176] Thomas/Putzo § 940 Rn. 6ff.
[177] Dies bedeutet, mir der einstweiligen Anordnung kann nur derselbe Unterhalt (zeitlich, der Höhe nach, streitgegenständlich) geltend gemacht werden wie mit der Hauptsacheklage.

Hilfe einer einstweilige Anordnung nach § 620 Nr. 4 ZPO auch Trennungsunterhalt nach § 1361 BGB tituliert werden, während dieser Regelungsbereich als Folgesache generell ausscheidet.

Die **Zuständigkeit** des Gerichts leitet sich aus der Anhängigkeit der Hauptsache ab. Ist somit eine Ehesache bereits anhängig, muss bei dem entsprechenden Amtsgericht der Antrag nach § 620 ZPO gestellt werden. Dasselbe gilt für einen Antrag nach § 644 ZPO.

283 Bei der **Fertigung einer Antragsschrift** zum Erlass einer einstweiligen Anordnung kann sich der Klausurbearbeiter relativ problemlos an die Voraussetzungen der Klageschrift anlehnen. Er fertigt eben eine Antragsschrift anstelle einer Klageschrift. Jedoch ist zu beachten, dass die Beteiligten mit Antragsteller und Antragsgegner bezeichnet werden. Außerdem sind die Mittel der Beweisführung erweitert; es kann die eidesstattliche Versicherung angeboten werden. Dies beruht darauf, dass eine Glaubhaftmachung der Voraussetzungen für den Erlass der einstweiligen Anordnung genügt (§§ 620a Abs. 2 S. 3, 644 S. 2 ZPO). Deshalb ist es auch statthaft, anstelle eines Beweisangebotes ein solches zur Glaubhaftmachung abzugeben.[178]

Beispiel:
Ausformulierter Tatsachenvortrag zu Bedarf, Bedürftigkeit und Leistungsfähigkeit
Glaubhaftmachung[179]: anliegende eidesstattliche Versicherung des Antragstellers

284 Nicht übersehen werden darf jedoch, dass weitere Ausführungen als in einer Klageschrift insoweit erforderlich sind, als eine einstweilige Anordnung nur erlassen wird, wenn ein **Regelungsbedürfnis** besteht, also ein Abwarten bis zur endgültigen Entscheidung (in einem Hauptsacheverfahren) nicht zugemutet werden kann.[180] Dies kann bei laufenden Unterhaltsleistungen regelmäßig damit begründet werden, dass mit deren Hilfe der aktuelle Bedarf befriedigt werden soll und sonstige hinreichende Mittel eben nicht zur Verfügung stehen.

285 Fordert die Aufgabenstellung vom Klausurbearbeiter, dass dieser die Klageschrift fertigt und gleichzeitig einen Antrag auf Erlass einer einstweiligen Anordnung einreicht, wird es m. E. als zulässig angesehen werden müssen, wenn der Antrag zur einstweiligen Anordnung innerhalb der Klageschrift gestellt wird – sich an die Klageanträge anschließt[181] – und der erforderliche Sach- und Rechtsvortrag zur einstweiligen Anordnung in die Klageschrift einbaut wird, um eine ansonsten weitgehend doppelt vorzunehmende Schilderung zu vermeiden, obwohl in der Praxis häufig aus Gründen der Übersichtlichkeit auch bei gleichzeitiger Klageerhebung zur Hauptsache und Antragstellung im Anordnungsverfahren gesonderte Schriftsätze eingereicht werden. Begnügt man sich mit einfacher Sachdarstellung (ausschließlich in der Klageschrift), darf jedoch keinesfalls vergessen werden, zur einstweiligen

---

[178] Crückeberg, § 9 Rn. 62.
[179] Es wird eben nicht echter **Beweis** angeboten.
[180] Thomas/Putzo § 620 Rn. 9.
[181] So beispielsweise auch bei Böhme/Fleck/Bayerlein, Nr. 10, Anträge unter VII. und VIII.

Anordnung noch Ausführungen zum Regelungsbedürfnis zu machen und die Mittel der Glaubhaftmachung anzugeben.

Eher anzuraten wird es jedoch nach meiner Einschätzung sein, zunächst die Klageschrift mit den entsprechenden Beweisangeboten zu fertigen, sodann die Antragsschrift zu einstweiligen Anordnung auszuformulieren und hierbei möglichst weitgehend auf die Darstellungen in der Klageschrift zu verweisen, die Mittel der Glaubhaftmachung aber gesondert anzugeben.

Beispiel:
Im Auftrag der Antragstellerin nehme ich Bezug auf die gleichzeitig eingereichte Unterhaltsklage und stelle den Antrag
1. Der Antragsgegner wird im Wege der einstweiligen Anordnung vorab verpflichtet[182], an die Antragstellerin ab Anhängigkeit des Antrags folgenden monatlichen, im Voraus fälligen Unterhalt zu zahlen:
   a) Ehegattentrennungsunterhalt in Höhe von ......
   b) für das Kind Thomas in Höhe von ......
   c) für das Kind Frank in Höhe von ......
2. Die Kostenentscheidung folgt der Hauptsache.[183]

Begründung:
Tatsachenausführungen zu den materiellen Voraussetzungen des Unterhaltsanspruchs – ggf. weitgehende Bezugnahme auf die Klageschrift
Glaubhaftmachung:
eidesstattliche Versicherung der Antragstellerin
eidesstattliche Versicherung weiterer Personen
Zusätzliche Ausführungen zum Regelungsbedürfnis
Glaubhaftmachung:
eidesstattliche Versicherung der Antragstellerin[184]

Gegen einstweilige Anordnungen zum Unterhaltsrecht sind **Rechtsmittel** nicht statthaft (§§ 620c S. 2, 644 S. 2 ZPO). Eine Ausnahme könnte nur für den gesetzlich nicht geregelten Fall „greifbarer Gesetzeswidrigkeit"[185] bestehen. Somit ist kaum zu erwarten, dass von einem Examenskandidaten die Fertigung einer sofortigen Beschwerdeschrift verlangt wird. Denkbar ist jedoch, dass ein Abänderungsantrag nach § 620b Abs. 1 ZPO gestellt und begründet werden soll.

Die Regelung des § 620f ZPO wird erfahrungsgemäß als „Aufhänger" in Examensklausuren zum Unterhaltsrecht verwendet. Danach tritt eine einstweilige Anordnung unter anderem dann außer Kraft, wenn eine anderweiti-

286

287

---

[182] Um zu verdeutlichen, dass die einstweilige Anordnung eben kein Urteil ist wird vielfach vorgeschlagen zu formulieren: „Der Antragsgegner wird verpflichtet, ..." oder auch: „Dem Antragsgegner wird aufgegeben ......" – vgl. Börger/Bosch/Heuschmid, Familienrecht, § 4 Rn. 102.
[183] § 620g ZPO.
[184] Diese eidesstattliche Versicherung bezieht sich inhaltlich auf die Voraussetzungen zum Regelungsbedürfnis.
[185] Thomas/Putzo 620c Rn. 9; vgl. aber auch BGH NJW 2002, 1577: § 321a ZPO könnte außerordentlichen Rechtsbehelf generell ausschließen.

ge Regelung wirksam wird. In diesem Zusammenhang kann es Aufgabe des Prüflings sein zu erkennen, dass ein Hauptsacheurteil als derartige anderweitige Regelung in Betracht kommt und somit eine entsprechende Hauptsacheklage (z. B. negative Feststellungsklage[186]) eingereicht werden soll.

2. FGG-Angelegenheiten

a) Antragsschrift

In FGG-Angelegenheiten werden keine Klagen eingereicht, sondern Antragsschriften gefertigt. Auch wenn die Bearbeiter von Examensklausuren mit einer derartigen Aufgabenstellung nicht gerade häufig rechnen müssen, so ist es doch denkbar, dass vereinzelt das Anliegen eines Mandanten geprüft werden muss, das sich auf die Einräumung elterlicher Sorge für ein gemeinsames Kind, auf Durchsetzung des Umgangsrechts mit einem gemeinsamen Kind oder auch auf Zuweisung von Hausrat bzw. der Ehewohnung richtet. Neuerdings kommen auch Maßnahmen nach dem Gewaltschutzgesetz in Betracht, deren Anordnung ebenfalls zum Aufgabenbereich des Familienrichters gehört.[187]

b) FGG-Angelegenheiten im Verbund und als isolierte Familiensache

288 Besondere Bedeutung kann der Frage zukommen, ob die Antragstellung im **Verbund** vorzunehmen oder eine **isolierte Familiensache** anhängig zu machen ist. Anders als bei den ZPO-Angelegenheiten Unterhalt und Zugewinnausgleich ist hier nicht ausschließlich danach zu differenzieren, ob ein Antrag für den Fall der Scheidung gestellt wird oder eben nicht.

Es ist vielmehr folgende Unterscheidung zu treffen: Soweit ein Antrag zu elterlicher Sorge, Umgangsrecht oder Herausgabe des Kindes gestellt wird, ist diese Angelegenheit kraft Gesetzes stets als Folgesache zu behandeln, wenn nur ein entsprechender Antrag rechtzeitig, das heißt nach[188] Anhängigkeit der Ehesache und vor Schluss der mündlichen Verhandlung erster Instanz eingereicht wird (§ 623 Abs. 2 S. 1, Abs. 4 S. 1 ZPO). Es ist hier eine Antragstellung für den Fall der Scheidung gerade nicht erforderlich, wie der unterschiedliche Wortlaut in § 623 Abs. 1 und Abs. 2 ZPO zeigt. Gegebenenfalls soll der Klausurbearbeiter erkennen, dass jedoch § 623 Abs. 2 S. 2 ZPO eine Abtrennung derartiger Folgesachen aus dem Verbund ermöglicht, um eine Entscheidung bereits während der Trennungszeit in einem isolierten Verfahren zu ermöglichen.

Eine andere Möglichkeit, unverzüglich eine Entscheidung etwa zur elterlichen Sorge zu erlangen, ergibt sich aus § 620 ZPO. Danach ist ab Anhängigkeit einer Ehesache oder eines hierauf gerichteten PKH-Antrages der Erlass einstweiliger Anordnungen statthaft (§ 620a Abs. 2 S. 1 ZPO).[189]

---

[186] Vgl. Rn. 278.

[187] Hierzu ist jedoch weitere Voraussetzung, dass die Beteiligten bei Antragstellung einen auf Dauer angelegten gemeinsamen Haushalt führen oder innerhalb von sechs Monaten vor Antragstellung geführt haben – vgl. § 23b Abs. 1 S. 2 Nr. 8a GVG.

[188] Die Folgesache kann auch gleichzeitig mit dem Scheidungsantrag eingereicht werden.

[189] Vgl. Rn. 282.

§ 4 Besonderheiten familienrechtlicher Klausuren 87

Im Rahmen der Regelungsmaterien Hausrat und Ehewohnung ist die 289
Qualifizierung des Verfahrens als Folgesache dagegen wiederum davon abhängig, ob der Antrag für den Fall der Scheidung gestellt wird (§ 623 Abs. 1 S. 1 ZPO). Lässt sich somit dem Sachvortrag des Mandanten entnehmen, dass umgehend und unabhängig von einer Scheidung die Zuweisung von Hausrat benötigt wird, wäre die Antragstellung in einem isolierten Verfahren vorzunehmen.

Maßnahmen nach dem Gewaltschutzgesetz sind ausschließlich als selbstständige Familiensachen außerhalb des Verbundes anhängig zu machen, da weder die Regelung des § 623 Abs. 1 ZPO noch des Abs. 2 auf § 621 Abs. 1 Nr. 13 ZPO Bezug nimmt.

c) Aufbau der Antragsschrift

Obwohl im Bereich der FGG-Angelegenheiten der **Amtsermitt-** 290
lungsgrundsatz (§ 12 FGG) greift[190] und somit eine Darlegungspflicht der Beteiligten gerade nicht besteht, sollte die Antragsschrift die tatsächlichen Ausführungen enthalten, mit deren Hilfe sich die vom Mandanten erstrebte Rechtsfolge erreichen lässt. Bei einer Sorgerechtsangelegenheit sind demzufolge die persönlichen Daten des Kindes (Name, Geburtsdatum, Wohn-/Aufenthaltsort) zu schildern und die den Antrag nach § 1671 Abs. 1 BGB rechtfertigenden Umstände. Beweisangebote sind – wegen des Amtsermittlungsprinzips – zwar nicht erforderlich, aber auch nicht überflüssig. Ebenso erhöht es die Qualität der Antragsschrift, wenn sich zumindest kurze rechtliche Ausführungen zum Antragsziel anschließen.

Dies gilt umso mehr bei Anträgen zu Ehewohnung und Hausrat, da das Gericht nach der Rechtsprechung in diesen Bereichen grds. davon ausgehen darf, dass die Beteiligten die für sie selbst vorteilhaften Umstände von sich aus vortragen.[191]

Die Antragstellung selbst sollte hinreichend konkret vorgenommen werden, obwohl das Gericht an Anträge in FGG-Angelegenheiten nicht bzw. nicht in gleicher Weise[192] wie in ZPO-Streitigkeiten gebunden ist.

Beispiel zur Antragstellung im Verbund: 291
Im Termin zur mündlichen Verhandlung werde ich folgende Anträge stellen:
I. Die am ...... geschlossene Ehe der Parteien wird geschieden.
II. Die elterliche Sorge für den gemeinsamen Sohn Sebastian, geb. am 10. 2. 1998, wird auf die Antragstellerin übertragen.
III. ...... Unterhalt ......
IV. Die eheliche Wohnung in 97070 Würzburg, Domstraße 11, 3. Stock, wird der Antragstellerin zugewiesen. Der Mietvertrag vom 10. 11. 1998 mit dem

---

[190] Bei den so genannten „streitigen FGG-Angelegenheiten" Ehewohnung und Hausrat wird § 12 FGG nur eingeschränkt angewandt – vgl. Zöller/Philippi § 621a Rn. 17.
[191] BGH FamRZ 1994, 236.
[192] Beispielsweise besteht eine Bindung bei § 1671 BGB insoweit, dass aufgrund eines Antrags des Vaters die elterliche Sorge nicht auf die Mutter übertragen werden darf, es sei denn diese hat ihrerseits einen Antrag gestellt.

88   A. Zivilrecht

Vermieter Karl-Heinz Kunze wird abgeändert; das Mietverhältnis über diese Wohnung wird mit der Antragstellerin alleine fortgesetzt.
V. ...... Zugewinn ......
VI. Die Kosten werden gegeneinander aufgehoben.

Begründung:
Zu Antrag I.[193]
Zu Antrag II.
Sachdarstellung zu § 1671 BGB
- Persönliche Verhältnisse wie Name, Alter des Kindes, Wohn- Betreuungssituation
- Zustimmung des Antragsgegners
- bei fehlender Zustimmung Darstellung der Voraussetzungen des § 1671 Abs. 2 Nr. 2
Rechtliche Ausführungen zu:
- Aufhebung der elterlichen Sorge ist am Besten:
  Kooperationsfähigkeit und Kooperationswilligkeit der Eltern
- Übertragung der elterlichen Sorge auf den Antragsteller ist am besten:
  • Kontinuitätsprinzip
  • Förderungsprinzip
  • Wille des Kindes
  • Bindung des Kindes an Eltern und Geschwister
Zu Antrag III.
Zu Antrag IV.
Sachdarstellung zu §§ 2, 5 HausrVO
- Lage der Ehewohnung; Daten des Mietvertrages
- Voraussetzungen der Billigkeitsentscheidung
  Bedürfnisse gemeinsamer Kinder
  Möglichkeit der Beschaffung einer anderen Wohnung
  Nähe zum Arbeitsplatz
  Besonderheiten der Wohnverhältnisse[194]
(Kurze) rechtliche Ausführungen
Zu Antrag V.

Sollte es erforderlich sein, eine Antragsschrift in FGG-Angelegenheiten **außerhalb des Verbundes** einzureichen, wäre diese wie soeben dargestellt aufzubauen. Als formale Besonderheit wäre zu beachten, dass die am Verfahren teilnehmenden Personen als **Beteiligte** bezeichnet werden.

d) Rechtsmittel

292   In FGG-Angelegenheiten ist die (befristete) **Beschwerde** nach § 621e Abs. 1 ZPO das statthafte Rechtsmittel, wenn eine **isolierte Familiensache** erstinstanzlich (per Beschluss) entschieden wurde.
Liegt dagegen eine **Verbundentscheidung** vor, ist § 629a Abs. 2 ZPO zu beachten. Danach ist eine Beschwerde nur dann das korrekt gewählte

---

[193] S. o. Rn. 252.
[194] Beispiel: behindertengerechte Wohnverhältnisse bei gehbehinderter Person.

Rechtsmittel, wenn ausschließlich nach FGG-Regeln zu treffende Entscheidungen angegriffen werden. Ansonsten – wenn also die Scheidung oder eine ZPO-Folgesache ebenfalls nicht Bestand haben sollen – greift stets einheitlich die Berufung.

e) **Einstweiliger Rechtsschutz**

Mittlerweile sind auch in FGG-Angelegenheiten Maßnahmen des einstweiligen Rechtsschutzes in weitem Umfang gesetzlich geregelt – so in §§ 620 Nr. 1–3, 7, 13, 621 g ZPO, 64 b Abs. 3 FGG. **293**

Voraussetzung für den Erlass derartiger einstweiliger Anordnung ist ebenfalls die Anhängigkeit einer Ehesache oder eines Pkh-Antrages (vgl. § 620 a Abs. 2 S. 1 ZPO) bzw. einer deckungsgleichen Hauptsache (vgl. §§ 621 g S. 1 ZPO, 64 b Abs. 3 S. 1 FGG).

Die Fertigung einer Antragsschrift orientiert sich auch hier an der Formulierung eines Hauptsacheantrages. Obwohl in FGG-Angelegenheiten grds. der Amtsermittlungsgrundsatz des § 12 FGG gilt[195], ist es sicherlich angebracht, den Antrag auf Erlass einer einstweiligen Anordnung mit Tatsachenangaben zu begründen und auch durch Mittel der Glaubhaftmachung zu belegen.

---

[195] Vgl. aber auch Rn. 290.

§ 5 Vertragsgestaltung

I. Einstieg

1. Vertragsgestaltung

294 Die Kautelarjurisprudenz ist ein Zweig der Rechtswissenschaft, der sich mit der Ausarbeitung geschickter Vertragsbestimmungen befasst. Es geht um die Gestaltung von Lebensverhältnissen für die Zukunft mit den Mitteln und in den Grenzen des Rechts. Das gefundene Regelwerk soll (möglichst) alle Wünsche des Mandanten erfassen, in seinem Sinne – auch in der Zukunft – lösen und dies „gerichtsfest". Dabei setzt der Vertragsjurist nicht nur die von der Mandantschaft formulierten Ziele um. Darüber hinaus wird er den späteren Stör- oder Streitfall voraussehen und mitregeln. Insgesamt ist ein anspruchsvolles Gebiet der Rechtsanwendung betroffen. Gute Vertragsjuristen können meist auf eine lange Erfahrung zurück- und in exzellente Handbücher oder Computerdateien hineinblicken. Hingegen ist ein Prüfungskandidat ein junger Jurist, dem das Gesetz, eine kleine Formularsammlung und in einigen Bundesländer ein Kommentar zum BGB und zum HGB zur Verfügung stehen.

2. Vorbereitung auf die Vertragsgestaltung

295 Zur Examensvorbereitung gehört es, die häufig abgeprüften Vertragstypen in einem Vertragsmusterhandbuch zu studieren.[196] Klassische Prüfungsthemen sind Kreditsicherheiten (Sicherungsübereignung, – zession, Eigentumsvorbehalt, Bürgschaft, Bedeutung der Zweckbestimmung), Allgemeine Geschäftsbedingungen, Grundstückskauf, Mietvertrag, Ehevertrag, Scheidungsvereinbarung, Gesellschaftsvertrag (Gesellschaft bürgerlichen Rechts, offene Handelsgesellschaft, Kommanditgesellschaft), Testament, gemeinschaftliches Testament, Erbvertrag. Im Kern geht es um die Rechtsgeschäftslehre (Willenserklärungen, Verträge) und vertiefende Einzelheiten zu den betroffenen Rechtsinstituten. Das Anforderungsprofil an den Bearbeiter ist hoch.

3. Aufgabenstellung, Bearbeitervermerk und Einstiegssituation

296 Die **Aufgabenstellung** ist leicht zu erkennen. Denn immer wird ein Mandant – alleine oder in Begleitung – bei einem Notar/Rechtsanwalt vor-

---

[196] Danach sollte zu jedem Gebiet Klarheit zu den typischen Regelungspunkten bestehen. Im Erbrecht ergäben sich beispielsweise folgende Schwerpunkte:
(1) Wie werden Einzelgegenstände „vermacht"?
(2) Bindungswirkung durch wechselbezügliche bzw. vertragsmäßige Verfügungen.
(3) Abänderungsbefugnis für bindende Verfügungen?
(4) Wiederverheiratungsklauseln.
(5) Minimierung von Pflichtteilsansprüchen.

sprechen und verschiedene Anliegen vortragen, die heute geregelt werden und für die Zukunft wirken sollen: Etwa Eheleute, die ihr Vermögen für die Zeit nach ihrem Ableben ordnen wollen; ein Geschäftsmann, der AGB in Auftrag gibt; Geschäftspartner, die eine Gesellschaft gründen wollen; Vermieter, die einen Mietvertrag abschließen wollen usw.

Der **Bearbeitervermerk** bestimmt die Art und Weise der Lösung. Verhältnismäßig selten ist die „vollkommene" Vertragsgestaltung. Bei diesem Aufgabentyp werden die notwendigen Tatsachen und Mandantenziele geschildert; im Anschluss daran fordert der Bearbeitervermerk einen Vertragsentwurf – meist mit vorgeschaltetem Gutachten und/oder einem Begleitschreiben. **297**

Im Examen weit häufiger sind Aufgaben, die keinen Vertragsentwurf verlangen. In diesen Aufgaben schildert der Mandant den Tatsachenstoff, übergibt einige Urkunden zur Kenntnis und bringt seine Wünsche zum Ausdruck. Der Bearbeitervermerk fordert dann ein Gutachten, das die rechtlichen Lösungsmöglichkeiten aufzuzeigen und zu einem Ergebnis zu führen hat. Zwischen diesen beiden Grundarten (Vertragstext – Gutachten) gibt es noch verschiedene Mischformen: Die für den Bearbeiter klarste Aufgabenstellung besteht in konkret formulierte Fragen, die dann zu bearbeiten sind. Eine Abwandlung dieses Aufgabentyps besteht darin, dass die Mandantschaft einen Vertragstext mitbringt und Fragen stellt, die sich auf einzelne Regelungspunkte (z.B. Paragraphen) beziehen. Bei dem mitgebrachten Vertragsentwurf kann es sich um einen Entwurf des anderen Vertragspartners handeln, der u.U. einseitig den Mandanten benachteiligt[197]. In diesen Fällen ist meist ein erläuterndes Gutachten zu fertigen, zusätzlich kann ein Schreiben an die Mandantschaft zu verfassen sein. Immer geht es darum zu erklären, in welchem Unfang der vorgelegte Vertragsentwurf zu ändern sein wird, welche Ziele nicht umgesetzt werden können und welchen Ersatz es dafür gibt. Ferner müssen bisher nicht angesprochene Ziele erkannt und zugleich mit einem Lösungsvorschlag versehen werden. – Schließlich kann ein Vertragsentwurf gefordert werden und zur Erleichterung dieser Aufgabe ein Mustervertrag aus einem Vertragshandbuch beigefügt sein. Daneben können BGH-Entscheidungen abgedruckt sein (sie dienen der Simulation einer möglichst wirklichkeitsnahen Bearbeitungsweise; dem Vertragsjuristen stehen diese Entscheidungen nämlich auch zur Verfügung). – Eine Besonderheit kann darin bestehen, dass die Mandantschaft bereits früher abgeschlossene Verträge oder Verfügungen von Todes wegen vorlegt. Dann besteht die zusätzliche Leistung des Bearbeiters darin, die Wirksamkeit solcher Rechtsgeschäfte zu bestimmen und zu klären, ob sie auf das neue Regelungswerk von Einfluss sein werden. **298**

Zu Beginn der Lösung geht es mithin darum, den Tatsachenstoff zu erfassen und herauszufinden, ob ein Gutachten, ein Mandantenschreiben, ein Vertragstext, die Änderung eines Vertragstextes oder eine Kombination aus mehreren Anforderungen gefordert ist. Die **Einstiegssituation** stellt sich zusammengefasst wie folgt dar: **299**

---

[197] Das Erkennen dieser Nachteile ist eine Prüfungsleistung.

300

Tatsachenmaterial	muss immer vorgegeben sein
Wünsche der Mandantschaft	vorgegeben bzw. erschließbar
Vertragsentwurf der Mandantschaft	kann beigefügt sein
Vertragsentwurf des Vertragspartners	kann beigefügt sein
Mustervertrag	kann beigefügt sein
Urkunden aus der Vergangenheit	können beigefügt sein
Gerichtsentscheidungen aus Zeitschriften	können beigefügt sein
Bearbeitervermerk	Gutachten
	Fragen beantworten
	Überprüfung eines Entwurfs
	Vertragsentwurf
	Schreiben an Mandantschaft

301 Beim Erfassen des Tatsachenmaterials ist besonders auf Angaben zu den genannten Personen zu achten. Angaben zum Geburtsdatum, zum Sterbedatum, zum Verwandtschafts- oder Schwägerschaftsverhältnis, zur Beschreibung einer juristischen Person und deren Organe werden im späteren Lösungsweg einzuordnen sein. Gleiches gilt für Angaben zu den wirtschaftlichen Verhältnissen, zum Vermögen sowie für mitgeteilte Urkunden.

II. Lösungsschritte

1. Übergang von der Einstiegssituation zur Lösung

302 Nach dem Erfassen des Aufgabentextes und des Bearbeitervermerks muss die Lösung gefunden werden. Dieser – wichtigste – Arbeitsschritt bringt die Antwort auf die Frage, ob die Wünsche der Mandantschaft rechtlich umsetzbar sein werden. Hier kommt es auf die Rechtskenntnisse zum materiellen Recht an. Auf dieser – für jeden Bearbeiter anderen – Basis ist im Einklang mit dem Bearbeitervermerk das Ergebnis zu finden[198].

303 Den *Klausurkern* bildet die materiell-rechtliche Lösung. Dabei helfen drei Grundfragen: Was will der Mandant erreichen? Welche Regelungen kommen in Betracht? Vor- und Nachteile der verschiedenen Gestaltungsmöglichkeiten? Die Fragen 2 und 3 führen häufig zu folgenden Anforderungen: Können Rechtsinstitute unter Berücksichtigung ihrer Vor- und Nachteile für die Mandantschaft erfasst und abgegrenzt werden? Besteht die Fähigkeit, typische, atypische und gemischte Verträge zu handhaben? Beachtung des Trennungsprinzips (Verpflichtung/Verfügung)! Welche Bedeutung haben zwingendes und dispositives Recht im Rahmen der Vertragsgestaltung? Wo liegen die Grenzen für die Vertragsfreiheit? Welche Bedeutung haben essentialia negotii und accidentali negotii für die Vertragsgestaltung? Beherrschung der Rechtsgeschäftslehre?

304 Während in der Beratungswirklichkeit oft mehrfach Gespräche mit dem Mandanten zu führen sind (Ziele abklären, Tatsachen ermitteln, Fehlvorstellungen beim Mandanten ausräumen, Erläuterung der Lösungswege, Diskus-

---

[198] Antwort auf die konkret gestellten Fragen, vorbereitendes Gutachten, Vorschläge zu Änderungen des mitgeteilten Vertragsentwurfs, Fertigen eines Vertragsentwurfs, Begleitschreiben.

sion des Vertragsentwurfs), muss in der Klausur das Tatsachenmaterial vorgegeben sein[199]. Hinsichtlich der Mandantenwünsche – sie sind das Maß aller Dinge – gilt dieses Vorgabegebot nicht uneingeschränkt, weil Wünsche auch versteckt und erst durch Nachdenken erkennbar werden können. Sind die Wünsche der Mandantschaft gesammelt und erfasst, geht es in der Bearbeitung nur noch um das Finden geeigneter Gestaltungsmöglichkeiten, um die Festlegung auf einen Gestaltungsweg und – sofern überhaupt gefordert – um die Formulierung des Vertrages.

2. Zielermittlung und Annäherung an das Recht

a) Erkennen und sammeln der Ziele

In der Aufgabe sind immer einige – nach Ansicht der Mandantschaft zu regelende – Punkte angesprochen. Manche Aufgabensteller formulieren im Bearbeitervermerk sogar die zu lösenden Fragen (= die Zielvorgaben) und listen sie auf. Meist soll der Bearbeiter die Zielvorgaben selbst finden. Dabei gilt das Echoprinzip: Was ausdrücklich angesprochen ist, sollte auch aufgenommen und beantwortet werden. Im Lösungsverlauf kann sich die Unvereinbarkeit (Widersprüchlichkeit) von Mandantenwünschen herausstellen: A will seine Ehefrau zur Alleinerbin einsetzen und die Kinder so „enterben", dass sie im Falle seines Todes gar nichts bekommen (solange kein Pflichtteilsverzicht der Kinder vorliegt, geht dies nicht). Immer dann ist zu fragen, ob die Zielverwirklichung unerreichbar bleibt oder durch Umwege annähernd erreichbar wird. Für die höheren Punkteregionen gibt es noch die Ziele im Verborgenen, die der Bearbeiter eigenständig entdeckt und löst: A, B und C wollen eine OHG gründen, sprechen aber nicht die Frage an, was gewollt ist, falls ein Gesellschafter ausscheidet oder stirbt. Jetzt erweitert sich der Regelungsbedarf um Ziele, die die Mandantschaft bei entsprechendem Weitblick auch selbst hätte formulieren können. Ein Bearbeiter sollte aber nicht mit „Gewalt" die verborgenen Ziele aufspüren. Die Korrekturerfahrung lehrt, dass selbst gute Bearbeiter in diesem Bereich nicht „weiter denken". Für eine solide Leistung reichen im Regelfall die Antworten auf die offen angesprochenen Vorgaben.

Die Zielermittlung sollte mit den Fragen beginnen: Was will der Mandant? Warum will er das?

Beispiel: Eine Mandantin kommt zum Notar und bittet um eine Regelung. Sie will das von ihr im zweiten Stock bewohnte Haus nach ihrem Tod ihrem Neffen zuwenden. Auf Frage erklärt sie, das Haus und Vieles mehr gehöre ihr. Gegenwärtig will die Mandantin noch nicht festlegen, wer ihr Erbe sein soll. Der Neffe wohnt schon im ersten Stock. Er zahlt keine Miete und soll das Haus bekommen, ohne dafür etwas bezahlen zu müssen.

Vor der Zielermittlung sollte zu den Tatsachen, Menschen, Vermögensverhältnissen und Urkunden eine Übersicht erstellt werden:
Tatsachen: Hausgrundstück, Eigentümer = Tante, Bewohner = Tante u. Neffe

---

[199] Anders, wenn die Klausur darauf angelegt ist, die noch offene Fragen herauszufinden und zu formulieren.

94　　　　　　　　　　A. Zivilrecht

　　　　　　　　　Tante hat bisher ihre(n) Erben noch nicht bestimmt
　　　　　　　　　und will dies zur Zeit auch nicht
　　Menschen:　　Tante und Neffe, beide volljährig, kein Hinweis auf
　　　　　　　　　Schwächen (Geschäftsfähigkeit, Testierfähigkeit)
　　Urkunden:　　keine
　　Vermögensverhältnisse: Tante ist Eigentümer eines Grundstücks und mehr.

309 **Lösungseinstieg:** Was will die Mandantin? Sie will nach ihrem Tod den Eigentumsübergang an einem Grundstück. Warum? Weil sie zu Lebzeiten Eigentümerin des von ihr bewohnten Hauses bleiben will und für die Zeit nach ihrem Tod den Neffen begünstigen will.

　　Oder noch genauer in Stichpunkten:
　　Zielvorgabe: Eigentumsübergang am Grundstück
　　Zielvorgabe: Zeitpunkt ➔ nach dem Tod
　　Zielvorgabe: unentgeltlich
　　Zielvorgabe: keine Erbenbestimmung
　　An dieser Stelle wird sich für einen Bearbeiter noch kein „verborgenes" Ziel (was, wenn der Neffe vor der Tante stirbt?) aufdrängen.

310 Alle formulierten Ziele sind Folge einer juristischen Betrachtung; dahinter stehen bereits die Rechtskenntnisse[200] des Bearbeiters. Das Formulieren der Ziele ist das Annähern der Wünsche des Mandanten an das Recht. Da sich der Blick für weitere Ziele im Verlauf der Bearbeitungszeit öffnen kann, sollte immer Bereitschaft bestehen, neue Ziele in die Überlegungen einzubeziehen.

b) Strukturierung der Ziele und rechtliche Grobeinordnung

311 Die gesammelten Wünsche sind danach zu ordnen, ob sie in einem Stufenverhältnis (Haupt- und Unterpunkt) oder ob sie unabhängig voneinander sind. Dieser Ordnungsvorgang hängt mit dem Recht zusammen: Wirtschaftlich und laienhaft umschriebene Wünsche/Ziele sind dem Recht anzunähern. Im obigen Grundstücksfall führt der Wunsch der Tante zum Erbrecht. Nach dieser Grobzuordnung erfolgt möglichst noch die Verknüpfung mit einem Rechtsinstitut: Im **Beispielsfall** also zu der Überlegung, wie „transportiert" Erbrecht ein Grundstück? Entweder durch Erbeinsetzung oder durch ein Vermächtnis. Diese Grobeinordnung ist – obwohl einfach zu finden – wichtig. Sie stellt früh die Weichen für die weitere Gedankenarbeit. Sofern nur eine rechtliche Lösung zur Verfügung steht, muss sie erkannt und später ausgearbeitet werden. Häufig gibt es jedoch mehrere Lösungsansätze (im Beispiel die Erbeinsetzung und die Bestimmung eines Vermächtnisses). Die mehreren Möglichkeiten sind zu erfassen und später in einer vergleichenden Betrachtung (wer bietet mehr Vorteile?) zu untersuchen.

312 Andere **Beispiele:** A, B und C wollen ein Geschäft gemeinsam betreiben. Bei dieser Ausgangslage ist der Sprung zum Gesellschaftsrecht nicht schwer zu finden. Probleme werden sich ergeben, wenn der Feineinstieg erfolgt (Gesellschaft bürgerlichen Recht, oHG, KG usw.). Oder: A will B gegen Zinsen einen Geldbetrag überlassen. Hier öffnet sich sofort der Blick in Richtung BGB, Schuldrecht Besonderer Teil, Gelddarlehen.

---

[200] Siehe nur die Begriffe „unentgeltlich", „keine Erbenbestimmung".

§ 5 Vertragsgestaltung

Neben dem Erfassen und Einordnen der rechtlichen Einstiegsansätze gibt es noch ein weiteres Ordnungsproblem. Während es vorab darum geht, die Lösungsansätze für die Hauptziele der Mandantschaft zu erfassen, muss jetzt gefragt werden, ob Wünsche der Mandantschaft innerhalb der Hauptlösungslinie auf die Regelung von Einzelheiten abzielen. 313

Beispiel: Will der Mandant nicht nur die Regelung hinsichtlich eines Gelddarlehen, sondern zugleich eine Vereinbarung zur Rückzahlung mit Fälligkeitsregelung und Verzugsregelung, dann sind Haupt- und Unterziele miteinander zu verknüpfen. Im Beispiel bestimmt das Darlehen den gesamten Lösungsweg als Hauptziel. Innerhalb dieses Vertragsverhältnisses – deshalb Unterziele – will die Mandantschaft besondere Vereinbarungen zur Rückzahlung des Darlehens und zum Eintritt und den Folgen des Verzugs bei Störungen im Bereich der Rückzahlung. 314

Die Prüfungsaufgaben können *mehrere* Hauptziele mit jeweils *mehreren* genau beschriebenen Unterpunkten enthalten: Verlangt die Mandantschaft neben der Regelung eines Gelddarlehens noch die Besicherung der Forderung, führt dies in der Aufgabe zu Tatsachenschilderungen wie – die Ehefrau des Geldempfängers soll mithaften, der Onkel des Mandanten wäre bereit, seine Briefmarkensammlung zur Verfügung zu stellen, der Geldempfänger wird sich mit dem Geld einen PKW anschaffen usw. Dann ergeben sich zwei Hauptziele: die Darlehensgewährung bei gleichzeitiger Besicherung. Das Thema Kreditsicherheit führt in ein breites Fächerwerk, aus dem die passenden Teile heranzuziehen sind. 315

Mögliche Gliederung für die Lösung: 316
1. Hauptziel – Darlehen – mit Unterpunkt – Rückzahlung
2. Hauptziel – Kreditsicherheiten schaffen
Unterpunkt: Mithaftung der Ehefrau
    Abgrenzung: Gesamtschuld/Bürgschaft/Schuldbeitritt
Unterpunkt: Briefmarken
    Abgrenzung: Pfand/Sicherungsübereignung
Unterpunkt: Pkw
    Abgrenzung: Pfand/Sicherungsübereignung

Am Ende dieses Arbeitsschritts sind die Wünsche der Mandantschaft als klare Ziele formuliert und dem Recht angenähert. Der Bearbeiter weiß jetzt, mit welchen Regelungstypen/Rechtsinstituten er sich auseinandersetzen muss. 317

c) Prüfen, ob weitere Lösungsansätze in Betracht kommen können (Makrosicht)

Eine wesentliche Prüfungsleistung besteht bei der Bearbeitung von Kautelarklauseln darin, den für die Mandantschaft günstigsten Gestaltungsweg zu finden. Eine solche Auswahl setzt natürlich voraus, dass überhaupt verschiedene Lösungswege gefunden werden. Während es zu den einfacheren Leistungen zählt, innerhalb einer großen Lösungsrichtung (im Tante-Neffen-Fall die erbrechtliche Lösung) Differenzierungen (Mikrosicht) nach Erbeinsetzung/Vermächtnisanordnung und Testament/Erbvertrag zu finden und festzulegen, welche Gestaltung die bessere ist, gibt es noch eine Makrosicht. Dazu muss der Bearbeiter fragen, ob eine weitere große Lösungsrichtung in 318

Betracht kommt. Die rechtliche Makrosicht setzt guten Überblick über das Recht und das bewusste Andenken dieser „Arbeitsmehrung" voraus. Im genannten Grundstücksfall (Tante-Neffe) besteht nach dem Gesetz neben der erbrechtlichen Lösung ein zusätzlicher Lösungsweg über ein Rechtsgeschäft unter Lebenden. Die Erfahrung lehrt, dass Bearbeiter, haben sie den Grobeinstieg in eine Richtung erst einmal erfasst, meist nicht überlegen, ob es grundsätzlich noch einen ganz anderen Grobeinstieg geben könnte. Ein Prüfer wird für diese Einseitigkeit des Denkens Verständnis haben, weil kein Bearbeiter sich „verzetteln" und zu Beginn einer Lösung in zusätzliche Arbeit „stürzen" will; dennoch zeichnet den guten Bearbeiter gerade dieser Weitblick aus.

3. Rechtliche Gestaltung der Mandantenwünsche

319 Nachdem die Verknüpfung der Ziele mit den in Betracht kommenden Rechtsgebieten abgeschlossen ist, muss die Gestaltungsarbeit erfolgen. Jetzt klärt sich, ob überhaupt ein Regelungsbedarf vorliegt und welche Gestaltung möglich bleibt.

a) Feststellung der Rechtsnatur des Regelwerkes

320 **(1) Verträge.** Im Regelfall werden Verträge zu schließen sein[201]. Dabei geht es überwiegend um Verpflichtungs- und Verfügungsverträge. Für besonders wichtige schuldrechtliche Verträge hat der Gesetzgeber spezielle Rechtsnormen aufgestellt und die so geregelten Vertragstypen mit einem Namen bezeichnet, sog. typische – benannte – Verträge wie etwa den Kauf oder die Miete. Betroffenen sind die §§ 433 ff. BGB und zahlreiche Regelungen in anderen Gesetzen; für das Examen insb. im HGB. In diesen Fällen geht es darum, den richtigen Vertragstyp (Abgrenzungsproblem) auszusuchen, den Vertrag wirksam zu begründen und abzuklären, ob die gesetzliche Regelung beibehalten bleibt oder abgeändert werden soll. Neben diesen vom Gesetz ausdrücklich normierten Verträgen haben sich eine ganze Reihe von verkehrstypischen Verträgen herausgebildet. Einen guten Überblick bietet Palandt/Heinrichs Einf. v. § 305 Rn. 12 (etwa Bank- oder Leasingvertrag mit Fundstellen). Auch hier geht es um die richtige Auswahl, die wirksame Begründung des Vertragsverhältnisses und seine nähere Ausgestaltung. Atypische Verträge können weder den typischen Verträgen noch den verkehrstypischen Verträgen zugeordnet werden. In diesem Bereich herrscht der Grundsatz der Vertragsfreiheit.

321 Verhältnismäßig häufig führt die Lösung zu mehreren Verträgen zwischen denselben Parteien. Diese Verträge sind in der Regel voneinander unabhängig und rechtlich selbstständig. Der Mandantenwunsch oder der Grundsatz von Treu und Glauben kann dazu führen, dass zwischen den Verträgen eine Verbindung bestehen soll. Zusammengesetzte Verträge bilden dann eine Einheit, hinter der § 139 BGB steht. Ferner können zwei selbstständige Verträge so miteinander verknüpft werden, dass die Wirksamkeit und Durchführbarkeit des einen Vertrages die Geschäftsgrundlage für den anderen Ver-

---

[201] Ergebnis der Prüfung kann aber auch eine Anmeldung zum Handelsregister, ein Antrag beim Grundbuchamt (neben beispielsweise einem Gesellschaftsvertrag) sein.

trag bildet (etwa Leasing- u. Kaufvertrag)[202]. Im Unterschied dazu steht der gemischte Vertrag. Mit ihm werden Bestandteile verschiedener Vertragstypen derart verbunden, dass sie nur in ihrer Gesamtheit ein sinnvolles Ganzes ergeben[203].

(2) Allgemeine Geschäftsbedingungen. Dieser Aufgabentyp betrifft die Abstimmung der Mandantenwünsche mit dem Regelwerk der §§ 305 bis 310 BGB. Es geht im Wesentlichen um die Wirksamkeit von Einzelregelungen. 322

(3) Willenserklärungen. Hauptanwendungsfall bilden Klauseln mit Erbrechtsbezug. Es soll also geklärt werden, ob der Mandantenwunsch durch ein Testament oder ein gemeinschaftliches Testament erreicht werden kann. Anders beim Erbvertrag, der durch zwei übereinstimmende Willenserklärungen die (bindende) vertragsmäßige Erbeinsetzung, Vermächtniseinsetzung oder Auflagenbestimmung auslöst[204]. Willenserklärungen können im Rahmen einer Vertragsgestaltung ferner vorkommen, um auf in der Vergangenheit geschlossene Verträge einzuwirken (z. B. Anfechtung, Kündigung). Schließlich kommen Angebot und Annahme zum Abschluss eines Vertrages in Betracht. 323

(4) Verträge, die auf Erfüllung gerichtet sind. Innerhalb einer Gesamtlösung kann es erforderlich sein, ein Schuldverhältnis mit zu erfüllenden Pflichten zu begründen (etwa Schenkung eines Grundstücks) und gleichzeitig die Erfüllung dieser Verpflichtung herbeizuführen (etwa Verfügung über das Eigentum an einem Grundstück[205]). Diesen Umstand sollte der Bearbeiter sich bewusst machen, um klar zwischen Verpflichtung und Verfügung zu unterscheiden. Da die Mandantschaft oft nur das Verfügungsgeschäfts anspricht – ihr geht es um das Ergebnis (z. B. Neffe soll ein Grundstück bekommen) – kann leicht übersehen werden, dass vorab eine Verpflichtung als Rechtsgrund geschaffen werden muss. Hier zeigt sich übrigens der Vorteil des Erbrechts. Denn ein Alleinerbe wird ohne Verfügungsgeschäft[206] mit dem Erbfall Rechtsnachfolger, § 1922 BGB. 324

(5) Grenzen. Im Familien- und Erbrecht[207] sind Verträge nur statthaft, soweit das Gesetz sie zulässt. Im Sachenrecht können durch Vertrag nur die Rechte begründet werden, die die Rechtsordnung vorsieht (numerus clausus der Sachenrechte). Im Schuldrecht herrscht Vertragsfreiheit. Die so grundsätzlich gegebene Gestaltungsfreiheit findet Grenzen in §§ 134, 138 BGB, dem Verbraucherschutz, dem zwingenden Recht, der Inhaltskontrolle (AGB), den Informationspflichten und in Widerrufsrechten[208]. Weitere Einschrän- 325

---

[202] Möglich – aber wegen des Abstraktionsprinzips kritisch zu sehen – ist es, die Wirksamkeit des Verpflichtungsgeschäfts zur Bedingung für die Wirksamkeit des Verfügungsgeschäfts zu machen. Dies geht natürlich bei der Auflassung wegen § 925 Abs. 2 BGB nicht.
[203] Vgl. dazu Palandt/Heirichs Einf. v. § 305 Rn. 19.
[204] Beachte aber § 2299 BGB.
[205] Vgl. § 925 a BGB.
[206] §§ 873, 925 BGB.
[207] Erbvertrag, Erbverzicht, Pflichtteilsverzicht.
[208] Palandt/Heinrichs Rn. 13 vor § 145.

kungen folgen aus den allgemeinen Beschränkungen der rechtsgeschäftlichen Gestaltungsbefugnis wie §§ 137, 181 BGB, dem gesetzlichen Ausschluss der Übertragbarkeit eines Rechts wie §§ 399, 400, 719 BGB, der Beschränkung der Rechtsmacht von gesetzlichen Vertretern oder gesetzlichen Vermögensverwaltern wie Testamentsvollstreckern und Insolvenzverwaltern oder der Einschränkung der Verfügungsmacht des Rechtsinhabers, etwa §§ 1365 ff., 2211 BGB.

326 **(6) Rückblick.** Ein Vertragsjurist sollte am Ende dieses Arbeitsschrittes die einfache Frage beantworten: Muss zwischen bestimmten Personen ein rechtliches Band geknüpft werden? Muss ein rechtliches Band zu einer Sache oder einer Forderung von einer Person zu einer anderen Person gelegt werden? Muss eine Gesellschafterstellung übertragen werden?

b) Detailarbeit

327 **(1) essentialia negotii.** Ein Vertrag, schon das Angebot, benötigt zu seiner Wirksamkeit diejenigen Regelungen, die essentialia negotii sind. Ist der Bearbeiter sich darüber im Klaren, dass ein bestimmter Vertrag zu schließen sein wird, müssen die notwendigen Bestandteile dieses Vertrages vereinbart werden. Nur so entsteht der gewünschte Ausgangspunkt, auf dem sich die weiteren Regelungen aufbauen werden. Zugleich ist für die Zukunft festgelegt, dass ein Kaufvertrag (Verkäufer, Käufer, Kaufgegenstand, Kaufpreis), ein Schenkungsvertrag usw. zwischen den Parteien geschlossen worden ist. Damit besteht hier der Gestaltungsbedarf im Begründen eines gewollten Rechtsverhältnisses (Vertrages).

328 **(2) accidentalia negotii.** Daneben gibt es Regelungspunkte, die keine Wirksamkeitsvoraussetzung des Rechtsgeschäfts sind, sondern nur Nebenabreden zum Gegenstand haben (accidentalia negotii). Diese Nebenabreden können das Gesetz wiederholen, abbedingen oder Bereiche betreffen, die das Gesetz nicht bzw. nicht besonders regelt. Hier stellt sich die Frage nach dem Ob einer Regelung. Denn wer die Wirksamkeitsvoraussetzungen eines Rechtsgeschäfts (z. B. Kauf) erfüllt und sonst nichts regelt, löst als „Nebenabrede" das Gesetz aus. Würde in einem solchen Fall in den Vertrag als Nebenabrede all das aufgenommen werden, was im Gesetz steht, entstünde ein beeindruckender Text. In einer Examensarbeit hätte der Verfasser bewiesen, dass er das Gesetz wörtlich abschreiben kann. Dies sollte nicht geschehen. Will z. B. der Mandant einen Kaufvertrag und all das, was § 437 BGB regelt, dann muss der Kaufvertrag geschlossen werden; einer Regelung dessen, was § 437 BGB ohnehin im Einklang mit den Wünschen des Mandanten bestimmt, muss dann nicht in den Vertrag aufgenommen werden. Natürlich macht es Sinn, dies im Gutachten oder im Begleitschreiben an den Mandanten darzulegen. In einer Prüfungsaufgabe können durchaus einige Wünsche des Mandanten so liegen, dass sie dem Gesetz entsprechen. Dies muss erkannt werden. Ein Regelungsbedarf für diese Wünsche besteht dann nicht, weil mit der Bestimmung des richtigen Ausgangspunktes das Gesetz von sich aus greift.

329 **(3) Grenzen der Vertragsfreiheit.** Daneben gibt es Wünsche, die nicht zum Gesetz „passen". Sie zu finden erfordert Übersicht und die Analyse des gesetzlichen Regelstatuts mit seinen Folgen sowie die Überlegung, ob Wünsche des Mandanten der gesetzlichen Regelung entsprechen oder davon abweichen. Im ersten Fall ist – wie oben dargelegt – keine besondere Regelung veranlasst. Hingegen löst der zweite Fall einen Regelungsbedarf aus. Denn ohne „Disposition" bleibt es beim Gesetz. Der Wunsch des Mandanten läuft dem entgegen. – Deshalb muss gefragt werden: Ist die gesetzliche Regelung – die nicht dem Anliegen der Mandantschaft entspricht – änderbar? Hierher gehören die Ordnungspunkte: zwingendes (halbzwingendes, für eine Seite änderbar – z. B. im Arbeitsrecht) und abänderbares Recht. An dieser Stelle hilft der Kommentar.

Häufig erkennen die Bearbeiter einer Klausur die Unvereinbarkeit des Mandantenwunsches mit dem Gesetz. Leider wird dann voreilig von der Abänderbarkeit der Norm ausgegangen, obwohl eine nähere Prüfung des Gesetzes ergeben hätte, dass die Bestimmung zwingend ist. Als bedeutend besser erweist sich hingegen eine Lösung, die den zwingenden Charakter des Gesetzes erkennt und daraus den richtigen Schluss zieht. Ergibt an dieser Stelle die „Zwischenlösung" die Unvereinbarkeit des Mandantenwunsches mit dem Gesetz, sollte nicht gleich aufgegeben werden. Unter Umständen führt nämlich eine weitere Überlegung zu einem „zweitbesten" Weg. 330

Beispiel: Die Mandantschaft will, dass der Vertragspartner seine Befugnis, über ein Grundstück verfügen zu können, rechtsgeschäftlich ausschließt. Damit ist eine Regelung gewünscht, die § 137 S. 1 BGB (eine zwingende Norm) nicht zulässt. In einem solchen Fall genügt schon der Blick in den nächsten Satz der Norm, um einen Ausweg zu finden. Denn das Gesetz lässt eine Verpflichtung zu, über ein Grundstück nicht zu verfügen. Verknüpft nun der Vertragsjurist diese Verpflichtung mit einer Vormerkung, dann ist das ursprüngliche Ziel der Mandantschaft erreichbar. Allerdings muss noch ein vormerkungsfähiger Anspruch geschaffen werden, weil die Verpflichtung, nicht über ein Grundstück zu verfügen, keinen der in § 883 Abs. 1 BGB vorgesehenen Fälle betrifft. An dieser Stelle muss der Vertragsjurist eine Lücke schließen, indem er einen durch Vormerkung sicherbaren Anspruch auf Übereignung des Grundstücks schafft. Dies geschieht durch die Vereinbarung einer Verpflichtung, das Grundstück dann an den Mandanten zu übertragen, falls gegen die Verpflichtung, nicht über das Grundstück zu verfügen, verstoßen werden sollte, §§ 883 Abs. 1 S. 2, 311 Abs. 1 BGB. 331

Eine Regelung, die gegen zwingendes Recht verstößt, ist nicht nur unwirksam, sie ist auch über § 139 BGB gefährlich. Zur Sicherung baut der Kautelarjurist deshalb Erhaltungsklauseln (salvatorische Klauseln[209]) ein, um die Vermutung des § 139 BGB umzudrehen. Besser ist es aber, unwirksame Klauseln gar nicht erst in einen Vertrag aufzunehmen. 332

Bei dispositiver Rechtsnatur des gesetzlichen Regelstatus besteht Gestaltungsfreiheit. Nun kann bei Bedarf eine Regelung getroffen werden, die vom Gesetz abweicht und dem Wunsch des Mandanten entspricht. Allerdings findet jede Vertragsfreiheit/Gestaltungsfreiheit ihre Grenzen in den §§ 134 und 138 BGB. Deshalb sollte nach einer Disposition über das Recht gefragt werden: Darf ich wirklich wie ich will? 333

---

[209] Zur salvatorischen Klausel als Regelung der Darlegungs- und Beweislast vgl. BGH NJW 2003, 347 f.

334 **(4) Personen der Erklärenden und deren Vertretung.** *Natürliche Personen:* Hier bekommen all die Angaben in der Klausur Bedeutung, die den Schluss auf die Minderjährigkeit zulassen. Dann muss der gesetzliche Vertreter handeln (§§ 1626, 1629 I, 1681, 1793 BGB), der wegen Interessenkollision verhindert sein kann (§§ 181, 1629 II, 1795, 1909 BGB) oder der Genehmigung des Familiengerichts bedarf (§§ 1643, 1645, 1821, 1822, 1915 BGB).

335 *Juristische Personen;* Hier geht es um die Vertretung durch Organe.[210]

336 *Vertreter.* Es geht um Arbeitsteilung bei der Abgabe von Willenserklärungen. Wirksames Vertreterhandeln ist nach den §§ 164 ff. BGB zu prüfen; rechtsgeschäftliche Vertretung muss zulässig sein (Ausnahmen z. B. §§ 2064, 2274 BGB), die Vollmacht muss wirksam sein. Vertretungsrecht kann jedoch auch beim Zugang einer Willenserklärung bedeutsam werden.

337 **(5) Form der Willenserklärung.** Dieser Punkt wird häufig zu bedenken sein. Eine Formbedürftigkeit kann sich aus dem Gesetz ergeben. Ein Verstoß führt zur Nichtigkeit des Rechtsgeschäfts, § 125 BGB. Das Gesetz kann fordern: die notarielle Beurkundung, § 128 BGB; die öffentliche Beglaubigung, § 129 BGB; die einfache Schriftform, § 126 BGB; die Eigenhändigkeit der Urkunde, § 2247 BGB. Dabei ersetzt die höherrangige Form eine andere Form mit niedrigerem Rang, §§ 126 Abs. 3, 129 Abs. 2 BGB. Das „einfache" Übersehen einer solchen Formvorschrift wäre ein schwerer Fehler.

338 Anspruchsvoller gestaltet sich die Formproblematik, wenn eines von mehreren Rechtsgeschäften keiner gesetzlichen Formvorschrift unterliegt, ein anderes Rechtsgeschäft aber z. B. notariell beurkundet werden muss. In einem solchen Fall ist das ganze Geschäft formbedürftig (Grundsätze über das rechtlich einheitliche Rechtsgeschäft)[211]. Ferner unterliegen Nebenabreden der Form des Vertrages.

339 Die Formbedürftigkeit kann sich aufgrund Rechtsgeschäfts ergeben (etwa vorgelegte „alte" Urkunden). Auch hier hätte ein Nichtbeachten die Nichtigkeit zur Folge, § 125 S. 2 BGB. Bei der Vertragsgestaltung selbst stellt sich die Frage, ob der Wunsch der Mandantschaft, den beabsichtigten Vertrag in einer bestimmten Form abschließen[212] oder Änderungen des Vertrages der Schriftform unterwerfen zu wollen, sicher festgelegt werden kann (z. B.: Eine Änderungen dieses Vertrages bedarf zu ihrer Wirksamkeit der Schriftform. Das gilt auch für einen Verzicht auf die Schriftform)[213].

340 **(6) Sicherheitsabfrage.** Am Ende des 3. Arbeitsschritts sollten zur Kontrolle des bis jetzt gewonnenen Ergebnisses noch einige Fragen aufgeworfen werden, um das bisherige Ergebnis kritisch zu prüfen:
1. Frage: Gibt es neben der Grobeinordnung vielleicht noch eine weitere Lösungslinie?[214]

---

[210] Palandt/Heinrichs Einf v § 164 Rn. 5 a.
[211] Palandt/Heinrichs § 125 Rn. 7.
[212] Beurkundungsabrede, sie muss wegen § 154 Abs. 2 BGB beachtet werden.
[213] Palandt/Heinrichs § 125 Rn. 12 ff.
[214] Im obigen Beispiel der Tante, die ein Grundstück auf ihren Neffen übertragen will führt dies zum Blick auf das Erbrecht und das übrige BGB. So könnte der Lösungsansatz für ein Rechtsgeschäft unter Lebenden entdeckt werden.

§ 5 Vertragsgestaltung

2. Frage: Ist ausreichend nach Haupt- und Unterpunkten geordnet?
3. Frage: Ist ein Regelwerk des Gesetzes ausreichend zu ähnlichen abgegrenzt?
4. Frage: Sind die gefundenen Regelungen nur Gesetzeswiederholungen?
5. Frage: Ist die gewählte Abweichung vom Gesetz zulässig?
6. Frage: Bringt der gewählte Regelungstyp für die Mandantschaft Nachteile, die ein anderer Regelungstyp nicht auslöst?
7. Frage: Sind tatsächliche Veränderungen – wie sie in der Zukunft auftreten können – bedacht?
8. Frage: Ist der erste Knopf der Jacke richtig geknöpft? – Siehe essentialia negotii.

4. Auswertung des Gestaltungsspielraums

Bisher sind sämtliche denkbaren Gestaltungsmöglichkeiten entfaltet. Sodann sind alle unzulässigen Gestaltungsmöglichkeiten auszuscheiden. Vom Restbestand sind die unzweckmäßigen Gestaltungsmöglichkeiten auszuscheiden. Nun sind die verbliebenen Gestaltungsmöglichkeiten in die engere Wahl zu ziehen und ist abzuwägen, für welchen Weg sich der Bearbeiter entscheidet. Damit steht die Lösung fest. Falls der Bearbeitervermerk einen Vertragsentwurf fordert, sind die Klauseln zu formulieren oder vorgegebene Klauseln zu verändern und ganz oder teilweise zu belassen. 341

5. Formulierung der Klauseln

Die zu treffenden Regelungen liegen zu diesem Zeitpunkt fest. Es geht jetzt noch um den Aufbau des Vertrages und um die Formulierung der einzelnen Klauseln. Für die Reihenfolge der verschiedenen Klauseln gibt es keine gesetzlichen Vorgaben. Ordnungskriterien sind die Logik und die Erfahrung (praktische Übungen). So werden am Ende der Urkunde sogenannte Schlussklauseln eingeordnet (Schieds-, salvatorische und Kostenklausel). Allgemeine Aufbaugrundsätze verlangen die Regelung des Verpflichtungsgeschäfts vor dem Erfüllungsgeschäft; die Gründung einer Gesellschaft vor deren Auflösung; oft zu handhabende Klauseln sollten am Anfang eines Vertragswerkes stehen; vom Wichtigen zum weniger Wichtigen. 342

Ein regelungsbedürftiger Punkt ist von Anfang bis zum Ende durchzuprüfen, dann ist die Klausel zu formulieren, dann erst sollte auf den nächsten Punkt übergegangen werden. 343

Bei der Formulierung der Klauseln ist das Gebot der Klarheit und Eindeutigkeit einzuhalten. Denn klare und unzweideutige Formulierungen verhindern späteren Streit zur Auslegung, vermeiden Irrtümer und Zweifel. Wenn möglich, sollten klare und eindeutige Regelungen auch noch allgemeinverständlich sein. 344

Beispiele: Schließen Ehegatten vor einem Notar einen Erbvertrag, so sollte – um Abgrenzungen zum gemeinschaftlichen Testament zu klären – die Bezeichnung „Erbvertrag" gewählt werden. Eine vertragsmäßige Verfügung sollte als solche bezeichnet werden (dies wegen § 2299 BGB): „Ich setze hiermit meine Ehefrau vertragsmäßig zur Alleinerbin ein." 345

III. Anwendung auf ein Beispiel

1. Aufgabe

346 Die ledige und kinderlose Frau Klara Frohsinn, 85 Jahre, sehr wohlhabend, kommt zum Notar Dr. Klug und erklärt: Ich möchte meinem 22 Jahre alten Neffen Heinz Frohsinn eines meiner Häuser vermachen. Es handelt sich um das Haus in Köln, Kyotostraße 17, das Heinz bereits im 2. Stock bewohnt. Dem Jungen soll das Haus – dessen Erdgeschoss ich bewohne – nach meinem Tod zufallen. Vorher will ich das Haus behalten. Ich will auch noch nicht festlegen, wer später einmal meine Erben sein sollen. Ich habe dies auch bisher noch nicht getan.

Bearbeitervermerk: In einem Gutachten ist zu untersuchen, ob und wie die Wünsche der Frau Frohsinn umgesetzt werden können.

2. Lösung

a) Einstiegsüberlegung

347 Betroffen ist der Klausurtyp „Gutachten" mit wenig Tatsachenmaterial und ohne weitere Urkunden/Schriftstücke.
Übersicht zu den Personen und Sachen: Vgl. oben Ziffern II. 2. a.

b) 2. Arbeitsschritt: Wünsche der Mandantin – Zielermittlung

348 Ein Haus soll nach dem Tod der Mandantin an den Neffen fallen.
Frage nach „verborgenen Zielen"? Eine künftige Entwicklung könnte dadurch entstehen, dass der Neffe vor der Tante verstirbt. Soll dann das Haus an dessen Erben fallen?

c) 3. Arbeitsschritt: Annäherung an das Gesetz

349 Da eine Regelung für die Zeit nach dem Tod zu treffen sein wird, drängt sich eine erbrechtliche Lösung auf. Das juristisch bewertete Ziel heißt daher: Zuwendung eines Grundstücks durch Verfügung von Todes wegen.
350 Unterpunkt: Was, wenn Neffe vor der Tante stirbt?
351 Nunmehr kann gefragt werden, ob noch ein anderer Lösungsweg möglich ist. Notwendig wäre ein Eigentumsübergang an einem Grundstück, der sich erst nach dem Tod der Mandantin vollzieht. Also wird zu überlegen sein, ob ein dingliches Rechtsgeschäft so gestaltbar ist. Außerdem bedarf eine solche Verfügung eines Rechtsgrundes. Es geht mithin um Rechtsgeschäfte unter Lebenden, die sich nach dem Tod der Mandantin vollziehen[215].

d) 4. Arbeitsschritt: Umsetzung der beiden Lösungsansätze = rechtliche Gestaltung

352 **Erbrechtliche Lösung:** hier stellen sich zwei Hauptfragen, nämlich, ob Erbeinsetzung oder Vermächtnisanordnung in Betracht kommt; ferner, ob dies in einem Testament oder einem Erbvertrag zu geschehen hat. Die Erbeinsetzung bringt den Vorteil des § 1922 BGB. Das Eigentum geht beim

---
[215] Schuldrecht, Sachenrecht.

Tod der Mandantin – wie gewollt – auf den Neffen über. Dieser Ansatz vereinbart sich aber nicht mit der Vorgabe, zur Zeit den oder die Rechtsnachfolger noch nicht bestimmen zu wollen. Also bleibt nur die Möglichkeit, ein Vermächtnis (§§ 1939, 2147 BGB) anzuordnen, das[216] – sollte der Mandant später doch noch Alleinerbe werden, hinfällig würde und bei Miterbenstellung zum Vorausvermächtnis (§ 2150 BGB) werden würde. Dieser Lösungsansatz führt damit zum Vermächtnis und der Notwendigkeit, das Vermächtnis nach dem Tod der Mandantin noch zu erfüllen.

Da der Sachverhalt die Frage der Bindung der Mandantin an eine getroffene letztwillige Verfügung nicht aufwirft, braucht der Erbvertrag nicht näher geprüft werden. Ausreichend ist ein jederzeit widerrufliches Testament nach § 2231 BGB. Ein Notar wird natürlich das öffentliche Testament empfehlen. Beteiligte dieses Rechtsgeschäfts ist allein die Mandantin (einseitige, nicht empfangsbedürftige Willenserklärung die höchstpersönlich – § 2064 BGB – abgegeben werden muss). 353

Unterpunkt: Vorversterben des Neffen. Dies führt zu § 2160 BGB. 354

Rechtsgeschäft unter Lebenden: Das Fragen nach weiteren Regelungsmöglichkeiten führt zum Rechtsgeschäft unter Lebenden. Jetzt spalten sich die Erwägungen in die Bereiche dingliches Rechtsgeschäft und Verpflichtungsgeschäft als Rechtsgrund. Diese beiden Bereiche bilden den Regelungsbedarf. 355

Der zweite Punkt ist leicht zu beantworten. Da die Unentgeltlichkeit gewollt ist, kommt nur eine Schenkung in Betracht, § 516 BGB. Fällig soll die Verpflichtung zur Eigentumsübertragung allerdings erst mit dem Tod der Mandantin sein. Deshalb ist die in § 271 BGB geregelte Leistungszeit näher zu bestimmen. Es muss also abweichend von § 271 Abs. 1 BGB eine Fälligkeit bestimmt werden, die mit dem Tod der Mandantin zusammenfällt. Eine solche betagte Schenkung ist nach dem Gesetz nicht verboten. Um die Schenkung als Rechtsgrund zu begründen, müssen die Wirksamkeitsvoraussetzungen dieses im Gesetz benannten Vertrages erfüllt werden. Dazu zählen die Festlegung der Schenkerin, des Beschenkten, des Schenkungsgegenstandes sowie der Unentgeltlichkeit. Außerdem besteht Regelungsbedarf für eine Nebenabrede zur Fälligkeit. Zur Form ist § 518 BGB zu beachten. Dieses Rechtsgeschäft kann vor dem Notar formgültig abgeschlossen werden. Im Gegensatz zur Verfügung von Todes wegen ist jedoch ein Vertrag betroffen, an dem die Mandantin und der Neffe mitwirken müssen. 356

Unterpunkt Vorversterben des Neffen: Jetzt fällt sein Anspruch nach § 1922 BGB an seinen/seine Erben. 357

Für den Eigentumsübergang ist die dingliche Einigung in der Form der Auflassung notwendig, §§ 873, 925 BGB. Dabei handelt es sich wieder um einen Vertrag zwischen Tante und Neffen. Diese auf den Eigentumsübergang an einem Grundstück gerichteten Willenserklärungen können nicht unter einer Bedingung oder Zeitbestimmung abgegeben werden, weil § 925 Abs. 2 BGB als zwingendes Recht dies nicht zulässt. Entweder gibt ein Bearbeiter an dieser Stelle auf und gelangt zum Ergebnis, ein Rechtsgeschäft unter Lebenden führe nicht zum Erfolg oder er überlegt, ob ein anderer Lö- 358

---

[216] Voraussehen künftiger Entwicklungen.

sungsansatz weiterführt. Denn der Eigentumserwerb an einem Grundstück vollzieht sich zweiaktig. Erforderlich ist die Einigung und die Eintragung, § 873 BGB. Wenn also schon jetzt eine unbedingte und unbefristete, also nach dem Gesetz grundsätzlich zulässige Auflassung erklärt wird, dann kann u. U. im Bereich der Eintragung ein Weg zu finden sein. Wenn es möglich sein sollte, diese Eintragung auf die Zeit nach dem Tod der Mandantin zu verzögern, wäre eine zweite Lösung gefunden. Spätestens jetzt wird ein Blick in den Kommentar notwendig werden[217]. Dort findet sich der Hinweis auf eine mögliche Abrede über Bedingungen für den Grundbuchvollzug und auf die Vollmacht. Es geht darum, die Eintragung durch den Notar zu veranlassen, dem der Tod der Mandantin vorher nachgewiesen werden muss. Erreicht wird dies durch einen Schenkungsvertrag mit Auflassung und Eintragungsbewilligung (sofern diese neben der Auflassung für notwendig gehalten wird) und der Abrede, dass bis zum Tod der Mandantin an die Vertragsschließenden nur Abschriften des Vertrages ohne die Auflassung hinausgegeben werden und der Notar den Antrag erst nach Vorlage der Sterbeurkunde beim Grundbuchamt stellen wird. Damit kann der Neffe zwar einen Eintragungsantrag stellen, nicht aber den Nachweis nach § 20 GBO führen.

359 Die Kommentarstelle liefert mit dem Hinweis auf das Vertretungsrecht überdies den Lösungsansatz, dem Neffen eine unwiderrufliche, erst nach dem Tod der Mandantin wirksam werdende Vollmacht unter Befreiung von § 181 BGB zu erteilen. Dann kann er seinen fälligen Anspruch aus dem Schenkungsvertrag selbst erfüllen.

e) 5. Arbeitsschritt: Vergleich der beiden Lösungsmöglichkeiten = Auswertung des Gestaltungsspielraums

360 Die erbrechtliche Lösung führt dazu, dass der Neffe auf die Erfüllung des Vermächtnisses angewiesen ist. Außerdem entfällt das Vermächtnis bei Vorversterben des Neffen.
361 Das Rechtsgeschäft unter Lebenden ist so gestaltbar, dass der oder die Erben der Mandantin auf die Verfügung über das Grundstück keinen Einfluss mehr haben. Bei Vorversterben des Neffen fällt der Anspruch jedoch an dessen Erben, was nicht im Sinn der Mandantin sein muss.
362 Vorzugswürdig, weil für den Neffen einfacher, ist der 2. Lösungsansatz. Der Mandantin sollte aber noch vorgeschlagen werden, falls sie bei Vorversterben keinen Anspruchsübergang auf die Erben des Neffen will, die Schenkung noch unter eine Überlebensbedingung zu stellen. Dies führt dann noch zu § 2301 Abs. 1 Satz 1 BGB, dessen Formvorschrift hier aber leicht zu erfüllen sein wird.

f) 6. Arbeitsschritt: Umsetzung der Lösung im Gutachten

363 (1) Entwicklung der erbrechtlichen Lösung.
(2) Entwicklung der Lösung über das Rechtsgeschäft unter Lebenden.
(3) Auswahl des für die Mandantschaft vorteilhafteren Lösungswegs.
(4) Ergebnis.
(5) Endkontrolle: Vorgaben des Bearbeitervermerks erfüllt? Hier Gutachten.

---

[217] Palandt/Bassenge § 925 Rn. 20.

B. Strafrecht

§ 1 Maßnahmen des Strafverteidigers im Ermittlungsverfahren und bei Zwangsmaßnahmen

I. Stellung und Funktion des Strafverteidigers im Ermittlungsverfahren

Der Strafverteidiger ist in keinem Verfahrensstadium – und somit auch nicht im Rahmen des Ermittlungsverfahrens – Vertreter des Beschuldigten oder gar lediglich dessen Sprachrohr. Vielmehr ist er als **Organ der Rechtspflege** eingebunden in eine funktionsfähige rechtsstaatliche Strafrechtspflege. Deshalb kommen ihm teilweise weitergehende Rechte zu als dem Beschuldigten selbst (vgl. etwa das Akteneinsichtsrecht nach § 147 I, II StPO einerseits und § 147 VII StPO andererseits), aber auch weitergehende Pflichten.[218]

364

Trotz dieser exponierten Stellung hat der Strafverteidiger die Rechte des Beschuldigten allseitig zu wahren und dazu beizutragen, dass alle dem Beschuldigten günstigen rechtlichen und tatsächlichen Umstände beachtet werden. Zur Unparteilichkeit ist er keineswegs verpflichtet, sondern er hat die Aufgabe, die **Interessen des Beschuldigten** gegenüber dem Gericht und den Strafverfolgungsbehörden **einseitig zu vertreten**.[219] Dies muss selbstverständlich in der Bearbeitung der Klausur entsprechend umgesetzt werden. Demzufolge hat der Strafverteidiger bei Vorliegen echter[220] rechtlicher Streitfragen die für seinen Mandanten günstigere Lösung zu wählen.

Dies darf jedoch nicht dazu führen, dass der Verteidiger den Straftatbestand der Strafvereitelung nach § 258 StGB erfüllt. Er unterliegt nämlich – gerade als Organ der Rechtspflege – der **Wahrheitspflicht**.[221] Andererseits jedoch hat der Verteidiger die ebenfalls strafbewehrte **Verschwiegenheitspflicht** (vgl. § 203 I Nr. 3 StGB) zu beachten. Diese Umstände eröffnen ein Konfliktfeld, in dem sich der Strafverteidiger bewegt. Plakativ und schlagwortartig zusammengefasst wird häufig formuliert: „Alles, was der Verteidiger sagt, muss wahr sein, aber er darf nicht alles sagen, was wahr ist."[222]

---

[218] So die Wahrheitspflicht; siehe sogleich.
[219] Meyer-Goßner vor § 137 Rn. 1.
[220] Dies gilt nicht – jedenfalls nicht uneingeschränkt –, wenn sich der Verteidiger damit gegen eine gefestigte Rechtsprechung und die herrschende Lehre stellen würde. Dann wird der Klausurbearbeiter aus Sicht des Aufgabenstellers das Verteidigerverhalten eher auf die Strafzumessung ausrichten sollen (z.B. Rat zu einem Geständnis; Schadenswiedergutmachung etc.), wenn eine Mindermeinung sogar Straflosigkeit annehmen würde.
[221] Meyer-Goßner vor § 137 Rn. 2.
[222] Dahs, Handbuch des Strafverteidigers, Rn. 48, 6. Auflage Köln 1999.

365 Als stets zulässig wird es erachtet, dass der Verteidiger seinem Mandanten rät, von seinem Schweigerecht Gebrauch zu machen. Auch ist er befugt, Freispruch zu beantragen, selbst wenn sein Mandant ihm gegenüber die Tat gestanden hat.[223] Er ist nicht verpflichtet, sich der Staatsanwaltschaft oder dem Gericht zu offenbaren, wenn er von der Täterschaft und Schuld seines Mandanten überzeugt ist. Ebenso wenig kommt ihm die Pflicht zu, den Beschuldigten zu einem Geständnis oder zu wahrheitsgemäßen Angaben zu drängen. Die Wahrheitspflicht gebietet ihm jedoch, die Beweislage nicht zu verfälschen.[224]

Zeugen darf der Strafverteidiger auf ihre Rechte, nach §§ 52, 55 StPO keine Angaben zu machen, hinweisen.

Auch ist er berechtigt und ggf. sogar verpflichtet, eigene Ermittlungen durchzuführen, etwa Zeugen außerhalb der Hauptverhandlung zu befragen,[225] um festzustellen, ob sich aus dieser Befragung seinen Mandanten entlastende Umstände ergeben.

II. Aufgabenstellung

366 Bereits im Stadium des Ermittlungsverfahrens kann der Strafverteidiger erheblichen Einfluss auf den weiteren Ablauf des Strafverfahrens nehmen. Für seinen Mandanten besonders wichtig erscheint hierbei zunächst das Vorgehen gegen **noch wirkende Zwangsmaßnahmen,** die durch die Strafverfolgungsbehörden ergriffen wurden. Belastende Anordnungen sollen beseitigt werden. Selbstverständlich hat der Beschuldigte insbesondere ein Interesse daran, dass er, wenn er sich in Untersuchungshaft befindet, aus dieser entlassen wird. Jedoch darf – je nach Aufgabenstellung – auch das entfernter liegende Ziel nicht aus den Augen verloren werden, dass im Rahmen der gesetzlichen Bestimmungen auf einen für den Mandanten „günstigen" **Gesamtausgang des Strafverfahrens** hingearbeitet wird.

Der im Staatsexamen zu bearbeitende Aufgabentext wird regelmäßig ein Mandantengespräch beinhalten, in dem der Verteidiger von seinem Mandanten über die diesem vorgeworfene Tat und die von der Staatsanwaltschaft und/oder dem Gericht bereits ergriffenen oder beabsichtigten Maßnahmen unterrichtet wird. Darüber hinaus dürften weitere Erkenntnisquellen zur Verfügung stehen wie Urkunden, Akten oder Aktenauszüge, Abschriften von gerichtlichen Beschlüssen (z. B. eines Haftbefehls oder einer Durchsuchungsanordnung) etc. Ebenso ist es denkbar, dass der Beschuldigte auf zusätzliche Beweismittel wie Zeugen hinweist, die zu seiner Entlastung oder auch Belastung beitragen können. Es ist nun Aufgabe des Strafverteidigers, den Sachverhalt zu erfassen, auszuwerten und die Rechts- und Beweislage zu hinterfragen. Dabei ist die Schilderung des eigenen Mandanten mit dem sonstigen Tatsachenmaterial auf Übereinstimmungen und Unterschiede zu untersuchen. Je nach Ergebnis kann es aus Sicht der Verteidigung erfor-

---

[223] Meyer-Goßner vor § 137 Rn. 2.
[224] Eingehend Beulke, Die Strafbarkeit des Verteidigers, 1989.
[225] BGH AnwBl 1981, 115, 116; Meyer-Goßner vor § 137 Rn. 2.

derlich sein, dass weitere Beweiserhebungen durchgeführt und ggf. entsprechende Anträge an die Strafverfolgungsbehörde gerichtet werden. Wahrscheinlicher jedoch ist, dass der Aufgabensteller unmittelbar eine zumindest vorläufig abschließende strafprozessuale Maßnahme wie die Aufhebung eines Haftbefehls erlangen oder auch auf eine Einstellung des Verfahrens insgesamt hinwirken soll. Ob dieses **Ziel des Mandanten** erreicht werden kann, ist anhand der gesetzlichen Regelungen konkret zu überprüfen. Dabei kann auch taktisches Vorgehen zu erörtern, wie beispielsweise das weitere Verhalten des Mandanten festzulegen sein. Es kommt ein Rat des Verteidigers an seinen Mandanten, zur Sache keine Angaben (mehr) zu machen, in Betracht. Bei entsprechender Beweislage ist es umgekehrt ebenso denkbar, dass der Strafverteidiger seinem Mandanten nahe legt, den vorgeworfenen Sachverhalt – ggf. teilweise – einzugestehen. Darüber hinaus wäre der Beschuldigte bei geeigneter Sachlage zu veranlassen, Schadenswiedergutmachung zu betreiben, um in den Genuss strafmildernder Umstände zu kommen.

Die folgende allgemein gehaltene Übersicht soll zur Bewältigung der Aufgabenstellung beitragen 367

Erfassen der (beabsichtigten) Maßnahme der Strafverfolgungsbehörde	Ziel des Mandanten herausarbeiten ggf. (weitere) Ziele vorschlagen	Tatsachenmaterial erforschen	Kann mit Hilfe des Tatsachenmaterials das Ziel erreicht werden?	Umsetzung
Beispiele:				
Durchsuchung der Wohnung und Beschlagnahme diverser Geschäftsunterlagen	Herausgabe der beschlagnahmten Gegenstände	– Erkenntnisse der Strafverfolgungsbehörde – Angaben des Mandanten – sonstiges (Zeugen, Aktenauszüge, Erkenntnisse aus Akteneinsicht)	– war Maßnahme der Strafverfolgungsbehörde gerechtfertigt? – ist Maßnahme noch gerechtfertigt?	Beschwerdeschrift fertigen

In welcher Art und Weise die vom Klausurbearbeiter gefundenen Fehler 368 der Strafverfolgungsbehörde in der Examensarbeit umzusetzen sind, hängt selbstverständlich von der **konkreten Aufgabenstellung** ab.

So ist es denkbar, dass durch den Bearbeitervermerk oder die Angaben des Mandanten im Sachverhalt ganz konkret vorgegeben ist, dass eine bestimmte noch andauernde Zwangsmaßnahme der Staatsanwaltschaft beseitigt werden soll. Dann ist eben das entsprechende Rechtsmittel einzulegen und auszuformulieren. Rechtliche Erörterungen, die zur Begründung des Rechtsmittels nicht geeignet sind, werden in einem Hilfsgutachten darzustellen sein. Ebenso ist es möglich, dass Rechtsfragen in einem Schreiben an den Mandanten zum Ausdruck kommen sollen, weil in der Klausur der Wunsch des Mandanten deutlich wird, über die vom Verteidiger gewählte (und auch unterlassene) Vorgehensweise umfassend informiert zu werden. Beispielsweise könnte dem Beschuldigten zu erläutern sein, dass eine von mehreren Zwangsmaßnahmen der Strafverfolgungsbehörde nicht angegriffen wird, da die hierfür erforderliche Beschwer nicht vorliegt.

Auch sind Examensklausuren bekannt, in denen das Rechtsmittel selbst nicht ausformuliert werden musste, weil die Aufgabenstellung sich darauf beschränkte, die Erfolgsaussichten eines Rechtsmittels gutachterlich vorzubereiten. In einem solchen Fall sind alle Aspekte (erfolgversprechende und nicht erfolgversprechende) in das Gutachten selbst aufzunehmen. Ein Hilfsgutachten zu einem Gutachten ist sinnlos.

Teilweise jedoch wird dem Examenskandidaten der Umfang und die Art der Bearbeitung der Klausur auch weniger konkret aufgegeben. Dann ist mit Hilfe der Angaben des Mandanten herauszuarbeiten, welche Ziele denn erreicht werden können, und das günstigste anzustreben. Ob dies in Form der Fertigung eines Schriftsatzes (mit oder ohne Mandantenschreiben) oder lediglich als vorbereitendes Gutachten geschieht, ergibt sich aus dem Bearbeitervermerk oder den Ausführungen des Beschuldigten, der dem Verteidiger etwa aufgibt, die erforderlichen Schritte zu ergreifen.

III. Bearbeitungstechnik

369 Bei den hier anzusprechenden Maßnahmen der Strafverfolgungsbehörden handelt es sich um solche, die in Freiheitsrechte des Betroffenen eingreifen oder zumindest einzugreifen drohen. Derartige **Zwangsmaßnahmen** sind zwar keineswegs auf das Ermittlungsverfahren beschränkt, kommen jedoch naturgemäß in diesem Verfahrensstadium relativ häufig vor und sollen deshalb auch hier erörtert werden.

Wegen des **Eingriffscharakters** der Anordnungen etc. sind diese nur rechtmäßig, wenn eine Norm existiert, die den entsprechenden Eingriff zulässt. Dieser (verfassungsrechtlich vorgegebene) Umstand bewirkt, dass die Bearbeiter von Examensklausuren eine Überprüfung der ordnungsgemäßen Vorgehensweise der Ermittlungsbehörden anhand der einschlägigen gesetzlichen Regelungen und der hierzu ergangenen Rechtsprechung durchzuführen haben. Regelmäßig wird der Mandant die Beseitigung der belastenden Maßnahmen begehren bzw. erstreben, dass keine weiteren derartigen Maßnahmen ergriffen werden und das Strafverfahren zur Einstellung (ohne oder gegen Erteilung einer Auflage) gelangt.

Demzufolge beinhaltet die primär zu bewältigende Aufgabe die erfolgreiche Suche nach Fehlern, die von der Strafverfolgungsbehörde begangen wurden. Derartige Mängel können sich aus dem materiellen Recht, beispielsweise einer verfehlten Subsumtion, oder auch aus formellen Regelungen ergeben, wenn etwa eine Beweiserhebung unter Verstoß gegen zwingende Vorschriften durchgeführt worden ist.

§ 1 Maßnahmen des Strafverteidigers im Ermittlungsverfahren

Die Fehlersuche ist mit Hilfe des vom Aufgabensteller zur Verfügung gestellten Tatsachenmaterials zu bewältigen. Zunächst ist zu überprüfen, ob die der Verfolgungsbehörde bei Ergreifen der Maßnahme bekannten Umstände deren Anordnung und Durchführung gerechtfertigt haben. Sodann sind die weiteren – nunmehr zusätzlich aufgrund der Angaben des Mandanten oder wegen sonstiger Erkenntnisquellen bekannt gewordenen – Tatsachen in diese Erörterung einzubeziehen. Dabei ist jeweils die Beweislage zu beachten. 370

Der Erfolg des Verteidigerhandelns ist davon abhängig, wie sich ein etwaiger Verstoß gegen strafrechtliche oder strafprozessuale Normen auswirkt. Eine **fehlerhafte Anwendung des materiellen Rechts** durch die Strafverfolgungsbehörde kann zur Annahme einer Strafbarkeit geführt haben, die tatsächlich nicht vorliegt. Die korrekte Subsumtion kann nun ergeben, dass sich der Mandant gar nicht oder nur nach einer milderen Norm strafbar gemacht hat. Im erstgenannten Fall wäre die Konsequenz, dass eine Zwangsmaßnahme nicht hätte erlassen werden dürfen. Bei der Erfüllung einer milderen Strafnorm dagegen liegt dies nicht so ohne weiteres auf der Hand. Somit ist eine unterschiedliche Vorgehensweise des Verteidigers denkbar, etwa die Einlegung einer Beschwerde gegen eine noch fortwirkende Beschlagnahmeanordnung, die Beantragung der Einstellung des Strafverfahrens nach § 170 II StPO oder auch die Stellung eines Antrages[226] auf Einstellung des Strafverfahrens gegen Zahlung einer Geldauflage nach § 153a StPO, da sich der Vorwurf nunmehr als nicht gravierend darstellt. 371

Bei Feststellung **formaler Verstöße** ist zu hinterfragen, welche Qualität denn einer Norm zukommt, die von der Strafverfolgungsbehörde nicht hinreichend beachtet wurde, ob es sich um eine bloße Ordnungsvorschrift oder eine wesentliche Verfahrensvorschrift handelt. Darüber hinaus ist ggf. zu beachten, ob eine Heilung des Verfahrensverstoßes vorliegt bzw. auf die Einhaltung der Regelung wirksam verzichtet wurde.

Bei Annahme eines Verbotes, eine bestimmte Beweiserhebung zu verwerten, ist die Beweislage neu und ohne das Ergebnis der angesprochenen Beweiserhebung zu würdigen. Für den Fall, dass die Unverwertbarkeit noch von weiteren Voraussetzungen abhängt, die vom Verhalten des Verteidigers beeinflusst werden können, ist es Aufgabe der Verteidigung, seinen Mandanten hierauf hinzuweisen und erforderlichenfalls die entsprechenden Schritte zu ergreifen. Beispielsweise ist es bereits im Ermittlungsstadium angezeigt, der Verwertung einer Beschuldigtenvernehmung, die unter Verstoß gegen die Belehrungspflicht nach §§ 163a IV 2, 136 I 2 StPO zustande kam, zu widersprechen und darauf hinzuweisen, dass ein derartiger Widerspruch auch in einer etwaigen Hauptverhandlung aufrecht erhalten werden wird.[227]

Das von einem Examenskandidaten darzustellende Verteidigerverhalten kann sich auch auf begleitende „Anweisungen" beziehen, die dem Mandanten erteilt werden. So ist es denkbar, dass der Klausurbearbeiter erkennen soll, dass ein Rat des Verteidigers an seinen Mandanten, zur Sache keinerlei Angaben zu machen, durchaus im Interesse des Beschuldigten liegt und eine 372

---

[226] Dieser ist als Anregung zu qualifizieren, da der Verteidigung nach § 153a StPO kein Antragsrecht zusteht.
[227] Zur Widerspruchslösung des BGH vgl. BGHSt 38, 214; 42, 15, 22.

solche Vorgehensweise auch als zulässiges Verteidigerverhalten zu qualifizieren ist.[228]

Suche nach Fehlern der Strafverfolgungsbehörde	Tatsachenmaterial			Folge des Fehlers?	Umsetzung des Verteidigungsziels
materieller Art	Beweissituation	der Verfolgungsbehörde	mit Hilfe von	materiell: keine Strafbarkeit; andere (mildere) Strafbarkeit als angenommen	(In-)Aktivität des Mandanten; Aufhebung von Zwangsmaßnahmen; Einstellung des Strafverfahrens
formaler Art		des Mandanten		formelle Fehler: Verwertbarkeit des Beweisergebnisses	
		sonstiger Art		Ordnungsvorschrift; zwingende Vorschrift; Verzicht	

IV. Das Verteidigerverhalten bei ausgewählten Einzelfragen

1. Verteidigerverhalten bei Zwangsmaßnahmen der Strafverfolgungsbehörden

373 Die Staatsanwaltschaft ist gemäß § 152 Abs. 2 StPO dazu verpflichtet, bekannt gewordene Straftaten zu verfolgen. Um dieser Forderung effektiv nachkommen zu können, muss der Strafverfolgungsbehörde bereits im Stadium des Ermittlungsverfahrens die Befugnis eingeräumt werden, Zwangsmaßnahmen zu ergreifen. Besonders einschneidende Maßnahmen unterliegen dem **Richtervorbehalt,** d. h. sie dürfen nur dann durchgeführt werden, wenn eine entsprechende richterliche Anordnung vorliegt (z. B. §§ 81, 98, 114 StPO). Häufig jedoch steht die **Anordnungskompetenz** bei Gefahr im Verzug auch der Staatsanwaltschaft oder den Hilfsbeamten der Staatsanwaltschaft zu. Darüber hinaus ist es in ganz bestimmten Fällen möglich, dass das Gericht konkrete Maßnahmen auf die Staatsanwaltschaft überträgt (z. B. § 100 Abs. 3 S. 2 StPO). Derartige Zuständigkeitsfragen hat ein Verteidiger stets im Auge zu behalten, um bei einer fehlerhaften Beurteilung der Kompetenz durch die Strafverfolgungsorgane zugunsten des Mandanten geeignete Rechtsbehelfe ergreifen zu können.

Darüber hinaus folgen die in der StPO geregelten verschiedenen Zwangsmaßnahmen durchaus unterschiedlichen Verfahrensvorschriften. Je intensiver sich ein Eingriff in geschützte Rechtsgüter darstellt, je umfassender der Schutz eines Rechtsgutes zu sein hat, umso strenger sind die einzuhaltenden Regelungen ausgestaltet.

---

[228] Vgl. hierzu Rn. 365.

§ 1 Maßnahmen des Strafverteidigers im Ermittlungsverfahren

Der für eine konkrete Vorgehensweise erforderliche Überzeugungsgrad variiert; es kann ein Anfangsverdacht genügen (z. B. bei § 81a Abs. 1 S. 1 StPO) oder auch dringender Tatverdacht erforderlich sein, um eine bestimmte strafprozessuale Maßnahme durchführen zu können (Bsp.: Erlass eines Haftbefehls nach § 112 StPO).

Aufgrund dieser vielfach unterschiedlichen Voraussetzungen, die von der Strafverfolgungsbehörde zu beachten sind und deren Einhaltung vom Verteidiger im Sinne seines Mandanten stets zu überprüfen und ggf. zu monieren ist, ist es im Rahmen dieser Ausarbeitung nicht möglich, alle Zwangsmaßnahmen[229] und jeweils statthaften Rechtsbehelfe darzustellen. Es werden für Examenskandidaten besonders wichtige herausgegriffen und exemplarisch erörtert.

Allgemein jedoch ist vorweg darauf hinzuweisen, dass die StPO selbst nur in wenigen (aber bedeutsamen) Fällen den konkret zu wählenden Rechtsbehelf ausdrücklich benennt, der dem von Zwangsmaßnahmen Betroffenen Rechtsschutz gewähren soll. **374**

Eine solche Regelung ist beispielsweise bei der nachträglichen gerichtlichen Überprüfung einer durch die Staatsanwaltschaft vorgenommenen Beschlagnahme (§ 98 Abs. 2 S. 2 StPO) zu finden. Ebenso spricht § 117 Abs. 1 StPO den Antrag auf Haftprüfung sowie § 117 Abs. 2 StPO die Haftbeschwerde an. § 100d Abs. 6 StPO bestimmt, dass ein Antrag auf Überprüfung der Rechtmäßigkeit des Abhörens und der Aufzeichnung des in einer Wohnung nicht öffentlich gesprochenen Wortes auch nach Erledigung der Maßnahme gestellt und ebenso die Art und Weise des Vollzugs der Maßnahme einer gerichtlichen Überprüfung zugeführt werden kann.

Bei zahlreichen Zwangsmaßnahmen jedoch ist keine ausdrückliche Regelung ersichtlich, aus der sich ein statthafter Rechtsbehelf ergibt. Dennoch ist aufgrund der in Art. 19 Abs. 4 GG statuierten Rechtsschutzgarantie erforderlich, dass Maßnahmen der öffentlichen Gewalt, die in Rechte Betroffener eingreifen, einer tatsächlichen wirksamen gerichtlichen Kontrolle unterliegen.[230] Demzufolge muss ein durch die Staatsanwaltschaft oder durch Hilfsbeamte der Staatsanwaltschaft vorgenommener Eingriff grundsätzlich gerichtlich überprüft werden können. Hierzu greift die h. M. auf eine analoge Anwendung des § 98 Abs. 2 S. 2 StPO zurück, wenn das Gericht die Frage beantworten soll, ob die **Maßnahme als solche rechtmäßig**erweise angeordnet wurde. Aber auch dann, wenn ein Betroffener sich gegen die **Art und Weise** der Durchführung der Maßnahme wenden möchte, wird die zitierte Norm nach neuerer Rechtsprechung analog angewandt.[231] Die vom Gericht daraufhin getroffene Entscheidung ist mit Hilfe der Beschwerde angreifbar.[232]

---

[229] Vgl. die umfassende Aufstellung zu denkbaren Zwangsmaßnahmen der Strafverfolgungsbehörden bei Schlüchter, Strafprozessrecht, S. 86 ff. und die tabellarische Aufstellung S. 124.
[230] BVerfGE 60, 294 ff.
[231] BGHSt 44, 265 = NJW 1999, 730; vgl. zur älteren Rechtsprechung BGHSt 28, 206, 209, wonach § 23 EGGVG zu ergreifen war.
[232] Vgl. Rn. 375 und 393.

375 Ein Vorgehen gegen **richterliche Anordnungen** als solche geschieht – wenn nicht andere Rechtsbehelfe ausdrücklich zur Verfügung gestellt werden – im Wege der **Beschwerde nach §§ 304 ff. StPO.** Wendet sich der Betroffene dagegen wiederum gegen die **Art und Weise der Durchführung der Maßnahme,** greift wie im Falle eines unmittelbar durch die Staatsanwaltschaft vorgenommenen Eingriffes grds.[233] § 98 Abs. 2 S. 2 StPO analog.[234] Die in diesem Verfahren gefällte Entscheidung ist wiederum mit der Beschwerde angreifbar.

Der Erfolg eines anwaltlichen Vorgehens gegen Zwangsmaßnahmen der Staatsanwaltschaft oder des Gerichts kann davon abhängig sein, ob die **Maßnahme erledigt** ist oder der **Eingriff noch andauert** bzw. fortwirkt. Denn dem Betroffenen, der sich gegen eine bereits erledigte Zwangsmaßnahme zur Wehr setzen möchte, kann das Rechtsschutzinteresse (Feststellungsinteresse) abgesprochen werden, gerade weil die durchgeführte Anordnung keine Auswirkungen mehr zeigt.[235] Die Rechtsbehelfe der StPO dienen schließlich der Beseitigung einer gegenwärtigen, fortdauernden Beschwer.[236] Da nach neuerer Rechtsprechung jedoch Art. 19 Abs. 4 GG fordert, dass unter bestimmten Voraussetzungen auch in solchen Fällen prozessualer Überholung eine gerichtliche Überprüfung der Zwangsmaßnahme möglich sein muss[237], bietet sich zur Feststellung des nach h. M. statthaften Rechtsbehelfs – falls nicht anderweitig ausdrücklich geregelt – folgende Übersicht an.

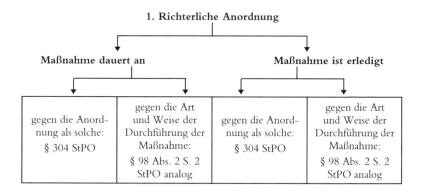

[233] Zum Streit, ob eine analoge Anwendung des § 98 Abs. 2 S. 2 StPO oder eine Beschwerde statthaft ist, wenn sich ein Betroffener gegen die Art und Weise der Durchführung der gerichtlich angeordneten Maßnahme wendet, vgl. Meyer-Goßner § 105 Rn. 17. Siehe auch Rn. 399.
[234] BGH NJW 1999, 3499; 2000, 84; vgl. zur älteren Rechtsprechung BGHSt 28, 206 und OLG Koblenz StV 1994, 284, wonach der Rechtsbehelf des § 23 EGGVG statthaft sein soll.
[235] Vgl. nur die „ältere" Rechtsprechung wie BGH NJW 1973, 2035 und auch BVerfGE 49, 329.
[236] Vgl. Meyer-Goßner vor § 296 Rn. 17.
[237] Vgl. Rn. 383 und 395.

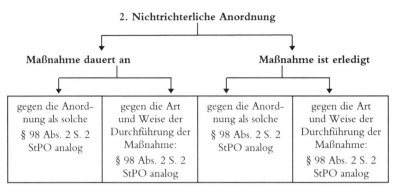

a) Durchsuchung und Beschlagnahme

Die **Durchsuchung** einer Wohnung, von Personen, Räumen oder Sachen und die **Beschlagnahme** von Beweisgegenständen sind zwar rechtlich getrennt zu beurteilen. Regelmäßig jedoch stellt die Strafverfolgungsbehörde den Antrag, beide Maßnahmen in einem Beschluss anzuordnen. Die Vollziehung des Beschlusses geschieht ebenfalls in aller Regel gleichzeitig. Erst recht gilt dies, wenn die Staatsanwaltschaft eine Durchsuchung wegen Gefahr im Verzug selbst anordnet und im Rahmen der Durchführung der Durchsuchung Beweismittel in Beschlag nimmt.

Dennoch hat der bereits im Ermittlungsverfahren tätige Strafverteidiger die beiden Zwangsmaßnahmen gesondert zu prüfen, auch wenn es letztlich möglich ist, formal nur einen Schriftsatz zu fertigen und sich hiermit gegen beide Anordnungen oder deren Durchführung zu wenden.

(1) Durchsuchung. Eine Durchsuchung darf nur stattfinden, wenn die im Gesetz angeordneten Voraussetzungen (§§ 102 ff. StPO) vorliegen. Hierauf hat der Strafverteidiger sein Augenmerk zu richten.

Eine Durchsuchung dient dem **Zweck** der Ergreifung des Tat- oder Teilnahmeverdächtigen, der Sicherung von Spuren oder dem Auffinden von Beweismitteln, aber auch der Beschlagnahme von Gegenständen, die der Einziehung oder dem Verfall unterliegen.[238]

Als **Durchsuchungsobjekte** kommen Wohnungen und andere Räume, Personen und Sachen in Betracht. Zur Durchsuchung einer Person gehört auch das Suchen nach Sachen oder Spuren in bzw. unter der Kleidung, auf der Körperoberfläche und in natürlichen Körperöffnungen.[239] Unter Sachen sind nur mitgeführte, nicht getragene Kleidungsstücke und sonstige bewegliche Habe zu verstehen.

Zu differenzieren ist danach, ob die **Durchsuchung beim Verdächtigen** (§ 102 StPO) oder **bei Dritten** (§ 103 StPO) stattfindet.

Eine **Durchsuchung nach § 102 StPO** setzt voraus, dass ein Tatverdacht vorliegt, der jedoch nicht nur ganz vage sein darf. Es ist aber nicht er-

---

[238] Vgl. hierzu den Verweis auf §§ 102–110 StPO in § 111b Abs. 4 StPO.
[239] Meyer-Goßner § 102 Rn. 9; nicht dazu gehören im Körperinneren befindliche Gegenstände.

forderlich, dass der Verdacht sich bereits derart konkretisiert hat, dass die Beschuldigteneigenschaft[240] begründet werden kann. Bezüglich des Durchsuchungszweckes genügt eine bloße Vermutung, dass die Durchsuchung zum Auffinden der gesuchten Person oder des gesuchten Gegenstandes führen wird.

Strafunmündigkeit[241] hindert eine Durchsuchung beim Verdächtigen ebenso wie das offensichtliche Vorliegen von Rechtfertigungs-, Entschuldigungs- oder persönlichen Strafausschließungsgründen.

Für eine **Durchsuchung bei Dritten** ist dagegen grundsätzlich[242] erforderlich, dass aufgrund bestimmter Tatsachen darauf zu schließen ist, dass sich die gesuchte Person, Spur oder das Beweismittel in dem Durchsuchungsobjekt befindet.

Bereits die Anordnung der Durchsuchung und deren Durchführung sind unzulässig, wenn die gesuchten Gegenstände unter das Beschlagnahmeverbot des § 97 StPO[243] fallen.[244]

Die **Anordnung der Durchsuchung** geschieht grundsätzlich durch den Richter und nur bei Gefahr im Verzug durch den zuständigen Staatsanwalt oder durch Hilfsbeamte der Staatsanwaltschaft (§ 105 Abs. 1 S. 1 StPO).

379 Erfolgt die Durchsuchung aufgrund einer richterlichen Anordnung liegt dieser regelmäßig[245] ein **Durchsuchungsbeschluss** zugrunde, der bestimmte Anforderungen erfüllen muss. Der mit einer Durchsuchung einhergehende Eingriff in grundrechtlich geschützte Positionen des Betroffenen erfordert eine durch den zuständigen Richter möglichst präzise dargestellte und eingegrenzte Befugnis zur Vornahme der strafprozessualen Zwangsmaßnahme. Dies bewirkt, dass der richterliche Beschluss sowohl den **Anlass der Durchsuchung** – den Tatvorwurf – als auch den **Zweck der Durchsuchung**, das **Durchsuchungsobjekt** und das **Durchsuchungssubjekt** konkret darzustellen hat. Das Ausmaß der Befugnis muss deutlich werden, also beispielsweise welche Räumlichkeiten die Vollzugsbeamten betreten dürfen. Im Falle einer Suche nach Beweismitteln dürfen diese nicht nur pauschal als „Beweismittel, die für das Verfahren von Bedeutung sind" bezeichnet werden, sondern bedürfen einer möglichst konkreten Bezeichnung – zumindest in Form einer beispielhaften Aufzählung.[246]

Dem Richtervorbehalt wird eine Durchsuchung nur dann gerecht, wenn die richterliche Anordnung in gewissem **zeitlichen Zusammenhang** mit der Beschlussfassung vollzogen wird. Nach Ablauf eines halben Jahres ist dies nicht mehr der Fall.[247] Denn nach einem derart langen Zeitraum ist die vorbeugende richterliche Kontrolle des Grundrechtseingriffs nicht mehr ge-

---

[240] Vgl. hierzu Meyer-Goßner Einl Rn. 77 ff.
[241] Dann kommt jedoch eine Durchsuchung nach § 103 StPO in Betracht.
[242] Ausnahmen ergeben sich durch § 103 Abs. 1 S. 2 und Abs. 2 StPO.
[243] Hierzu vgl. Rn. 388.
[244] Meyer-Goßner § 97 Rn. 1.
[245] Jedoch ist eine bestimmte Form für die Anordnung der Durchsuchung nicht zwingend vorgeschrieben, vgl. Meyer-Goßner § 105 Rn. 3.
[246] BVerfG NJW 1994, 3281.
[247] BVerfG NJW 1997, 2165.

§ 1 Maßnahmen des Strafverteidigers im Ermittlungsverfahren 115

währleistet. Hierfür muss der entscheidende Richter die geplante Maßnahme in ihren konkreten, gegenwärtigen Voraussetzungen beurteilen. Somit tritt der Durchsuchungsbeschluss spätestens ein halbes Jahr nach seinem Erlass außer Kraft. Ein späterer Vollzug ist nicht rechtmäßig.

Wird eine Durchsuchung wegen **Gefahr im Verzug** vom Staatsanwalt oder von Hilfsbeamten der Staatsanwaltschaft angeordnet (§ 105 Abs. 1 S. 1 Alt. 2 StPO), so haben diese Personen dieselben Voraussetzungen zu beachten wie der Richter bei Erlass eines Durchsuchungsbeschlusses. Gefahr im Verzug ist dann anzunehmen, wenn die erforderliche richterliche Anordnung nicht eingeholt werden kann, ohne dass der Zweck der Maßnahme gefährdet wird.[248]

380

Da weder der Staatsanwalt noch die Hilfsbeamten der Staatsanwaltschaft einen formellen Beschluss fertigen, aus dem ersichtlich würde, ob sie diese Voraussetzungen auch tatsächlich beachtet und insbesondere die Frage, ob Gefahr im Verzug vorlag, zutreffend beurteilt haben, verlangt die Rechtsprechung zur Sicherung des Richtervorbehaltes, dass der „handelnde Beamte vor oder jedenfalls unmittelbar nach der Durchsuchung seine für den Eingriff bedeutsamen Erkenntnisse und Annahmen in den Ermittlungsakten **dokumentiert.** Insbesondere muss er, unter Bezeichnung des Tatverdachts und der gesuchten Beweismittel, die Umstände darlegen, auf die er die Gefahr des Beweismittelverlusts stützt. Allgemeine Formulierungen, die etwa bloß die juristische Definition von „Gefahr im Verzug" wiedergeben, reichen nicht aus. ... Insbesondere muss erkennbar sein, ob der Beamte den Versuch unternommen hat, den Ermittlungsrichter zu erreichen."[249]

Ob die **Voraussetzungen von Gefahr im Verzug** im Zeitpunkt der Anordnung der Zwangsmaßnahme vorlagen, ist nach der jüngeren Rechtsprechung der gerichtlichen Überprüfung zugänglich.[250] Allerdings muss das Gericht die besondere Situation berücksichtigen, in der sich die Strafverfolgungsbehörde bei Annahme von Gefahr im Verzug befindet. Deshalb darf der Richter seine nachträgliche Einschätzung der Lage, die er ohne zeitlichen Druck und unter Berücksichtigung der weiteren Entwicklung gewonnen hat, nicht an die Stelle der Einschätzung der ermittelnden Beamten setzen. Vielmehr ist zu berücksichtigen, wie groß der Handlungs- und Beurteilungsdruck in der konkreten Situation war, ob Zeit für Rücksprachen mit Kollegen oder zwischen der Polizei und der Staatsanwaltschaft bestand und ob den Erkenntnismöglichkeiten situationsbedingt Grenzen gezogen waren.

War auf der Grundlage dieser Vorgaben die getroffene Einschätzung, dass Gefahr im Verzug vorliegt, nahe liegend oder jedenfalls plausibel, darf das Gericht diese durch Polizei oder Staatsanwaltschaft vorgenommene Bewertung bei seiner Entscheidung als zutreffend zu Grunde legen.

---

[248] Meyer-Goßner § 98 Rn. 6 mit zahlreichen Nachweisen auf diverse Rechtsprechung.
[249] BVerfG StV 2001, 207, 211.
[250] Vgl. BVerfG StV 2001, 207 zum Begriff Gefahr im Verzug im Sinne des Art. 13 II GG.

Will ein Strafverteidiger demzufolge eine Durchsuchung wegen fehlerhafter Annahme von Gefahr im Verzug rügen, muss er darlegen, dass die vom handelnden Beamten getroffene Einschätzung mit der eines sachkundigen und pflichtgemäß handelnden Strafverfolgungsbeamten nicht in Einklang zu bringen ist.[251]

Wie bei jeder Zwangsmaßnahme ist der **Grundsatz der Verhältnismäßigkeit** zu beachten.

381 Die **Durchführung der Durchsuchung** selbst hat ebenfalls vorgegebenen Regeln zu folgen. So ist eine Durchsuchung von Wohnungen, Geschäftsräumen und des befriedeten Besitztums grds.[252] außerhalb der Nachtzeit[253] vorzunehmen. Eine Ausnahme gilt nur bei Verfolgung auf frischer Tat, Gefahr im Verzug oder wenn es um die Wiederergreifung eines entwichenen Gefangenen geht.

Bei denselben Durchsuchungsobjekten ist es erforderlich, dass an der Durchsuchung entweder ein Staatsanwalt oder Richter teilnimmt oder ein Gemeindebeamter bzw. zwei Gemeindemitglieder hinzugezogen werden (§ 105 Abs. 2 StPO), soweit dies möglich ist. Andernfalls – etwa aus Zeitgründen bei Gefahr im Verzug – muss von den Durchsuchungsbeamten dokumentiert werden, aufgrund welcher Umstände sie davon abgesehen haben, besagte Personen hinzuzuziehen. Waren die erforderlichen Durchsuchungszeugen nicht anwesend, so ist die Zwangsmaßnahme in rechtswidriger Weise durchgeführt worden. Allerdings besteht die Möglichkeit, dass der von der Durchsuchung betroffene Verdächtige oder Dritte auf die Teilnahme von Durchsuchungszeugen verzichtet.[254] Ob ein solcher Verzicht erklärt worden ist, wäre ggf. vom Verteidiger zu erfragen. Es ist denkbar, dass die Aufgabenstellung dazu veranlasst, noch offene Aspekte herauszuarbeiten.

Folgen einer fehlerhaften Durchsuchung

382 Nachdem der Bearbeiter einer Examensklausur all diese Voraussetzungen, die an eine ordnungsgemäße Durchsuchung gestellt werden, jeweils geprüft hat, muss er sich der Frage zuwenden, welche Folgen evt. festgestellte Fehler nach sich ziehen. Denn nicht jegliche fehlerhafte Durchsuchung bewirkt, dass der Beschuldigte einen Rechtsbehelf erfolgreich ergreifen kann. So ist bei einer Beschwerde gegen eine richterliche Anordnung erforderlich, dass der Beschuldigte **beschwert** ist.[255] Er muss eine unmittelbare Beeinträchtigung seiner Rechte oder schutzwürdigen Interessen erfahren.[256]

383 Da das Ziel strafprozessualer Rechtsmittel die Beseitigung einer **noch andauernden Beschwer** ist, können solche grds. nicht mehr eingelegt werden, sobald die Zwangsmaßnahmen zurückgenommen oder durch den Fortgang des Verfahrens gegenstandslos geworden sind.

---

[251] BVerfG StV 2001, 207, 211.
[252] Zu Ausnahmefällen bei weniger schutzwürdigen Räumlichkeiten vgl. § 104 Abs. 2 StPO.
[253] Zur Definition vgl. § 104 Abs. 3 StPO.
[254] Meyer-Goßner § 105 Rn. 12.
[255] Zu Beschwer allgemein vgl. Rn. 395.
[256] Meyer-Goßner § 105 Rn. 15; vor § 296 Rn. 9.

Zu beachten ist jedoch, dass die Durchsicht von Papieren nach § 110 StPO noch zur Durchsuchung selbst gehört, so dass eine Beschwerde gegen den Durchsuchungsbeschluss zulässig ist, bis die Durchsicht beendet ist.[257]

Ein Fall sogenannter „**prozessualer Überholung**" liegt dagegen beispielsweise vor, wenn eine Beschwerde gegen die Anordnung von Untersuchungshaft erhoben wurde, mittlerweile jedoch wegen Eintritts der Rechtskraft des Urteils Strafhaft verbüßt wird.[258] Auch bei derartiger prozessualer Überholung wird ein Rechtsmittel als zulässig angesehen, wenn ein **Interesse** des Betroffenen an der **Feststellung der Rechtswidrigkeit** der Maßnahme trotz deren Erledigung fortbesteht. Über die bereits früher anerkannten Bereiche bei Beschwerden gegen Ordnungsmittel[259], bei fortwirkender Beeinträchtigung, bei erheblichen Folgen eines Eingriffs und bei Vorliegen von Wiederholungsgefahr hinaus[260] hat die jüngere Rechtsprechung des BVerfG[261] nunmehr klar herausgestellt, dass Rechtsmittel gegen Zwangsmaßnahmen in Fällen **tiefgreifender Grundrechtseingriffe** zulässig sind, wenn die direkte Belastung durch den angegriffenen Hoheitsakt sich nach dem typischen Verfahrensablauf auf eine Zeitspanne beschränkt, in der der Betroffene die gerichtliche Entscheidung im Beschwerdeverfahren kaum erlangen kann. Unerheblich ist demzufolge, dass die Zwangsmaßnahme im Zeitpunkt der Einlegung des Rechtsmittels nicht mehr fortwirkt.

Gerade bei Durchsuchungen und damit einhergehenden Eingriffen in das Grundrecht aus Art. 13 GG liegen diese Voraussetzungen vor;[262] sie dürften auch bei Eingriffen in die körperliche Unversehrtheit und die persönliche Freiheit anzunehmen sein.[263]

Soweit eine Examensklausur sich nicht ausschließlich mit der Frage befasst, ob die Durchsuchung verfahrensfehlerhaft vorgenommen wurde, sondern auch **weitere Ziele des Mandanten** als die bloße Feststellung der Rechtswidrigkeit dieser Zwangsmaßnahme zu verfolgen sind, ist vom Bearbeiter einer Examensklausur zu beachten, dass gerade nicht jeglicher Verstoß gegen eine Verfahrensnorm bewirkt, dass die bei einer Durchsuchung gewonnenen Beweise im Rahmen einer Urteilsfindung unverwertbar sind.

384

Eine rechtsfehlerhafte Durchsuchung führt regelmäßig nicht zur Unzulässigkeit der Beschlagnahme der bei dieser Durchsuchung aufgefundenen Beweismittel. Dies bedeutet, dass ein Vorgehen nach § 98 Abs. 2 S. 2 StPO analog (auf Feststellung der Rechtswidrigkeit der Durchsuchung) erfolgreich sein kann, was jedoch nicht zur Folge haben muss, dass die im Rahmen dieser Durchsuchung beschlagnahmten Beweismittel aufgrund eines Rechts-

---

[257] Meyer-Goßner § 105 Rn. 15 mit Hinweis auf diverse Rechtsprechung.
[258] OLG Hamm NJW 1999, 229.
[259] Beschwerden gegen Ordnungsmittel nach bereits erfolgter Vollstreckung – vgl. Meyer-Goßner § 181 GVG Rn. 3.
[260] LG Stuttgart DStR 1997, 1449; auf Wiederholungsgefahr stellt auch BVerfG NJW 1999, 273 ab; umfassend zu dieser Problematik Laser NStZ 2001, 120.
[261] BVerfG NJW 1997, 2163; 1998, 2131; 1999, 273; anders dagegen die frühere Rechtsprechung: BVerfGE 49, 329.
[262] Vgl. BVerfG NJW 1997, 2163; 1999, 273.
[263] Vgl. Meyer-Goßner vor § 296 Rn. 18a mit Hinweis auf BVerfG StV 1999, 295.

mittels gegen die Beschlagnahmeanordnung wieder herauszugeben sind. Umgekehrt darf aus der Qualifizierung einer Norm als bloßer Ordnungsvorschrift, die bewirkt, dass eine Verwertbarkeit der gewonnenen Beweise bestehen bleibt, nicht darauf geschlossen werden darf, dass auch eine Vorgehensweise nach § 98 Abs. 2 S. 2 StPO analog zwingend erfolglos sein wird. So bestimmt beispielsweise § 107 S. 1 StPO, dass die Strafverfolgungsbehörde nach Beendigung der Durchsuchung verpflichtet ist, dem Betroffenen auf Verlangen eine schriftliche Durchsuchungsbestätigung auszuhändigen, aus der der Grund der Durchsuchung und ggf. auch die Straftat zu ersehen ist. Wird eine solche Bescheinigung trotz Aufforderung nicht erteilt, hat dies für das Strafverfahren keine Auswirkungen. Die gewonnenen Beweise sind verwertbar; § 107 StPO stellt eine bloße Ordnungsvorschrift dar.[264] Jedoch hat der Betroffene die Möglichkeit, wegen der unterlassenen Mitteilung Rechtsbehelfe zu ergreifen, wobei umstritten ist, ob § 23 Abs. 2 EGGVG[265] oder § 98 Abs. 2 S. 2 StPO[266] statthaft ist.

Handelt es sich dagegen bei der rechtsfehlerhaften Durchsuchung um einen besonders schwerwiegenden Verstoß – wie bei der Annahme einer Grundrechtsverletzung –, wird ein Verbot der Beschlagnahme anzunehmen sein.[267]

Demzufolge ist die Staatsanwaltschaft ebenfalls nicht stets gehalten, bei der **Fertigung der Abschlussverfügung** und somit bei der Beurteilung der Frage, ob eine Verurteilung des Beschuldigten mit Wahrscheinlichkeit zu erwarten ist, davon auszugehen, dass ein bestimmtes Beweisergebnis nicht zu erzielen sein wird, weil ein Verstoß gegen Durchsuchungsvorschriften vorliegt. Es ist durchaus denkbar, dass der Bearbeiter einer Examensklausur die Verletzung einer die Durchsuchung betreffenden Regelung feststellen soll, die jedoch als bloße Ordnungsvorschrift[268] zu qualifizieren ist, so dass trotz des vorliegenden Verstoßes gegen Verfahrensvorschriften letztlich die Anregung des Strafverteidigers, das Verfahren nach § 170 Abs. 2 StPO einzustellen, voraussichtlich keinen Erfolg haben wird. Dann gilt es, weitere Unregelmäßigkeiten aufzuspüren, die dem Beschuldigten einen möglicherweise günstigeren Ausgang des Verfahrens bescheren, oder es ist auf eine andere Erledigung des Strafverfahrens hinzuarbeiten wie auf eine Einstellung nach § 153a StPO.[269]

385 **(2) Beschlagnahme.** Ebenso wie bei einer Durchsuchung greifen im Falle einer Beschlagnahme von Gegenständen in der StPO statuierte Regeln, auf deren Einhaltung durch die Strafverfolgungsorgane ein Strafverteidiger bereits im Ermittlungsverfahren zu achten hat. Eine ordnungsgemäße Durchsuchung jedoch ist nicht stets notwendige Voraussetzung für die

---

[264] Meyer-Goßner § 107 Rn. 1.
[265] Meyer-Goßner § 107 Rn. 5.
[266] Karlsruher Kommentar § 107 Rn. 5.
[267] BVerfG NJW 1999, 273, 274; Meyer-Goßner § 94 Rn. 21 mit Hinweis auf diverse Rechtsprechung und abweichende Auffassungen in der Literatur, insbesondere Krekeler NStZ 1993, 263 ff, der grds. ein Verwertungsverbot annimmt.
[268] Vgl. Meyer-Goßner § 106 Rn. 1 und § 107 Rn. 1.
[269] Hierzu vgl. Rn. 421 ff.

§ 1 Maßnahmen des Strafverteidigers im Ermittlungsverfahren 119

Rechtmäßigkeit der Beschlagnahme der bei dieser Durchsuchung sichergestellten Gegenstände.[270]

Unter einer **Beschlagnahme** ist nach § 94 Abs. 2 StPO die **Sicherstellung** eines Beweisgegenstandes **gegen den Willen**[271] des bisherigen Besitzers zu verstehen, ebenso die Sicherstellung eines Gegenstandes, der zunächst freiwillig herausgegeben wurde, wenn der vormalige Besitzer mit dessen weiterer Verwahrung nicht mehr einverstanden ist.

Der **Zweck** einer Beschlagnahme ist demzufolge, zu gewährleisten, dass der maßgebliche Gegenstand, der als Beweismittel für die Untersuchung Bedeutung hat oder haben kann, zur Beweisführung auch tatsächlich zur Verfügung steht. Für die Beschlagnahme eines Gegenstandes ist es (ebenso wie für die Anordnung der Durchsuchung) ausreichend, dass ein Anfangsverdacht vorliegt, also dem Beschlagnahmeobjekt möglicherweise Beweisbedeutung zukommt (sogenannte „potentielle Beweisbedeutung"[272]).

Stets ist die Verhältnismäßigkeit der Maßnahme zu beachten.

Nach der Sondernorm des § 94 Abs. 3 StPO ist auch die Beschlagnahme von Führerscheinen, die einer Einziehung nach § 69 Abs. 3 StGB unterliegen, zulässig. Hierbei ist jedoch zu beachten, dass für die vorläufige Entziehung der Fahrerlaubnis ein Anfangsverdacht nicht genügt, sondern gemäß § 111a StPO ein dringender Tatverdacht erforderlich ist, was bereits bei der Beschlagnahme des Führerscheins zu berücksichtigen ist (vgl. auch § 111a Abs. 3 StPO).

Schließlich kann Zweck der Beschlagnahme auch die sogenannte Rückgewinnungshilfe gemäß § 111c StPO i.V.m. § 111b Abs. 5 StPO oder die Sicherung der späteren Anordnung des Verfalls oder der Einziehung nach §§ 111c StPO i.V.m. § 111b Abs. 1 StPO sein.

Taugliche **Beschlagnahmeobjekte** sind alle beweglichen und auch unbeweglichen Sachen.[273]

Zur **Anordnung einer Beschlagnahme** ist wegen des erfolgenden Eingriffs in grundgesetzlich geschützte Rechtspositionen grds. der Richter zuständig.

Der **Beschlagnahmebeschluss** muss wie der Durchsuchungsbeschluss hinreichend bestimmt sein. Es muss deutlich werden, dass die zu beschlagnahmenden Gegenstände als Beweismittel benötigt werden. Insbesondere sind die in Verwahrung zu nehmenden Sachen möglichst genau zu bezeichnen. Da der Antrag auf Beschlagnahme regelmäßig bereits zusammen mit dem Antrag auf Durchsuchung gestellt wird und demzufolge auch der vom Gericht erlassene Beschluss meist beide Maßnahmen beinhaltet, ist es vielfach nicht möglich, die zu beschlagnahmenden Gegenstände ganz exakt individualisiert zu benennen. Jedoch muss durch den Richter der Umfang der Beschlagnahme vorgegeben werden. Deshalb ist es erforderlich aber auch ausreichend, wenn durch eine Umschreibung der Sachen Klarheit darüber besteht, in welchem Ausmaß die zwangsweise Sicherstellung durchgeführt

---

[270] Hierzu vgl. Rn. 384.
[271] Bei freiwilliger Herausgabe greift § 94 Abs. 1 StPO: bloße Sicherstellung.
[272] Meyer-Goßner § 94 Rn. 6.
[273] Meyer-Goßner § 94 Rn. 4.

werden darf. Es genügt beispielsweise anzuordnen, dass die Durchsuchung der Beschlagnahme von Schriftstücke dient, die den Abschluss und die Abwicklung eines bestimmten geschäftlichen Vorganges betreffen. Nicht hinreichend – da zu allgemein gehalten – jedoch ist die Anordnung, dass alle bei einer Durchsuchung aufgefundenen Beweismittel beschlagnahmt werden sollen.[274]

Ob auch darzustellen ist, aufgrund welcher Umstände der Gegenstand als Beweismittel von Bedeutung sein kann, ist streitig.[275]

Bei **Gefahr im Verzug**[276] kann eine Beschlagnahme auch durch die Staatsanwaltschaft oder deren Hilfsbeamte angeordnet werden. Zur Wahrung der Rechte des Betroffenen soll im Falle einer ohne vorherigen richterlichen Beschluss durchgeführten Beschlagnahme unter bestimmten Voraussetzungen gemäß § 98 Abs. 2 S. 1 StPO binnen drei Tagen eine richterliche Bestätigung beantragt werden. Nicht erforderlich ist dies, wenn durch den Betroffenen ohnehin eine richterliche Entscheidung nach § 98 Abs. 2 S. 2 StPO beantragt ist.

387 Die **Durchführung der Beschlagnahme** geschieht in aller Regel in der Weise, dass der Beweisgegenstand in amtliche Verwahrung genommen, d. h. in den Besitz der Behörde oder einer beauftragten Person oder Institution übergeführt wird. Können Gegenstände allerdings nicht in Verwahrung genommen werden, wie es naturgemäß bei Räumen und Grundstücken der Fall ist, sind sie in sonstiger Weise sicherzustellen, so etwa durch Versiegeln und Anordnung eines Verbotes, die Räumlichkeiten zu betreten. Deutlich werden muss in jedem Fall, dass durch die Inbesitznahme oder die sonstige Sicherstellung ein Herrschaftsverhältnis begründet wird.[277]

Da eine Beschlagnahme als Sicherstellung eines Gegenstandes gegen den Willen des bisherigen Besitzers zu definieren ist, ist die Maßnahme vielfach auch zwangsweise durchzusetzen. Dies geschieht dadurch, dass im Rahmen der Durchsuchung die Herausnahme der Sache erzwungen wird oder dass die Zwangsmittel nach § 95 Abs. 2 i. V. m. § 70 StPO ergriffen werden; letzteres ist allerdings nicht zulässig beim Beschuldigten selbst und bei zeugnisverweigerungsberechtigten Dritten.

388 Eine ganz erhebliche Bedeutung kommt der **Beschlagnahmefreiheit** von Beweisgegenständen zu. Dieses Problemfeld ist bereits in zahlreichen Examensklausuren in unterschiedlicher Fallgestaltung zu bearbeiten gewesen.

§ 97 StPO bestimmt, dass ganz bestimmte Gegenstände **zeugnisverweigerungsberechtigter Personen** nicht beschlagnahmt werden dürfen. Diese Regelung knüpft somit an §§ 52, 53, 53a StPO an. Beispielsweise unterliegen schriftliche Mitteilungen zwischen dem Beschuldigten und seinem anwaltlichen Vertreter nicht der Beschlagnahme (§§ 97 Abs. 1 Nr. 1, 53 Abs. 1 Nr. 2 StPO). Voraussetzung ist gemäß § 97 Abs. 2 StPO, dass sich der maßgebliche Gegenstand im Gewahrsam des zur Verweigerung des Zeugnisses

---

[274] Meyer-Goßner § 98 Rn. 9.
[275] Meyer-Goßner § 98 Rn. 9.
[276] Zum Begriff s. o. Rn. 380.
[277] Meyer-Goßner § 94 Rn. 14–16.

Berechtigten befindet.[278] Hierfür genügt nach h. M.[279] Mitgewahrsam des Zeugnisverweigerungsberechtigten, es sei denn der Beschuldigte hat ebenfalls Mitgewahrsam an der Sache.[280]

Weiterhin ist zu beachten, dass § 97 StPO nur greift, wenn das Vertrauensverhältnis, aus dem sich das Zeugnisverweigerungsrecht ableitet, gerade gegenüber dem Beschuldigten besteht bzw. bestand.[281] Somit können Aufzeichnungen eines Arztes über seinen Patienten im Verfahren gegen einen beliebigen Dritten sehr wohl gegen den Willen des Arztes sichergestellt werden. War allerdings der Patient in irgendeinem Stadium des Ermittlungsverfahrens selbst Mitbeschuldigter, sind die ärztlichen Aufzeichnungen wiederum beschlagnahmefrei.[282]

Ist eine Entbindung von der Verschwiegenheitspflicht nach § 53 Abs. 2 StPO wirksam erklärt, so unterliegen die Beweisgegenstände der Beschlagnahme.[283]

Gerade auch für Examensklausuren wichtige Ausnahmetatbestände sind § 97 Abs. 2 S. 3 StPO zu entnehmen. Danach greift die Beschränkung der Befugnis zur Beschlagnahme nicht, wenn die Zeugnisverweigerungsberechtigten selbst Beschuldigte[284] oder der Teilnahme an der Straftat verdächtig sind, ebenso bei Vorliegen des Verdachts der Begünstigung, Strafvereitelung oder Hehlerei. Schließlich können auch Deliktsgegenstände, also Tatwerkzeuge oder durch die Tat hervorgebrachte bzw. erlangte Gegenstände ohne Einschränkung beschlagnahmt werden.

Gibt der Zeugnisverweigerungsberechtigte den Beweisgegenstand freiwillig heraus, darf die Strafverfolgungsbehörde die Sache sicherstellen – eine Beschlagnahme liegt mangels entgegenstehenden Willens nicht vor. Das Beweismittel darf im Strafverfahren auch verwertet werden, wenn der vorherige Gewahrsamsinhaber darüber belehrt worden ist, dass der Gegenstand nicht zwangsweise, sondern ausschließlich wegen der vorliegenden Einwilligung in Gewahrsam genommen werden darf.[285]

Ein bloßes Einverständnis des Beschuldigten mit der Beschlagnahme von Gegenständen bei zeugnisverweigerungsberechtigten Personen, lässt dagegen nicht generell die Beschlagnahmefreiheit entfallen, sondern nur dann, wenn der Beschuldigte den Gewahrsamsinhaber vom Zeugnisverweigerungsrecht entbinden kann (§§ 53 Abs. 2, 53a Abs. 2 StPO). Die Einverständniserklärung ist in einem solchen Fall als Entbindungserklärung auszulegen.

---

[278] Vgl. aber auch den Sonderfall des § 97 Abs. 2 S. 2 StPO.
[279] Meyer-Goßner § 97 Rn. 12.
[280] BGHSt 19, 374.
[281] Meyer-Goßner § 97 Rn. 10; anders ist die Rechtslage bezüglich des Zeugnisverweigerungsrechtes selbst – hier ist nicht Voraussetzung, dass der Patient selbst Beschuldigter ist, um das Recht des Arztes zur Zeugnisverweigerung zu begründen.
[282] BGH NStZ 1998, 471 = NJW 1998, 840.
[283] BGHSt 38, 144; Meyer-Goßner § 97 Rn. 24.
[284] Zum Fall der Beschlagnahme von Unterlagen bei einem Arzt als Beschuldigten und deren Verwertung gegen dessen Patienten vgl. Meyer-Goßner § 97 Rn. 4a und § 108 Abs. 2 StPO.
[285] Meyer-Goßner § 97 Rn. 6.

390 Die Beschlagnahme erlischt bei Eintritt der Rechtskraft des das Strafverfahren abschließenden Urteils bzw. mit Bestandskraft der staatsanwaltschaftlichen Abschlussverfügung, aufgrund derer das Strafverfahren zur Einstellung gelangt. Es erfolgt keine förmliche Beschlussfassung, nach der die Beschlagnahme aufgehoben würde, auch wenn die Zwangsmaßnahme aufgrund einer richterlichen Anordnung vorgenommen wurde.[286] Sichergestellte Gegenstände sind grds.[287] an den letzten Gewahrsamsinhaber herauszugeben.

Folgen einer fehlerhaften Beschlagnahme

391 Nach Überprüfung dieser Voraussetzungen der Beschlagnahme von Beweisgegenständen wird der Bearbeiter einer Examensklausur voraussichtlich durch die Aufgabenstellung vorgegebene Unregelmäßigkeiten entdecken und diese nun daraufhin zu untersuchen haben, ob und ggf. welche Rechtsbehelfe mit Aussicht aus Erfolg ergriffen werden können.

Die Wahl des **korrekten Rechtsbehelfs** ist davon abhängig, ob die Beschlagnahme aufgrund einer Entscheidung der Staatsanwaltschaft[288] vorgenommen wurde oder eine richterliche Anordnung Grundlage der Zwangsmaßnahme war bzw. mittlerweile eine richterliche Bestätigung der staatsanwaltschaftlichen Maßnahme vorliegt.

Hierzu vgl. die Übersicht bei Rn. 375.

Wurde bei der Beschlagnahme von der Strafverfolgungsbehörde oder dem Gericht fehlerhaft vorgegangen, kann dies Auswirkungen auf das **Strafverfahren insgesamt** zeigen. Gerade ein Verstoß gegen § 97 ZPO zieht ein Beweisverwertungsverbot nach sich.[289] Dies bedeutet, dass der gewonnene Beweis weder im Zusammenhang mit dem Erlass eines Haftbefehls noch bei Anklageerhebung und auch nicht bei Urteilsfindung Berücksichtigung finden darf. Somit kann gerade hier die Aufgabenstellung über das bloße Ergreifen eines Rechtsmittels gegen die Beschlagnahme[290] hinaus gehen und erfordern, dass der Bearbeiter beispielsweise die Aufhebung eines bestehenden Haftbefehls beantragt.[291]

392 (3) **Zufallsfunde.** In zahlreichen Examensklausuren spielt die Frage der Verwertbarkeit von Zufallsfunden[292] eine maßgebliche Rolle. Hierbei handelt es sich um Gegenstände, die bei Gelegenheit einer Durchsuchung gefunden werden, in keiner Beziehung zur Untersuchung stehen, jedoch auf die Verübung einer anderen Straftat hindeuten. Derartige Sachen sind gemäß § 108 Abs. 1 S. 1 StPO einstweilen in Beschlag zu nehmen.

Will sich ein Betroffener gegen eine Beschlagnahme von Zufallsfunden wenden, so hat er gemäß § 98 Abs. 2 S. 2 StPO analog den **Antrag auf ge-**

---

[286] Zur Ausnahme der Aufhebung der Anordnung vor Verfahrensbeendigung vgl. Meyer-Goßner § 98 Rn. 30.
[287] Ausnahme: § 111k StPO oder § 111b StPO.
[288] Dasselbe gilt bei einer Beschlagnahme durch Hilfsbeamte der Staatsanwaltschaft.
[289] Meyer-Goßner § 97 Rn. 46 ff.
[290] Zum Aufbau der Beschwerde vgl. Rn. 393 ff.
[291] Hierzu vgl. Rn. 419.
[292] Umfassend zu dieser Problematik: Fickert, Die Behandlung von Zufallserkenntnissen im Ermittlungsverfahren, 2002.

richtliche Entscheidung über die Rechtmäßigkeit der Beschlagnahme zu stellen.

Im Falle der einstweiligen Beschlagnahme durch Polizeibeamte ist die Staatsanwaltschaft hiervon in Kenntnis zu setzen und sodann verpflichtet, darüber zu entscheiden, ob sie den Gegenstand freigeben wird oder ein neues Strafverfahren einleitet und innerhalb desselben eine Beschlagnahmeanordnung nach §§ 94, 98 StPO herbeiführt. Die Zuständigkeit für diese Entscheidung liegt nicht bei dem Richter des ursprünglichen Durchsuchungsbeschlusses, sondern sie ergibt sich aus dem neu eingeleiteten Verfahren.

Sobald ein **richterlicher Beschlagnahmebeschluss** vorliegt, ist eine richterliche Bestätigung nach § 98 Abs. 2 S. 2 StPO analog nicht mehr zu erlangen.[293] Der Betroffene muss gegen den Beschlagnahmebeschluss mit dem Rechtsmittel der **Beschwerde** vorgehen.

(4) Aufbau und Darstellung der Beschwerdeschrift. Hat der Bearbeiter der Klausur nach Prüfung der Voraussetzungen einer von der Strafverfolgungsbehörde durchgeführten Zwangsmaßnahme als Ergebnis herausgearbeitet, dass Verfahrensfehler oder auch materielle (Subsumtions-)Fehler vorliegen, muss er sich sodann dem Aufbau eines Schriftsatzes zuwenden, mit dessen Hilfe das maßgebliche Rechtsmittel bei der zuständigen Stelle eingelegt wird. **393**

Zuvor jedoch ist noch zu prüfen, welche Zulässigkeitserfordernisse erfüllt sein müssen, um ein Rechtsmittel auch erfolgreich einlegen zu können. Sodann ist das Ziel der Beschwerde im Rahmen einer Antragstellung klar auszuformulieren und die Beschwerdebegründung zu fertigen.

Die Prüfung[294] der **Zulässigkeitsvoraussetzungen** bezieht sich auf folgende Umstände:

Statthaftigkeit

Die Beschwerde nach § 304 Abs. 1 StPO ist statthaft gegen **richterliche Beschlüsse** (erster und zweiter Instanz) und Verfügungen sowie gegen alle richterlichen Maßnahmen, die nicht mit Berufung oder Revision angreifbar sind.[295] Eine Ausnahme besteht dann, wenn das Gesetz sie ausdrücklich einer Anfechtung entzieht[296] oder Sonderregelungen bestehen.[297] **394**

§ 305 StPO jedoch hindert bei den hier maßgeblichen Zwangsmaßnahmen die Einlegung einer Beschwerde nicht.[298]

Zur Abgrenzung zum Antrag nach § 98 Abs. 2 S. 2 StPO analog vgl. Rn. 375 und 399.

Beschwer; Beschwerdeberechtigung

Jedes förmliche Rechtsmittel kann nur von demjenigen eingelegt werden, der durch die Entscheidung beschwert ist. Beschwert ist, wer durch die an- **395**

---
[293] Zur prozessualen Überholung vgl. Rn. 383, 395.
[294] Das heißt nicht, dass diese Zulässigkeitsvoraussetzungen auch allesamt in der Beschwerdeschrift darzustellen sind – hierzu vgl. sofort.
[295] Meyer-Goßner § 304 Rn. 1.
[296] Zahlreiche Beispiele finden sich bei Meyer-Goßner § 304 Rn. 5.
[297] Z. B. §§ 319 Abs. 2, 346 Abs. 2, 410 Abs. 1 S. 1 StPO.
[298] Zur erforderlichen Beschwer vgl. sofort.

gegriffene Entscheidung in seinen Rechten oder schutzwürdigen Interessen verletzt oder unmittelbar beeinträchtigt ist.[299]

Zwangsmaßnahmen im Ermittlungsverfahren richten sich in aller Regel gegen den Beschuldigten. Demzufolge ist er auch durch deren Anordnung oder Vollzug beschwert.

Dies ist jedoch nicht der Fall, wenn die Maßnahmen nicht in seine Rechtssphäre eingreifen wie z. B. bei einer Durchsuchung, die bei Dritten durchgeführt wird (§ 103 StPO).[300]

Es muss sich um eine **gegenwärtige und fortdauernde Beschwer** handeln. Somit ist eine Maßnahme grundsätzlich nicht (mehr) anfechtbar, wenn sie aus tatsächlichen oder rechtlichen Gründen nicht mehr ungeschehen gemacht werden kann. In den Fällen sogenannter prozessualer Überholung ist eine Beschwerde demzufolge grds. unzulässig, weil der Sinn der Beschwerde, die Aufhebung der den Beschwerdeführer beeinträchtigenden Maßnahme zu erlangen, nicht mehr erreichbar ist.

Zur prozessualen Überholung bei einer abgeschlossenen Durchsuchung vgl. Rn. 383.

Die dortigen Ausführungen haben m. E. – jedenfalls bei schwerwiegenden Eingriffen – allgemeine Geltung.[301]

Die **Beschwerdeberechtigung** kann auch dem Verteidiger selbst, Zeugen, Sachverständigen oder sonstigen Dritten zukommen, wenn sie nur in eigenen Rechten betroffen sind (vgl. § 304 Abs. 2 StPO).

Demzufolge kann beispielsweise ein Eigentümer beschlagnahmter Sachen ebenso Beschwerde gegen die Beschlagnahmeanordnung einlegen wie der Gewahrsamsinhaber und der Besitzer des beschlagnahmten Gegenstandes. Auch ein Verteidiger, der nach § 146a StPO zurückgewiesen wird[302], ist beschwerdeberechtigt.

Zuständigkeit

396 Die Beschwerde ist nach § 306 Abs. 1 StPO stets bei dem Gericht einzulegen, das die angegriffene Entscheidung erlassen hat, nicht jedoch bei dem Beschwerdegericht, dessen Zuständigkeit sich aus den Regelungen der §§ 73, 121 Abs. 1 Nr. 2, 135 Abs. 2 GVG ergibt.

Form, Frist

§ 306 Abs. 1 S. 1 StPO bestimmt, dass die Beschwerde schriftlich oder zu Protokoll der Geschäftsstelle des Ausgangsgerichts einzulegen ist.

Eine Beschwerdefrist ist nicht vorgesehen.

Nur im Falle der sofortigen Beschwerde muss das Rechtsmittel aus Gründen der Rechtssicherheit binnen einer Woche eingelegt werden (§ 311 Abs. 2 StPO). Eine sofortige Beschwerde ist ausschließlich dann statthaft, wenn dies im Gesetz ausdrücklich bestimmt ist.[303]

---

[299] BGHSt 13, 75, 77; 16, 374, 376; Meyer-Goßner vor § 296 Rn. 9 ff. m. w. N.
[300] Löwe/Rosenberg § 98 Rn. 65; KMR § 105 Rn. 18.
[301] Vgl. Meyer-Goßner vor § 296 Rn. 18 a.
[302] BGHSt 26, 291.
[303] Vgl. §§ 28 Abs. 2 S. 1, 46 Abs. 3, 81 Abs. 4 S. 1, 206a Abs. 2, 210 Abs. 2, 270 Abs. 3 S. 2 StPO.

Darstellung in der Beschwerdeschrift

Ein Strafverteidiger muss zunächst diese formalen Voraussetzungen beachten. Dies bedeutet nicht, dass er all diese Umstände in der Beschwerdeschrift auch erläuternd darstellt.

397

Die Beschwerdebegründung wird sich in vielen Fällen nahezu ausschließlich mit der Frage zu befassen haben, ob die Anordnung der Zwangsmaßnahme (noch) zulässig ist.

Zur Zulässigkeit der Beschwerde selbst sind dagegen in aller Regel keine Ausführungen veranlasst. Dass der Klausurbearbeiter in der Rolle des Strafverteidigers das tatsächlich zuständige Gericht erfasst hat, ergibt sich daraus, dass er es eben anruft und die Beschwerdeschrift entsprechend adressiert. Er muss in aller Regel gerade nicht begründen, weshalb das angerufene Gericht zuständig ist.

Vielfach werden die Lösungen anwaltlicher Klausuren im Staatsexamen von den Prüflingen jedoch exakt so aufgebaut wie die erstrebte gerichtliche Entscheidung, indem zunächst die Zulässigkeitsfragen schematisch „abgearbeitet" werden und sodann die Begründetheit dargestellt wird. Es entsteht der Eindruck, als würde eine Beschwerdeentscheidung gefertigt und als Beschwerdeschrift bezeichnet.

Eine derartige Lösung entspricht jedoch in aller Regel nicht der Aufgabenstellung.[304] Nur im Ausnahmefall sind in einer Beschwerdeschrift notwendigerweise Ausführungen zur Zulässigkeit veranlasst wie beispielsweise bei einer sogenannten „prozessualen Überholung", bei der herauszustellen ist, woraus sich das Interesse an der Feststellung der Rechtswidrigkeit der bereits erledigten Zwangsmaßnahme ergibt. Die weiteren rechtlich ergiebigen Fragestellungen sind je nach konkreter Aufgabenstellung in einem Hilfsgutachten, die Entscheidung vorbereitenden Gutachten oder einem Schreiben an den Mandanten zu erläutern.

Wenn allerdings in einem Gutachten die Erfolgsaussicht eines Rechtsmittels herausgearbeitet werden soll, ist auch die Zulässigkeit nicht nur umfassend zu überprüfen, sondern innerhalb des Gutachtens selbst darzustellen.

Beispiel zu den Formalien und zum Aufbau einer Beschwerdeschrift:

An das
Amtsgericht Würzburg
– Ermittlungsrichter –

398

Az.: Gs 3456/02

In der Strafsache
gegen Hain Mike, geb. ......
wegen Unterschlagung u. a.

---

[304] Sollte allerdings die Aufgabenstellung ausdrücklich fordern, dass auch die Zulässigkeitsfragen in einer Beschwerdeschrift darzustellen sind, so hat sich der Bearbeiter selbstverständlich an diese Vorgabe zu halten.

zeige ich unter Vollmachtsvorlage die Verteidigung des Beschuldigten an und lege gegen den Beschluss des AG Würzburg – Ermittlungsrichter – vom ...... ein.

Beschwerde

Ich beantrage,
1. den Beschluss des AG Würzburg – Ermittlungsrichter – vom ...... aufzuheben,
2. die Herausgabe der beschlagnahmten EDV-Anlage anzuordnen.

Begründung:
Tatsachenschilderung zu:
Tatvorwurf – dieser ist kurz zu umreisen
Durchsuchung wegen angeblicher Gefahr im Verzug durch die Staatsanwaltschaft
Beschlagnahme der EDV-Anlage
Richterliche Bestätigung der Beschlagnahme (= angegriffener Beschluss)
Rechtliche Erörterung zu den Umständen, aus denen sich die Rechtswidrigkeit der Beschlagnahme ergibt

(5) **Aufbau und Darstellung der Antragsschrift nach § 98 Abs. 2 S. 2 StPO (analog).** Ergibt die Prüfung des Strafverteidigers, dass nicht eine Beschwerde einzulegen, sondern etwa ein Antrag auf Feststellung der Rechtswidrigkeit der Art und Weise der Durchsuchung zu stellen ist, müssen die folgend dargestellten Zulässigkeitsvoraussetzungen eines solchen Rechtsbehelfes ebenfalls hinterfragt werden.

Statthaftigkeit

399 Ein Antrag auf gerichtliche Entscheidung ist kraft der ausdrücklichen Regelung in § 98 Abs. 2 S. 2 StPO statthaft, wenn die **Beschlagnahme** eines Gegenstandes durch die **Staatsanwaltschaft oder Hilfsbeamte der Staatsanwaltschaft** vorgenommen wurde, ohne dass ein gerichtlicher Beschluss vorliegt. Stützt sich die Beschlagnahme dagegen auf eine derartige gerichtliche Entscheidung, ist hiergegen Beschwerde einzulegen.[305]
Das Gebot effektiven Rechtsschutzes bewirkt jedoch, dass der Anwendungsbereich des § 98 Abs. 2 S. 2 StPO erheblich erweitert ist.
So ist in der Rechtsprechung mittlerweile anerkannt, dass in analoger Anwendung dieser Norm ein Antrag auf gerichtliche Entscheidung auch dann gestellt werden kann, wenn **sonstige Zwangsmaßnahmen,** die von der **Staatsanwaltschaft** oder von deren **Hilfsbeamten** ergriffen werden, auf ihre Rechtmäßigkeit überprüft werden sollen (und Sondernormen nicht existieren). Insbesondere gilt dies für Durchsuchungen.[306]
Sind derartige Maßnahmen bereits durch Vollzug erledigt, wird ein gerichtlicher Schutz nicht generell versagt; es ist jedoch zu prüfen, ob trotz

---
[305] Vgl. Rn. 394 und zur sogenannten prozessualen Überholung Rn. 400.
[306] BGHSt 26, 206; NJW 1978, 1013; StV 1988, 90; umfassend Laser, NStZ 2001, 122.

§ 1 Maßnahmen des Strafverteidigers im Ermittlungsverfahren

„prozessualer oder tatsächlicher Überholung" ein Bedürfnis für eine gerichtliche Kontrolle besteht.[307] Auch die **Art und Weise der Durchführung** einer Zwangsmaßnahme der **Staatsanwaltschaft** kann mit Hilfe des § 98 Abs. 2 S. 2 StPO analog beanstandet werden.[308] Auch hier gilt, dass im Falle bereits eingetretener Erledigung des Vollzugs das Rechtsschutzinteresse darzulegen ist.

Schließlich ist nach der jüngeren Rechtsprechung die **Art und Weise des Vollzugs** von Zwangsmaßnahmen (konkret Durchsuchungsmaßnahmen) auch dann in entsprechender Anwendung des § 98 Abs. 2 S. 2 StPO[309] zu überprüfen, wenn die Anordnung der Maßnahme durch einen **Richter** erfolgt ist. Dauert die Maßnahme nicht mehr an, gilt es wie stets zu hinterfragen, ob ein Rechtsschutzbedürfnis (Feststellungsinteresse) besteht.

Eine Besonderheit ist hier insoweit zu beachten, als dann, wenn die richterliche Anordnung bereits ausdrücklich und eindeutig die Art und Weise des Vollzug regelt[310], nicht nach § 98 Abs. 2 S. 2 StPO analog vorzugehen, sondern m. E. die Beschwerde nach § 304 StPO statthaft ist.[311]

Beschwer; Antragsberechtigung

Der Rechtsbehelf des § 98 Abs. 2 S. 2 StPO kann nur ergriffen werden, wenn eine Beschwer vorliegt. **400**

Insoweit vgl. Rn. 395.

Zum **Feststellungsinteresse** im Falle durch Vollzug bereits erledigter Zwangsmaßnahmen gilt dasselbe wie bei einer Beschwerde gegen eine richterliche Anordnung.[312] Grds. ist im strafprozessualen Bereich Rechtsschutz nur zu gewähren gegen andauernde belastende Maßnahmen.

Wurde die Beschlagnahme durch die Staatsanwaltschaft bereits nach § 98 Abs. 2 S. 1 StPO **richterlich bestätigt,** liegt ein weiterer Fall prozessualer Überholung vor. Der vom Betroffenen gestellte Antrag auf richterliche Bestätigung ist vom Gericht als Antrag auf Aufhebung des Bestätigungsbeschlusses anzusehen.[313] Dies ändert selbstverständlich nichts daran, dass der Bearbeiter einer Examensklausur die jeweils korrekte Antragstellung vornehmen soll, auch wenn eine Auslegung oder Umdeutung weiter hilft.

Zur Antragstellung berechtigt ist im unmittelbaren Anwendungsbereich des § 98 Abs. 2 S. 2 StPO der von der Beschlagnahme **Betroffene,** das sind

---

[307] Dies ist eine Frage der Beschwer; vgl. Rn. 400; siehe hierzu auch Laser NStZ 2001, 122; Amelung, StV 2001, 131.
[308] BGH NStZ 1999, 151; BGHSt 44, 265 = NJW 1999, 730 ff.; nach früher vertretener Auffassung war der Rechtsweg nach §§ 23 ff. EGGVG zu beschreiten – vgl. BGHSt 28, 206 ff.
[309] Nach früherer Rechtsprechung war auch hier ein Vorgehen nach §§ 23 EGGVG statthaft – vgl. OLG Karlsruhe NStZ 1992, 97; OLG Koblenz StV 1994, 284.
[310] Beispiele nach Laser NStZ 2001, 120, 124: der Beschluss ordnet an, dass bei der Durchsicht einer EDV-Anlage Angestellte des Unternehmens hinzuzuziehen sind; der Beschluss bezeichnet die zu durchsuchenden Räume.
[311] Amelung JR 2000, 481; Eisele StV 99, 300; Fezer NStZ 99, 151; dagegen spricht sich Katholnigg NStZ 2000, 156 für eine Anwendbarkeit des § 98 Abs. 2 S. 2 StPO aus.
[312] Vgl. Rn. 395.
[313] Meyer-Goßner § 98 Rn. 19.

der Gewahrsamsinhaber, der Eigentümer und der Besitzer des beschlagnahmten Gegenstandes.³¹⁴

Im Falle analoger Anwendung der Norm ist darauf abzustellen, wer von der sonstigen Zwangsmaßnahme wie einer Durchsuchung oder der Art und Weise des Vollzugs der Maßnahme betroffen ist, also wer in seinen Rechten verletzt oder in den rechtlich geschützten Interessen beeinträchtigt ist.

Zuständigkeit

401 Der Antrag auf richterliche Entscheidung über die Zulässigkeit der Beschlagnahme ist im Stadium des Ermittlungsverfahrens gemäß § 98 Abs. 2 S. 3 StPO bei dem Amtsgericht zu stellen, in dessen Bezirk die Beschlagnahme stattgefunden hat.

War der beanstandeten staatsanwaltschaftlichen Beschlagnahme bereits eine Durchsuchung, Beschlagnahme oder Postbeschlagnahme in einem anderen Bezirk vorausgegangen, verlagert sich zwar die Zuständigkeit zur Entscheidung auf das Amtsgericht, in dessen Bezirk die ermittelnde Staatsanwaltschaft ihren Sitz hat. Dort ist somit eine Antragstellung zulässig. Dies ändert jedoch nichts daran, dass der Betroffene den Antrag – auch – bei dem Amtsgericht stellen kann, in dessen Bezirk die Beschlagnahme stattgefunden hat (§ 98 Abs. 2 S. 5 StPO), selbst wenn für die Entscheidung eine andere Zuständigkeit besteht (vgl. § 98 Abs. 2 S. 6 StPO).

Diese Regelungen gelten entsprechend, soweit sonstige Zwangsmaßnahmen richterlich überprüft werden sollen. Der Antrag kann stets (auch) bei dem Amtsgericht gestellt werden, in dessen Bezirk die Maßnahmen vorgenommen wurden.

Form/Frist

Der Antrag auf richterliche Entscheidung nach § 98 Abs. 2 S. 2 StPO oder Feststellung der Rechtswidrigkeit der Art und Weise des Vollzugs einer Zwangsmaßnahme wird schriftlich gestellt und unterliegt keiner Frist.

Zur Darstellung der Antragsschrift gilt hier dasselbe wie bei der Beschwerdeschrift. Nicht jede Zulässigkeitsfrage ist notwendigerweise im Schriftsatz selbst zu erörtern.³¹⁵

Beispiel zu den Formalien und zum Aufbau eines Antrags nach § 98 Abs. 2 S. 2 StPO analog:

402 An das
Amtsgericht Würzburg
– Ermittlungsrichter –

In der Strafsache

gegen Hain Mike, geb. ......
wegen Unterschlagung u. a.
zeige ich unter Vollmachtsvorlage die Verteidigung des Beschuldigten an und stelle folgenden Antrag:

---

³¹⁴ Meyer-Goßner § 98 Rn. 20.
³¹⁵ Vgl. hierzu Rn. 397.

Es wird gerichtlich festgestellt, dass die Art und Weise der Durchsuchung vom 22. 1. 2003 rechtwidrig war.

Begründung:
Tatsächliche Ausführungen zur Art und Weise der Durchsuchung:
Am 23. 1. 2003 wurde die Wohnung des Beschuldigten aufgrund eines Durchsuchungsbeschlusses des AG Würzburg – Ermittlungsrichter – vom ......, Az. Gs 1298/02 durchsucht. Der Beschuldigte, der bei der Durchsuchung zugegen war, wollte sogleich zu Beginn des Vollzugs der Maßnahme den Unterzeichner als seinen Verteidiger konsultieren und um Teilnahme an der Durchsuchung bitten. Dies wurde ihm verwehrt[316], indem der Polizeibeamte P die Telefonanlage außer Funktion setzte und dem Beschuldigten dessen Mobiltelefon mit Gewalt abnahm, obwohl der Beschuldigte den Polizeibeamten P mehrfach darauf hingewiesen hatte, dass er sich ausschließlich mit seinem Verteidiger in Verbindung setzen wollte.

Rechtliche Ausführungen:
Diese Vorgehensweise war rechtswidrig. Denn der Beschuldigte hat nach § 137 Abs. 1 S. 1 StPO das Recht, sich in jeder Lage des Strafverfahrens der Hilfe und des Beistandes eines Verteidigers zu bedienen. Diese Befugnis ist Ausdruck des Rechts auf ein faires Verfahren und verfassungsrechtlich verbürgt.[317] Bereits im Stadium des Ermittlungsverfahrens und auch bei der Durchführung von Durchsuchungen darf sich der Beschuldigte an einen Verteidiger wenden, damit dieser auf die Einhaltung der Rechte des Beschuldigten beim Vollzug dieser Zwangsmaßnahme achte......

b) Untersuchungshaft

Das sicherlich am schmerzlichsten empfundene Zwangsmittel gegen Beschuldigte stellt der Vollzug von Untersuchungshaft dar. Somit liegt es auf der Hand, dass der Bearbeiter einer Examensklausur aus Sicht des Strafverteidigers regelmäßig zu überprüfen hat, ob nicht die erfolgte Anordnung der Untersuchungshaft mit Aussicht auf Erfolg angegriffen werden kann. In § 117 StPO sind die statthaften Rechtsbehelfe ausdrücklich angesprochen, nämlich die **Haftprüfung** nach § 117 Abs. 1 StPO und die **Haftbeschwerde** nach § 117 Abs. 2 StPO, mit deren Hilfe die Rechtmäßigkeit des Erlasses und der Aufrechterhaltung eines gerichtlichen Haftbefehls (§ 114 Abs. 1 StPO) überprüft werden.

Richtet sich das anwaltliche Vorgehen jedoch gegen eine durch die Staatsanwaltschaft oder durch Beamte des Polizeidienstes vorgenommene **vorläufige Festnahme** nach § 127 Abs. 2 StPO, ohne dass eine gerichtliche Entscheidung bereits vorliegt, so sind die Einwendungen des Strafverteidigers im Rahmen der nach § 128 Abs. 2 StPO vom Richter zu bewirkenden Anordnung auf Freilassung des Beschuldigten oder auf Erlass eines Haftbefehls zu berücksichtigen. Sollte die Aufgabenstellung demzufolge derart gestaltet sein – was eher unwahrscheinlich ist –, dass sich ein Klausurbearbeiter in die

403

---

[316] Sachverhalt nach BVerfG NJW 1999, 730.
[317] Meyer-Goßner § 137 Rn 1 mit Hinweis auf BVerfGE 66, 313 und weitere.

Rolle eines Strafverteidigers einfinden soll, der unmittelbar nach der vorläufigen Festnahme seines Mandanten tätig wird, so wäre eine Stellungnahme zu fertigen, die der Richter im Rahmen der Entscheidungsfindung zu beachten hat.[318]

Auch gilt es im Zusammenhang mit der Anordnung und dem Vollzug des Haftbefehls[319] zu differenzieren, ob die Art und Weise des Vollzugs der Zwangsmaßnahme, also der Festnahme, beanstandet werden soll oder ob sich der Beschuldigte gegen eine bereits erledigte vorläufige Festnahme durch die Staatsanwaltschaft bzw. gegen einen bereits erledigten Haftbefehl, der etwa von Amts wegen wieder aufgehoben worden ist, zur Wehr setzen möchte.

Zu den in Betracht kommenden Rechtsbehelfen vgl. Rn. 375.

404 **(1) Verteidigerverhalten bei Vorliegen eines Haftbefehls.** Ein Verteidiger hat im Interesse seines Mandanten zu überprüfen, ob die Voraussetzungen für den Erlass eines Haftbefehls im Zeitpunkt des Erlasses gegeben waren und ob sich nachträgliche Änderungen eingestellt haben, die es nunmehr bewirken, dass der Haftbefehl aufzuheben bzw. außer Vollzug zu setzen ist (§ 116 StPO).

Die Anordnung der Untersuchungshaft setzt folgende Umstände voraus:
- Vorliegen eines Antrags der Staatsanwaltschaft (Ausnahme: § 125 Abs. 1 Alt. 2 StPO)
- dringender Tatverdacht
- Vorliegen eines Haftgrundes
- Beachtung des Verhältnismäßigkeitsgrundsatzes[320].

405 Das Vorliegen eines Antrages der Staatsanwaltschaft wird in einer Examensklausur regelmäßig kein Problem darstellen.

Dagegen kann gerade das Erfordernis des **dringenden Tatverdachtes** erhebliche Angriffsmöglichkeiten eröffnen und einen sehr umfassenden Darstellungsaufwand für den Strafverteidiger bedeuten. Ein dringender Tatverdacht besteht dann, wenn auf der Grundlage des gegenwärtigen Standes der Ermittlungen[321] die **Wahrscheinlichkeit groß** ist, dass der Beschuldigte Täter oder Teilnehmer einer Straftat ist.[322] Dies ist abzulehnen, wenn dagegen wahrscheinlich ist, dass Rechtfertigungs-, Schuld- oder Strafausschließungsgründe oder nicht behebbare Verfahrenshindernisse vorliegen. Die „große Wahrscheinlichkeit" der Täterschaft oder Teilnahme muss aus bestimmten **Tatsachen** und darf nicht aus bloßen Vermutungen hergeleitet werden. **Rechtsfragen** sind zu entscheiden; diesbezüglich darf sich das Gericht nicht damit begnügen, dass diese mit großer Wahrscheinlichkeit eine Täterschaft des Beschuldigten begründen.

---

[318] In der Praxis wird der Strafverteidiger die Interessen seines Mandanten (jedenfalls auch) im Rahmen der Vorführung (§ 128 Abs. 1 StPO) wahrnehmen.
[319] Anders ist die Rechtslage, wenn Maßnahmen des Vollzugs der Untersuchungshaft in der JVA angegriffen werden; hierzu vgl. Meyer-Goßner § 119 Rn. 50, 49.
[320] Vgl. hierzu auch Meyer-Goßner § 112 Rn. 8: der Verhältnismäßigkeitsgrundsatz ist nicht Haftvoraussetzung, sondern die Unverhältnismäßigkeit stellt einen Haftausschließungsgrund dar.
[321] BGH NStZ 1981, 94.
[322] Meyer-Goßner § 112 Rn. 5.

Dies bedeutet, dass der Strafverteidiger zunächst die **Grundlage des** 406
richterlichen Beschlusses eingehend überprüfen muss. Er wird sich die
Frage stellen, ob die im Haftbefehl zum Ausdruck gekommenen Tatsachen
und die aus den sonstigen der Entscheidung zugrunde gelegten Erkenntnisse
(etwa aus der Ermittlungsakte oder aus beigegebenen Beweismitteln wie Urkunden) des Gerichts einen dringenden Tatverdacht begründen. Da jedoch
nur verwertbare Beweismittel beim Erlass eines Haftbefehles berücksichtigt
werden dürfen, sind in diesem Zusammenhang durchaus auch Rechtsfragen
zu erörtern wie beispielsweise die Verwertbarkeit beschlagnahmter Unterlagen eines Zeugnisverweigerungsberechtigten, also von Beweisgegenständen,
die einem Beschlagnahmeverbot unterliegen (§ 97 StPO).

Darüber hinaus ist es durchaus denkbar, dass dem Gericht im Zeitpunkt
der Entscheidungsfindung nicht alle maßgeblichen Umstände bekannt waren.
Dies kann auf verschiedenen Gründen beruhen. Beispielsweise äußert sich
der Beschuldigte nach der Aufgabenstellung gegenüber seinem Verteidiger
erstmals, so dass entlastende Umstände durch das Gericht gar nicht gewürdigt
werden konnten. Auch ist es durchaus möglich, dass Zeugen erst nachträglich Angaben gegenüber dem Verteidiger machen und die dabei gewonnenen Erkenntnisse es nahe legen, dass das Handeln des Beschuldigten gerechtfertigt war.

All diese **nachträglich zu Tage getretenen Umstände** sind im Rahmen einer Haftbeschwerde oder Haftprüfung vom Gericht zu berücksichtigen. Denn es geht weder bei der Beschwerde- noch bei der Haftprüfungsentscheidung um die Frage, ob der Erlass des Haftbefehles zulässig war, sondern darum, ob er im nunmehr maßgeblichen Entscheidungszeitpunkt noch zulässig ist. Dies lässt sich problemlos aus der Regelung des § 120 Abs. 1 StPO ersehen, die anordnet, dass ein Haftbefehl sogar von Amts wegen aufzuheben ist, wenn die Voraussetzungen der Untersuchungshaft nicht mehr vorliegen.

Ebenso bietet es sich an, im Rahmen einer Examensklausur die weitere 407
Voraussetzung eines Haftbefehls, nämlich das Vorliegen eines **Haftgrundes**,
zu prüfen.
Ein solcher ist nur dann gegeben, wenn der Täter flüchtig ist, Fluchtgefahr
oder Verdunkelungsgefahr (§ 112 Abs. 2 StPO) bzw. im Falle des § 112a
StPO Wiederholungsgefahr besteht.
Fluchtgefahr ist anzunehmen, wenn es aufgrund einer Gesamtwürdigung
der Umstände des Falles wahrscheinlicher ist, dass der Beschuldigte sich dem
Strafverfahren entziehen, als dass er sich ihm stellen werde.[323] Maßgeblich sind
die Lebensverhältnisse und die Persönlichkeit des Beschuldigten, sein Vorleben,
sein Verhalten vor und nach der Tat sowie die Art der vorgeworfenen Tat
und insbesondere auch die voraussichtlich zu erwartende Strafe. Aufgabe des
Strafverteidigers ist es in diesem Zusammenhang, Umstände herauszuarbeiten,
die eine Flucht des Mandanten eher unwahrscheinlich machen. Auch hier gilt,
dass im Rahmen der Beschwerdeentscheidung alle – nunmehr – bekannten
Umstände zu berücksichtigen sind. Demzufolge muss in einer Examensklausur beachtet werden, ob nicht Hinweise auf stabile soziale Verhältnisse,

---
[323] Meyer-Goßner § 112 Rn. 17.

berufliche Bindungen usw. enthalten sind.[324] Außerdem nimmt die Straferwartung selbstverständlich ab, wenn die ursprüngliche Annahme im Haftbefehl, der Beschuldigte habe sich mehrerer Straftaten dringend verdächtig gemacht, nicht mehr gerechtfertigt ist, sondern nur noch eine Bestrafung wegen einer einzelnen Tat (ggf. von minderem Gewicht) im Raume steht.

408 **Verdunkelungsgefahr** ist nach § 112 Abs. 2 Nr. 3 StPO anzunehmen, wenn aufgrund des Verhaltens des Beschuldigten der dringende Verdacht begründet ist, er werde auf Zeugen einwirken, Beweismittel vernichten oder verfälschen etc. und dadurch die Ermittlung der Wahrheit erschweren. Denkbar ist in diesem Zusammenhang, dass der Bearbeiter einer Examensklausur in der Rolle des Strafverteidigers herauszuarbeiten und dem Gericht mitzuteilen hat, dass die Angaben eines früheren Zeugen, wonach der Beschuldigte Verdunkelungshandlungen vorgenommen haben soll, nicht der Wahrheit entsprechen.

409 Die dem Wortlaut nach als Ausnahmetatbestand konzipierte Regelung des § 112 Abs. 3 StPO („...... wenn ein Haftgrund ...... **nicht** besteht") wird in verfassungskonformer Weise so ausgelegt, dass bei den benannten Straftaten der Schwerkriminalität im Rahmen der gebotenen Prüfung der Verhältnismäßigkeit nicht dieselben strengen Regeln gelten wie bei sonstigen Delikten.[325] Es ist für den Erlass eines Haftbefehls erforderlich, aber auch ausreichend, dass nach den Umständen des Falles eine Flucht- oder Verdunkelungsgefahr nicht auszuschließen ist – auch wenn diese nicht mit bestimmten Tatsachen belegbar ist – oder dass die ernstliche Befürchtung besteht, dass der Täter weitere Taten ähnlicher Art begehen werde.[326]

410 Der vom Gericht stets zu beachtende **Verhältnismäßigkeitsgrundsatz**[327] bewirkt, dass ein Haftbefehl nicht erlassen werden darf, wenn die Schwere des Eingriffs in die Lebensverhältnisse des Beschuldigten im Hinblick auf die Bedeutung der Strafsache und im Hinblick auf die zu erwartende Rechtsfolge (Straferwartung) als unverhältnismäßig zu qualifizieren ist. Somit kann auch unter diesem Aspekt maßgeblich sein, dass beispielsweise ein noch bei Erlass des Haftbefehls angenommenes Delikt aufgrund neuer Beweismittel wegfällt, weil dessen Begehung nicht mehr nachweisbar ist oder ein Rechtfertigungsgrund dargelegt werden kann. Dies beeinflusst die Rechtsfolgenerwartung, damit die Verhältnismäßigkeit der Zwangsmaßnahme und ist vom Strafverteidiger entsprechend vorzubringen.

Im Gesetz kommt der Grundsatz der Verhältnismäßigkeit mehrfach zum Ausdruck. So bestimmt § 113 StPO, dass bei einer bestimmten, nur geringen Straferwartung Untersuchungshaft wegen Verdunkelungsgefahr gar nicht und wegen Fluchtgefahr nur unter bestimmten Voraussetzungen angeordnet werden darf.

Ebenso ist § 116 StPO eine Ausprägung des Verhältnismäßigkeitsgrundsatzes. Es ist demnach seitens des Gerichtes stets zu prüfen, ob nicht eine **Aus-**

---

[324] Meyer-Goßner § 112 Rn. 19 ff.
[325] Meyer-Goßner § 112 Rn. 37.
[326] BVerfGE 19, 342, 350; NJW 1966, 772.
[327] Vgl. Meyer-Goßner § 112 Rn. 8: **Un**verhältnismäßigkeit als Haft**ausschließungs**grund.

§ 1 Maßnahmen des Strafverteidigers im Ermittlungsverfahren   133

setzung des Vollzugs des Haftbefehls gegen die Erteilung von Auflagen in Betracht kommt. Im Falle der **Fluchtgefahr** (§ 116 Abs. 1 StPO) ist zu hinterfragen, ob bei Erlass bestimmter Anordnungen mit großer Wahrscheinlichkeit angenommen werden kann, dass sich der Beschuldigte dem Strafverfahren nicht entziehen werde. Insbesondere ist hierbei an die Hinterlegung einer Kaution, an Meldepflichten und an Aufenthaltsbeschränkungen zu denken. Im Falle der Annahme von **Verdunkelungsgefahr** (§ 116 Abs. 2 StPO) kommt es darauf an, ob mit Hilfe von weniger einschneidenden Maßnahmen als dem Vollzug der Untersuchungshaft die Gefahr, dass der Beschuldigte die Ermittlung der Wahrheit erschweren werde, erheblich vermindert werden kann. Im Gesetz wird diesbezüglich beispielhaft (nicht abschließend) das Verbot benannt, mit Beweispersonen Verbindung aufzunehmen. Aufgabe des Strafverteidigers und damit des Examenskandidaten in einer entsprechenden Klausur kann es sein, zu erkennen, dass das Gericht von dieser Maßnahme der Vollzugsaussetzung nicht Gebrauch gemacht hat, obwohl dies veranlasst gewesen wäre, bzw. dass nunmehr aufgrund der neuerlichen Erkenntnisse die Voraussetzungen des § 116 StPO anzunehmen sind. In geeigneten Fällen ist es durchaus auch angebracht, dass der Strafverteidiger die geeigneten Auflagen konkret anbietet, also beispielsweise nach Rücksprache mit seinem Mandanten die Zahlung einer Kautionszahlung.

(2) Abgrenzung Haftprüfung/Haftbeschwerde. Der Beschuldigte 411 kann wahlweise Haftprüfung nach § 117 Abs. 1 StPO beantragen[328] oder Haftbeschwerde nach § 117 Abs. 2 StPO einlegen. Von welchem Rechtsbehelf er Gebrauch macht, bleibt somit ihm selbst überlassen. Jedoch ergibt sich insoweit ein Vorrang der Haftprüfung, als beide Vorgehensweisen nicht gleichzeitig zulässig sind. Sobald ein Antrag auf Haftprüfung eingereicht ist, kann eine Beschwerde nicht mehr erhoben werden (§ 117 Abs. 2 S. 1 StPO). Auch wird eine zuvor eingelegte Beschwerde ab dem Zeitpunkt unzulässig, in dem der Antrag auf Haftprüfung eingereicht wird. Die Entscheidung, die im Rahmen des Haftprüfungsverfahren gefällt wird, ist jedoch mit der Beschwerde anfechtbar (§ 117 Abs. 2 S. 2 StPO).

Die Unterschiede beider Rechtsbehelfe, die aus Sicht der Strafverteidigung 412 besonders bedeutsam sind, ergeben sich aus folgender Aufstellung:

	Haftprüfung §§ 117–118 b StPO	Haftbeschwerde §§ 304 ff. StPO
Statthaftigkeit	Haftbefehl nach § 114 StPO[329], wenn der Haftbefehl gerade in Vollzug ist	Haftbefehl nach § 114 StPO • in Vollzug • (noch) nicht in Vollzug • außer Vollzug gesetzt • gegen einzelne Weisungen oder Auflagen des außer Vollzug gesetzten Haftbefehls • gegen einzelne Haftgründe

---

[328] Zur Haftprüfung von Amts wegen vgl. § 117 Abs. 5 StPO.
[329] Die Statthaftigkeit ist auch gegeben bei Haftbefehlen nach §§ 230 Abs. 2, 236, 329 Abs. 4, 412 S. 1 StPO, was hier jedoch jeweils keine Rolle spielen soll.

	Haftprüfung §§ 117–118 b StPO	**Haftbeschwerde §§ 304 ff. StPO**
Antrags-/ Beschwerdeberechtigung	Verhaftete Verteidiger, §§ 118 b, 297 StPO gesetzliche Vertreter, § 298 StPO	Verhaftete, Beschuldigte Verteidiger, §§ 118 b, 297 StPO gesetzliche Vertreter, § 298 StPO Staatsanwaltschaft
Form	formfrei nicht fristgebunden kein Begründungserfordernis[330]	schriftlich oder zu Protokoll der Geschäftsstelle, § 306 StPO nicht fristgebunden kein Begründungserfordernis[331]
Zuständiges Gericht	im Ermittlungsverfahren der Richter, der den Haftbefehl erlassen hat, § 126 Abs. 1 StPO[332]	gegen Haftbefehl des Ermittlungsrichters → Landgericht, große Strafkammer §§ 73 Abs. 1, 76 Abs. 1 S. 2 GVG Abhilfebefugnis des Ermittlungsrichters
Prüfungsumfang	umfassende Neubewertung der gesamten Sach- und Rechtslage	umfassende Neubewertung der gesamten Sach- und Rechtslage → Beschwerdeinstanz ist Tatsacheninstanz
Durchführung	schriftlich, § 117 Abs. 1 StPO oder mündlich, §§ 117 Abs. 4, 118 Abs. 1, 118 a StPO (auf Antrag oder nach gerichtlichem Ermessen)	i. d. R. schriftlich, § 309 StPO nach gerichtlichem Ermessen auch mündlich, § 118 Abs. 2 StPO

Ob nun ein Antrag auf Haftprüfung gestellt oder Haftbeschwerde eingelegt werden sollte, kann von den soeben dargestellten Voraussetzungen abhängen. Beispielsweise ist ein außer Vollzug gesetzter Haftbefehl nur mit der Beschwerde angreifbar.

413 Sind jedoch beide Rechtsbehelfe statthaft, wird auf die (nach Antragstellung zwingend mündlich durchzuführende[333]) **Haftprüfung** dann abzustellen sein, wenn die Entscheidung des Ermittlungsrichters durch den persönlichen Eindruck des Beschuldigten beeinflusst werden soll. So spielt bei der Beurteilung der Fluchtgefahr die Persönlichkeit des Beschuldigten eine nicht unwesentliche Rolle. Diese lässt sich zwar in gewissem Umfang auch in einem Schriftsatz des Verteidigers darstellen. In aller Regel ist jedoch der unmittelbare Eindruck, den der Richter von dem Beschuldigten gewinnen kann, wichtiger. Auch kann der Darstellung neuer Tatsachen, die der Be-

---

[330] Selbstverständlich ist bei einer Aufgabenstellung im Staatsexamen eine Begründung angezeigt.
[331] Wie vorhergehende Fn.
[332] Die Antragstellung kann auch bei dem Gericht vorgenommen werden, in dessen Bezirk die Untersuchungshaft vollzogen wird (§§ 118 b, 299 Abs. 1 StPO), und bei dem „nächsten" Richter im Sinne des § 115 a StPO.
[333] Vgl. § 118 Abs. 1 StPO; siehe jedoch auch § 118 Abs. 3 StPO.

schuldigte selbst vorträgt, eine andere Bedeutung zukommen, als einer nur schriftlichen Erörterung durch den Strafverteidiger. Im Rahmen der Haftprüfung kann auch eine Zeugenvernehmung durchgeführt werden.[334]

Eine **Haftbeschwerde** bietet sich dagegen an, wenn es um die Erörterung reiner Rechtsfragen geht, obwohl das Beschwerdeverfahren keineswegs auf Rechtsfragen beschränkt ist. Die Beschwerdeinstanz ist eine Tatsacheninstanz. Eine mündliche Verhandlung ist nicht zwingend durchzuführen (§ 118 Abs. 2 StPO: „... so kann ..."). Im Beschwerdeverfahren entscheidet zwar zunächst im Rahmen einer Abhilfeprüfung der Ermittlungsrichter, jedoch schließt sich im Falle der Nichtabhilfe unmittelbar (vgl. § 306 Abs. 2 Hs. 2 StPO) eine Überprüfung der Sach- und Rechtslage durch das Beschwerdegericht, also durch andere Richter, an. Gerade hierin kann für den Beschuldigten ein Vorteil des Rechtsbehelfs der Beschwerde gesehen werden. Der Bearbeiter von Examensklausuren sollte unbedingt darauf achten, ob dem Aufgabentext nicht ein Hinweis zu entnehmen ist, der es nahe legen soll, dass der Verteidiger ein Beschwerdeverfahren einleitet und gerade nicht Haftprüfung beantragt. Beispielsweise wäre eine Bemerkung des Beschuldigten, er möchte eine umfassende Überprüfung des Haftbefehls erreichen und habe „kein Vertrauen" zu dem Ermittlungsrichter, der ihn ohne ersichtlichen Grund in Untersuchungshaft genommen habe, in dieser Weise zu verstehen.

414

Im Zweifelsfall ist dem Klausurbearbeiter wohl zu raten, eine Haftbeschwerde zu fertigen, obwohl eine negative Haftprüfungsentscheidung ebenfalls mit der Beschwerde angefochten werden kann. Dies entspricht auch eher der Praxis, in der eben Haftbeschwerden umfassender begründet werden als „bloße" Haftprüfungsanträge.

Sollte sich der Bearbeiter jedoch für einen Antrag auf Haftprüfung entscheiden, ist dieser in einer Klausur ebenso umfassend zu begründen wie eine Beschwerdeschrift. Die sogleich nachfolgende Darstellung gilt dann entsprechend.

(3) Formulierung einer Beschwerdeschrift. Ein Strafverteidiger, der sich dazu entschlossen hat, eine (Haft-) Beschwerdeschrift zu fertigen, muss wie bei einer sonstigen Beschwerde[335] zunächst die formalen Voraussetzungen beachten, also:

415

- Statthaftigkeit der Beschwerde
- Beschwer; Beschwerdeberechtigung
- Zuständiges Gericht
- Form, Frist der Beschwerde

Sodann ist das Ziel der Beschwerde im Rahmen einer Antragstellung klar auszuformulieren und die Beschwerdebegründung zu fertigen. Diese Beschwerdebegründung wird sich nahezu ausschließlich mit der Frage zu befassen haben, ob die Anordnung der Untersuchungshaft (noch) zulässig ist, der Haftbefehl nicht aufgehoben oder zumindest außer Vollzug gesetzt werden muss.

---

[334] Meyer-Goßner § 118a Rn. 4; vgl. auch § 118 Abs. 3 S. 2 StPO.
[335] Vgl. Rn. 393 ff.

Zur Zulässigkeit der Beschwerde sind in aller Regel keine bzw. nur in geringem Umfang Ausführungen veranlasst.[336]

Im Rahmen der Begründung der Haftbeschwerde hat der Verteidiger Tatsachen zu schildern, die der Annahme eines dringenden Tatverdachtes und/oder dem Vorliegen eines Haftgrundes widersprechen bzw. die Untersuchungshaft als unverhältnismäßig erscheinen lassen. Ferner ist zu erwarten, dass rechtliche Ausführungen vorzunehmen sind und zwar sowohl zu strafprozessualen Problemstellungen wie der Verwertbarkeit von Beweismaterial als auch zu materiellen Fragen der Strafbarkeit als solcher, die im Rahmen einer Subsumtion darzustellen ist.

416 Da das im Beschwerdeverfahren zur Entscheidung berufene Gericht als Tatsacheninstanz tätig wird und der Erfolg der Beschwerde davon abhängt, wie sich die **Sach- und Rechtslage im Zeitpunkt der Entscheidungsfindung** darstellt, genügt es möglicherweise nicht, wenn sich der Strafverteidiger nur mit neuen Tatsachen und neuen Beweismitteln auseinandersetzt, soweit diese für seinen Mandanten günstig sind. Im Beschwerdeverfahren ist es nämlich auch möglich, ergänzende Umstände zu berücksichtigen, die sich für den Beschuldigten nachteilig auswirken. Wenn beispielsweise erst nach Erlass des Haftbefehls der Haftgrund der Verdunkelungsgefahr eingetreten ist, weil der Beschuldigte in unlauterer Weise auf Zeugen eingewirkt hat, kann das Beschwerdegericht die Beschwerde mit dieser Begründung verwerfen, selbst wenn sich der ursprünglich angenommene Haftgrund der Fluchtgefahr nicht aufrecht erhalten lässt. Somit ist es auch Aufgabe des Verteidigers und damit des Klausurbearbeiters, sich mit nachträglich eingetretenen Umständen zu befassen und diese zu entkräften, wenn sie sich für den Mandanten nachteilig auswirken könnten.

Zur Haftbeschwerde vgl. das Beispiel Rn. 419.

417 **(4) Art und Weise des Vollzugs des Haftbefehls.** Wenn Ziel des Beschuldigten nicht die Aufhebung des erlassenen Haftbefehles ist, sondern er erreichen möchte, dass die Rechtmäßigkeit der Art und Weise des Vollzugs des Haftbefehls gerichtlich überprüft wird, ist der statthafte Rechtsbehelf der Regelung des § 98 Abs. 2 S. 2 StPO analog zu entnehmen. Der Beschuldigte bzw. sein Verteidiger stellt einen Antrag auf Feststellung, dass die Art und Weise der Vollziehung des Haftbefehls rechtswidrig war.[337]

418 **(5) Maßnahmen des Strafverteidigers bei vorläufiger Festnahme durch die Staatsanwaltschaft (§ 127 Abs. 2 StPO).** Wenn ein Beschuldigter durch die Staatsanwaltschaft oder durch Beamte des Polizeidienstes nach § 127 Abs. 2 StPO vorläufig festgenommen worden ist, muss der Verhaftete nach § 128 Abs. 1 StPO unverzüglich, spätestens jedoch am Tag nach der Festnahme dem zuständigen Richter vorgeführt werden, der sodann über die Frage zu entscheiden hat, ob er die Freilassung des Beschuldigten anordnet oder einen Haftbefehl erlässt (§ 128 Abs. 2 StPO).

Wird ein Examenskandidat in der Rolle des Strafverteidigers in diesem Zeitraum zwischen vorläufiger Festnahme und Vorführung des Beschuldig-

---

[336] Vgl. Rn. 397.
[337] Zu den Formalien und zum Aufbau eines derartigen Schriftsatzes vgl. Rn. 402.

ten mit der Wahrung der Rechte und Interessen des Beschuldigten befasst, so kann die Aufgabenstellung darauf gerichtet sein, eine **Stellungnahme** gegenüber der Staatsanwaltschaft abzugeben, um die sofortige Freilassung seines Mandanten zu erwirken, oder eben einen Schriftsatz zu fertigen, der dem Haftrichter zuzuleiten ist, um dessen Entscheidung im anstehenden Vernehmungstermin zugunsten des Mandanten zu beeinflussen.

Ein solche schriftliche Stellungnahme ist nicht als Beschwerdeschrift oder ähnliches zu bezeichnen, sondern kann als **formloser Antrag,** die Freilassung des Mandanten anzuordnen, gestellt werden. Inhaltlich sind dieselben Ausführungen veranlasst wie bei einer Beschwerdeschrift, so dass auf die dortigen Darstellungen hingewiesen werden kann.

Wurde der Beschuldigte bereits dem zuständigen Richter vorgeführt, der sodann Haftbefehl erlassen hat, wird sich die Maßnahme des Strafverteidigers gegen diesen Haftbefehl richten. Er wird **Beschwerde** einlegen.[338]

Ist dagegen die vorläufige Festnahme ausgesprochen, der Beschuldigte anschließend jedoch – ohne Vorführung an den zuständigen Richter – wieder auf freien Fuß gesetzt worden, kann die Aufgabenstellung es erfordern, dass der Verteidiger die **Überprüfung der Rechtmäßigkeit der beendeten vorläufigen Festnahme** betreiben soll. Somit ist ein Antrag nach § 98 Abs. 2 S. 2 StPO analog an den zuständigen Richter[339] zu richten, dass dieser die Rechtswidrigkeit der vorläufigen Festnahme feststelle.[340]

Zur sogenannten prozessualen Überholung sowie zur Überprüfungsmöglichkeit von Gefahr im Verzug durch das Gericht vgl. Rn. 380, 383, 395.

Ebenso kommt ein Antrag nach § 98 Abs. 2 S. 2 StPO analog in Betracht, wenn das Ziel des Mandanten die **Feststellung der Rechtswidrigkeit der Art und Weise des Vollzugs der Festnahme** ist.

(6) Beispiel zur Aufgabenstellung Haftbeschwerde. Eine Aufgabe im juristischen Staatsexamen, die sich auf anwaltliche Tätigkeit im Ermittlungsverfahren bezieht, wird mit recht hoher Wahrscheinlichkeit die Problematik der Untersuchungshaft zum Gegenstand haben. Deshalb soll sich das im Folgenden dargestellte Beispiel gerade auf diesen Themenbereich beziehen.

Es ist zu erwarten, dass dem Klausurbearbeiter durch die Aufgabenstellung ein Haftbefehl vorgelegt wird und darüber hinaus weitere polizeiliche oder staatsanwaltschaftliche Ermittlungsergebnisse dokumentiert sind, beispielsweise ein polizeiliches Ermittlungsprotokoll abgedruckt ist. Ferner wird vorgegeben sein, dass der Strafverteidiger mit seinem Mandanten Kontakt aufgenommen und hierbei weitere Erkenntnisse gewonnen hat.

Nun hat der Bearbeiter zu hinterfragen, ob der Erlass des Haftbefehls aufgrund der den Strafverfolgungsbehörden vorliegenden Erkenntnisse gerechtfertigt war und ob sich hieran durch die neuerlich gewonnenen Erkenntnisse etwas ändert.

Mit sehr hoher Wahrscheinlichkeit wird die Aufgabenstellung so angelegt sein, dass der Haftbefehl aus Sicht eines Strafverteidigers bereits nicht hätte

---

[338] Vgl. Rn. 375; zur Abgrenzung zur Haftprüfung siehe Rn. 412 ff.
[339] Die Zuständigkeit ergibt sich aus § 128 Abs. 1 StPO.
[340] Meyer-Goßner § 127 Rn. 23; zu den Formalien und zum Aufbau einer Antragsschrift nach § 98 Abs. 2 S. 2 StPO analog vgl. Rn. 402.

erlassen werden dürfen bzw. zumindest nunmehr – aufgrund der weiteren Erkenntnisse – außer Vollzug zu setzen ist. Im Zweifel hat der Bearbeiter die für seinen Mandanten günstigste Rechtsfolge zu erstreben.

Das durch die Begutachtung gefundene Ergebnis ist nun in der Form umzusetzen, dass die Haftbeschwerde an das zuständige Gericht adressiert und konkret ausformuliert wird.

An das
Amtsgericht Würzburg
– Ermittlungsrichter –

Az.: Gs 545/02

In der Strafsache
gegen Fränklin Thomas, geb. ......
wegen räuberischer Erpressung u. a.

zeige ich unter Vollmachtsvorlage die Verteidigung des Beschuldigten an und lege gegen den Haftbefehl des AG Würzburg – Ermittlungsrichter – vom ......

Beschwerde

ein.

Ich beantrage,
3. den Haftbefehl des AG Würzburg – Ermittlungsrichter – vom ...... aufzuheben,
4. hilfsweise[341], den Haftbefehl außer Vollzug zu setzen.

Begründung:
Dem Beschuldigten liegt nach Auffassung der Staatsanwaltschaft Würzburg zur Last, am 10. 12. 2002, gegen 15.30 Uhr in Würzburg im Gasthaus „Zur Brezel" in der Sartoriusstraße 50 den Wirt der Gaststätte dazu genötigt zu haben, die gesamten Tageseinnahmen in Höhe von 950 € herauszugeben. Zu diesem Zweck soll er auf den Geschädigten W einen Revolver gerichtet und ihn mit den Worten: „Geld her oder es knallt" aufgefordert haben, die Kasse zu öffnen. Darüber hinaus wird meinem Mandanten vorgeworfen, am 13. 12. 2002 mit dem Pkw, Marke BMW, amtl. Kz. WÜ – TF 8750, in Würzburg in der Sartoriusstraße in alkoholisiertem Zustand gegen drei parkende Fahrzeuge gestoßen zu sein und sich von der Unfallstelle entfernt zu haben, ohne die erforderlichen Feststellungen der Personalien und der Art der Unfallbeteiligung zu ermöglichen.
Der Haftbefehl ist aufzuheben.
Bezüglich des Vorwurfes vom 10. 12. 2002 besteht kein dringender Tatverdacht.
[Ausführungen zur Beweislage]
Denn der Tatvorwurf beruht einzig und allein auf Angaben, die der Beschuldigte am 10. 12. 2002 gegen 15.50 Uhr im Rahmen einer Beschuldigtenvernehmung in

---

[341] In der Praxis ist die Stellung von Hilfsanträgen problematisch, da der Richter ohnehin von Amts wegen prüfen muss, ob der Haftbefehl außer Vollzug gesetzt werden kann, und mit einem Hilfsantrag das hauptsächliche Vorbringen geschwächt werden könnte. In der Klausur ist es bei gegebener Sachlage durchaus möglich, derartige Hilfsanträge zu stellen.

seiner Wohnung in der Sartoriusstraße 52 gegenüber dem Polizeibeamten Herrmann gemacht hat. Bei dieser Vernehmung soll sich mein Mandant durch verschiedene Äußerungen selbst belastet haben. Diese Angaben sind zur Führung eines Tatnachweises keinesfalls geeignet.
Sonstige Zeugen bzw. Beweismittel, die einen Hinweis auf die Identität des Täters geben könnten, stehen nicht zur Verfügung. Keiner der Geschädigten hat den Täter näher beschreiben können, da dieser bei Tatausführung maskiert war. Mein Mandant bestreitet, die Tat begangen zu haben.
Die Angaben meines Mandanten gegenüber dem Polizeibeamten Herrmann sind nicht verwertbar. Mein Mandant wurde über seine Rechte als Beschuldigter nicht belehrt, bevor er zur Sache Angaben machte. Dies ergibt sich aus dem polizeilichen Protokoll und den ergänzenden Angaben, die der Polizeibeamte Lampert, der den Beschuldigten dem Ermittlungsrichter vorführte, im Rahmen dieser Vorführung machte. Der Polizeibeamte Lampert war bei der Vernehmung als zweiter ermittelnder Beamter zugegen. Seine Angaben, wonach sein Kollege die angebliche „Formalie" der Beschuldigtenbelehrung wohl vergessen habe, beruhen demzufolge auf eigenen Wahrnehmungen. An der Glaubhaftigkeit des Polizeibeamten Lampert zu zweifeln besteht kein Anlass.
Der Verwertung der Angaben meines Mandanten im Strafverfahren wird jetzt und auch in Zukunft widersprochen.
[rechtliche Ausführungen]
Mein Mandant hätte vor der polizeilichen Vernehmung als Beschuldigter gemäß §§ 163a Abs. 4 S. 2, 136 Abs. 1 S. 2 StPO darüber belehrt werden müssen, dass es ihm frei steht, sich zur Beschuldigung zu äußern oder zur Sache nicht auszusagen. Da diese Belehrung unterlassen wurde, besteht ein Verwertungsverbot bezüglich der bei der Vernehmung gemachten Angaben. Es handelt sich bei den maßgeblichen Regelungen nicht um bloße Ordnungsvorschriften, sondern diese beinhalten elementare, den Schutz des Beschuldigten bewirkende Rechte; sie sind Ausdruck des das Strafprozessrecht beherrschenden Grundsatzes, dass sich ein Beschuldigter nicht selbst belasten muss.
Meinem Mandanten war auch nicht bekannt, dass er keine Angaben zur Sache machen muss, zumal er noch nie Kontakt mit der Polizei oder dem Gericht hatte. Eine Heilung des Verstoßes gegen die Belehrungspflicht ist nicht eingetreten und wird auch zukünftig nicht eintreten können. Der Verwertung der Angaben des Beschuldigten wird widersprochen.[342]

[im Allgemeinen können Rechtsausführungen veranlasst sein zu folgenden Umständen
– objektive/subjektive Tatbestandsmerkmalen
– Rechtswidrigkeit
– Schuld
– objektive Bedingungen der Strafbarkeit
– persönliche Strafausschließungsgründe
– Prozesshindernisse, Prozessvoraussetzungen]

[Zum Haftgrund:
– Flucht, § 112 Abs. 2 Nr. 1 StPO

---

[342] Vgl. Meyer-Goßner § 136 Rn. 20.

- Fluchtgefahr, § 112 Abs. 2 Nr. 2 StPO
- Verdunkelungsgefahr, § 112 Abs. 2 Nr. 3 StPO
- Straftaten der Schwerkriminalität, § 112 Abs. 3 StPO
- Wiederholungsgefahr, § 112a StPO]

Den Tatvorwurf vom 13. 12. 2002 hat mein Mandant eingeräumt und sich darauf berufen, vor lauter Schreck in schockartigem Zustand vom Unfallort weggelaufen zu sein.
Angesichts dieser Umstände ist weder der Haftgrund der Verdunkelungsgefahr anzunehmen, noch liegt Fluchtgefahr vor. Es ist keineswegs zu befürchten, dass sich mein Mandant dem Strafverfahren entziehen wird. Im Gegenteil hat er sich bei der Polizei selbst gestellt, nachdem er sich von seinem Schock erholt hatte und ihm bewusst geworden war, dass er den besagten Unfall verursacht hatte. Sogleich hat er den Vorfall unumwunden eingeräumt.
Mein Mandant lebt in geordneten Verhältnissen und verfügt über eine feste Arbeitsstelle. Bei Aufrechterhaltung des Haftbefehls besteht die Gefahr, dass er diese verlieren wird.
Der Beschuldigte ist nicht vorbestraft; die Straferwartung bewegt sich somit in einem Rahmen, der es nicht rechtfertigt, anzunehmen, dass sich mein Mandant deshalb dem Strafverfahren entziehen.
[Verhältnismäßigkeitsgrundsatz]
Angesichts der dargelegten Umstände wäre die Aufrechterhaltung der Untersuchungshaft auch unverhältnismäßig.
[Außervollzugsetzung des Haftbefehls]
Ergänzend weise ich darauf hin, dass – für den Fall, dass das Gericht wider jeglicher Erwartung zu der Auffassung gelangen sollte, dass der Haftbefehl aufrecht zu erhalten sei – dieser jedenfalls durch geeignete Auflagen und Weisungen nach § 116 StPO außer Vollzug gesetzt werden kann.
Der Beschuldigte bietet insoweit an, eine Kaution in Höhe von ...... € zur Sicherheit zu hinterlegen. Außerdem ist er bereit, sich mehrfach wöchentlich polizeilich zu melden.

Unterschrift
Valerios, Rechtsanwalt

c) weitere Vorgehensweise

420 Sollte sich die Aufgabenstellung nicht darauf beschränken, die von der Strafverfolgungsbehörde ergriffene Zwangsmaßnahme zu beseitigen, sind ggf. weitere Maßnahmen des Verteidigers, die sich auf das Verhalten des Mandanten oder auf die Beeinflussung des Strafverfahrens insgesamt beziehen, zu veranlassen.
So ist es denkbar, dass der anwaltliche Vertreter nicht nur eine Beschwerde gegen die Beschlagnahme bestimmter Gegenstände erheben, sondern ebenso einen Schriftsatz, der an die Staatsanwaltschaft gerichtet ist, mit dem Ziel fertigen soll, die Einstellung des Verfahrens gegen den Mandanten nach § 170 Abs. 2 StPO oder auch nach §§ 153, 153a StPO zu erreichen.[343]

---

[343] Hierzu vgl. Rn. 422 und 424.

2. Maßnahmen des Strafverteidigers zur Verhinderung der Anklageerhebung

In der Praxis ist es eine wesentliche Aufgabe des Strafverteidigers, nicht nur zu verhindern, dass sein Mandant nach Durchführung einer Hauptverhandlung verurteilt wird, sondern er hat bereits im Ermittlungsverfahren darauf hinzuwirken, dass eine Anklageerhebung unterbleibt.

Im Rahmen einer Examensklausur kann vom Bearbeiter verlangt werden, dass er eine sinnvolle Verfahrenserledigung in dieser Weise anstrebt.

So ist es denkbar, dass der Prüfling in der Rolle des Strafverteidigers nach Abschluss der Ermittlungen Einsicht in die Akten der Staatsanwaltschaft nimmt und nunmehr eine Stellungnahme zu fertigen hat, mit deren Hilfe die Abschlussverfügung der Staatsanwaltschaft im Interesse seines Mandanten beeinflusst werden soll.

Die jeweilige Vorgehensweise ist davon abhängig, welches Ergebnis nach Prüfung der Strafbarkeit des Mandanten aus Sicht des Verteidigers vorliegt.

a) Einstellung des Verfahrens nach § 170 Abs. 2 StPO

Der Strafverteidiger hat zu überprüfen, ob die Erkenntnisse der Strafverfolgungsbehörde genügenden Anlass zur Erhebung der öffentlichen Klage gegen seinen Mandanten bieten (§ 170 Abs. 1 StPO). Anklage wird durch die Staatsanwaltschaft dann erhoben, wenn entsprechend ihrer eigenen Prognoseentscheidung die Sach- und Rechtslage am Ende einer Hauptverhandlung eine Verurteilung wahrscheinlich macht.[344] Sind diese Voraussetzungen nach Auffassung des Strafverteidigers nicht erfüllt, wird er die Einstellung des gegen seinen Mandanten geführten Strafverfahrens gemäß § 170 Abs. 2 StPO beantragen.[345]

Ebenso wird er reagieren, wenn ein Verfahrenshindernis besteht.

Hinreichender Tatverdacht liegt nur dann vor, wenn die von der Verfolgungsbehörde gewonnenen Beweise auch verwertbar sind.

Der Aufbau eines Anschreibens an die Staatsanwaltschaft kann wie folgt gestaltet werden:

An die
Staatsanwaltschaft Würzburg

Az.: 371 Js 17895/02

In dem Ermittlungsverfahren
gegen Mirko Schmittke wegen Trunkenheit im Verkehr
zeige ich unter Vollmachtsvorlage die Verteidigung des Beschuldigten an und beantrage,
das Verfahren nach § 170 Abs. 2 StPO einzustellen.

Begründung:

---

[344] Meyer-Goßner § 170 Rn. 2.
[345] Insofern liegt eine Anregung des Verteidigers vor; ein förmliches Antragsrecht existiert nicht.

Zunächst ist kurz darzustellen, was dem Beschuldigten zur Last liegt.
Gegen den Beschuldigten wird ein Ermittlungsverfahren geführt, weil er verdächtig war, am 1. 8. 2002 in Würzburg in der Theaterstraße trotz alkoholbedingter Fahruntüchtigkeit im Straßenverkehr ein Kraftfahrzeug geführt zu haben.

Sodann ist darauf einzugehen, wie sich das Beweisergebnis nach Abschluss der Ermittlungen darstellt. Also ist herauszuarbeiten, von welchem Sachverhalt auszugehen ist. Dabei ist die Verwertbarkeit der Beweismittel zu erörtern.

Im Zweifel sollte der anwaltliche Vertreter die für seinen Mandanten günstigere Lösung wählen.

Es sind auszuwerten:
- Angaben des Beschuldigten
  - glaubhaft bzw. nicht widerlegbar
  - Verwertbarkeit
- Angaben von Zeugen
  - glaubhaft/nicht glaubhaft/nicht widerlegbar
  - Verwertbarkeit
- sonstige Beweismittel wie Urkunden
  - Inhalt
  - Verwertbarkeit

Nach dem Abschluss der Ermittlungen stellt sich aus Sicht der Verteidigung der Sachverhalt wie folgt dar:
Es steht ausschließlich fest, dass mein Mandant am 1. 8. 2002 in Würzburg in der Theaterstraße in alkoholisiertem Zustand in seinem Pkw bei nicht laufendem Motor angetroffen wurde. Dagegen kann der Nachweis nicht erbracht werden, dass der Beschuldigte den Pkw auch tatsächlich geführt hat. Mein Mandant hat von Anfang an glaubhaft darauf hingewiesen, dass er sich lediglich in den Pkw gesetzt hat, um sich vor dem plötzlich einsetzenden, heftigen Regen zu schützen. Gerade weil er Alkohol zu sich genommen hatte, war er soeben auf dem Weg zu einem Taxistand, als er von dem Unwetter überrascht wurde. Unmittelbar nachdem er im Pkw Platz genommen hatte, wurde er von einer Polizeistreife überprüft, wobei der Polizeibeamte Strasser ihm sofort vorwarf, mit dem Pkw gefahren zu sein, was jedoch keineswegs der Wahrheit entspricht. Die Zeugin Zeisig, die ursprünglich angegeben hatte, sie habe meinen Mandanten fünf Minuten, bevor er in der Theaterstraße kontrolliert wurde, am Residenzparkplatz in den Pkw einsteigen und selbst wegfahren sehen, hat ihre Aussage schon am nächsten Tag widerrufen und darauf hingewiesen, dass sie den Beschuldigten mit einem Herrn Huber verwechselt hat, den sie seit dem maßgeblichen Vorfall schon mehrfach am Residenzparkplatz getroffen hat. Herr Huber fährt denselben Pkw-Typ wie Herr Schmittke. Deshalb ist die Verwechselung der beiden Personen auch plausibel.

Es schließen sich ggf. weitere Ausführungen an zu:
- objektive/subjektive Tatbestandsmerkmale
- Rechtswidrigkeit
- Schuld
- objektive Bedingungen der Strafbarkeit

- persönliche Strafausschließungsgründe
- Prozesshindernisse, Prozessvoraussetzungen

Sodann sind rechtliche Erörterungen vorzunehmen, abgestellt auf die dargestellten Tatsachen.

Damit hat sich mein Mandant nicht der Trunkenheit im Straßenverkehr nach § 316 StGB schuldig gemacht. Denn hierzu hätte er ein Fahrzeug auch führen müssen, was er eben gerade nicht getan hat. Das Führen eines Fahrzeug ist nur dann anzunehmen, wenn sich das Fahrzeug im Straßenverkehr auch tatsächlich bewegt.
Deshalb beantrage ich, das Verfahren einzustellen und meinem Mandanten den sichergestellten Führerschein umgehend wieder auszuhändigen.

Gegebenenfalls wären noch weitere Maßnahmen der Staatsanwaltschaft zu veranlassen wie die soeben erwähnte Herausgabe eines sichergestellten Führerscheines.

b) Einstellung des Verfahrens aus Opportunitätsgesichtspunkten

Die Strafprozessordnung sieht über die Einstellung nach § 170 Abs. 2 StPO hinausgehend aus Gründen der Opportunität weitere Einstellungsmöglichkeiten in §§ 153 ff. StPO vor. All diese Erledigungsarten setzen voraus, dass ein hinreichender Tatverdacht besteht, da ja ansonsten eine Einstellung nach § 170 Abs. 2 StPO vorzunehmen ist. Eine Einstellung nach § 170 Abs. 2 StPO geht demzufolge vor.

Aus Opportunitätsgesichtspunkten wird in der Praxis am häufigsten nach §§ 153, 153a StPO eingestellt. Deshalb sollen hier auch nur die Voraussetzungen dieser Regelungen kurz skizziert werden, da eine Prüfung der §§ 153b ff. StPO eher unwahrscheinlich[346] ist.

Kommt der Verteidiger nach Abschluss der Überprüfung der Strafbarkeit des Beschuldigten zu dem Ergebnis, dass sich sein Mandant strafbar gemacht hat (obwohl im Zweifelsfalle schon die für den Beschuldigten jeweils günstigere Lösung gewählt wurde), wird er in einer Examensklausur kaum den Antrag auf Einstellung des Verfahrens nach § 170 Abs. 2 StPO stellen sollen. Er wird auf eine Verfahrenseinstellung nach § 153 StPO oder § 153a StPO hinarbeiten. Hierzu kann es noch erforderlich sein, auf den Mandanten einzuwirken, damit die Schuld als gering zu erachten ist. So käme beispielsweise die Abgabe eines Geständnisses in Betracht, was sich bei der Beurteilung des Ausmaßes der Schuld als durchaus günstiger, nämlich strafmindernder Umstand darstellt.[347]

Eine Einstellung des Verfahrens durch die Staatsanwaltschaft nach § 153 Abs. 1 StPO hat folgende Voraussetzungen:
- Die vorgeworfene Tat ist rechtlich als Vergehen und nicht als Verbrechen (§ 12 Abs. 2 StGB) zu qualifizieren.
- Die Schuld des Täters ist als gering anzusehen.
- Es besteht kein öffentliches Interesse an der Strafverfolgung.

---

[346] Aber nicht unmöglich; am ehesten noch wäre an § 153b StPO zu denken, da § 46a StGB den Anwendungsbereich dieser Norm eröffnet.
[347] Tröndle/Fischer § 46 Rn. 50.

144   B. Strafrecht

- Die Zustimmung des für die Eröffnung des Hauptverfahrens zuständigen Gerichts[348] liegt vor.
- Dagegen setzt eine Verfahrenseinstellung nach § 153a Abs. 1 StPO voraus:
- Die vorgeworfene Tat ist rechtlich als Vergehen und nicht als Verbrechen (§ 12 Abs. 2 StGB) zu qualifizieren.
- Die Schwere der Schuld des Täters steht nicht entgegen (also können auch gewichtigere Fälle eingestellt werden).
- Es besteht ein öffentliches Interesse an der Strafverfolgung, das aber durch die Erfüllung der zu erteilenden Auflagen beseitigt werden kann.
- Die Zustimmung des für die Eröffnung des Hauptverfahrens zuständigen Gerichts[349] liegt vor.
- Die Zustimmung des Beschuldigten liegt vor.

426 Sollte somit die Aufgabenstellung darauf hinführen, dass eine derartige Erledigung des Strafverfahrens vom Verteidiger angestrebt wird, so wird er in einem Schriftsatz an die Staatsanwaltschaft zunächst (entsprechend der Darstellung bei einer Verfahrenseinstellung[350]) herausarbeiten, wie sich sein Mandant nach Abschluss der Ermittlungen aus der Sicht der Verteidigung strafbar gemacht hat und dass insoweit lediglich ein Vergehen vorliegt. Anschließend wird bei § 153 StPO darauf hinzuweisen sein, weshalb geringe Schuld[351] vorliegt und ein öffentliches Interesse an der Strafverfolgung[352] nicht besteht.

Im Falle einer angestrebten Einstellung nach § 153a StPO sind die Umstände herauszuarbeiten, aus denen sich ergibt, dass einer Verfahrenseinstellung keine schwere Schuld entgegensteht. Außerdem sollten geeignete Auflagen durch den Verteidiger selbst vorgeschlagen werden wie z. B. Schadenswiedergutmachung (vgl. auch § 46a StGB) oder Zahlung einer Geldauflage an eine gemeinnützige Einrichtung. Da § 153a StPO auch das Einverständnis des Beschuldigten voraussetzt, wäre daran zu denken, dieses im Schriftsatz des Verteidigers bereits zu erklären bzw. in Aussicht zu stellen.

3. Begleitende Maßnahmen des Strafverteidigers

427 Zur effektiven Durchsetzung von Rechtsbehelfen gegen Zwangsmaßnahmen ebenso wie zur Vorbereitung einer dem Beschuldigten günstigen Erledigung des Strafverfahrens kann es angezeigt sein, dass der Strafverteidiger taktische Maßnahmen ergreift und die weitere Vorgehensweise seines Mandanten bzw. auch Dritter beeinflusst. Gerade in diesem Bereich ist jedoch das Spannungsfeld zu beachten, in dem sich der Strafverteidiger bewegt. Er muss seinen Mandanten effektiv vertreten, darf jedoch keine Strafvereitelung begehen.[353]

a) Verhalten des Beschuldigten

428 Der Beschuldigte ist nicht verpflichtet, aktiv an seiner eigenen Überführung mitzuwirken. Er hat vielmehr das Recht, keine Angaben zur Sache zu

---
[348] Ausnahme: § 153 Abs. 1 S. 2 StPO.
[349] Ausnahme: §§ 153a Abs. 1 S. 7, 153 Abs. 1 S. 2 StPO.
[350] Vgl. Rn. 423.
[351] Zu den Voraussetzungen vgl. Meyer-Goßner § 153 Rn. 4.
[352] Hierzu vgl. Meyer-Goßner § 153 Rn. 7.
[353] Vgl. Rn. 364.

§ 1 Maßnahmen des Strafverteidigers im Ermittlungsverfahren 145

machen (vgl. § 136 Abs. 1 S. 2 StPO). Somit kann es gerade Aufgabe des Klausurbearbeiters in der Rolle des Strafverteidigers sein, seinem Mandanten den stets zulässigen Rat zu erteilen, sich zum Vorwurf nicht zu äußern.[354] Dies kommt dann in Betracht, wenn die Beweislage für den Mandanten günstig erscheint und bei (wahrheitsgemäßen) Äußerungen des Mandanten diese sich zu verschlechtern droht.

Ist dagegen zu erwarten, dass der Beschuldigte zumindest teilweise überführt werden wird, kann es gerade gegenteilig hierzu sinnvoll sein, den Mandanten zur Abgabe eines umfassenden und frühen Geständnisses zu bewegen. Denn ein Geständnis, das bekundet, dass ein Straftäter zu seiner Tat steht, diese nicht ableugnet, sondern die Verantwortung dafür übernimmt und mit dem Geständnis das Strafverfahren abkürzt, wird in aller Regel strafmildernd berücksichtigt. Weitgehend bedeutungslos ist dagegen ein Geständnis, das erkennbar aus rein prozesstaktischen Gründen oder zu einem Zeitpunkt abgelegt wird, zu dem „es nichts mehr zu gestehen gibt", weil die Tatsachen bereits erwiesen sind.[355]

Ebenso ist es denkbar, dass ein Verteidiger seinen Mandanten dazu anhält, Schadenswiedergutmachung zu betreiben. In § 46 Abs. 1 S. 2 StGB ist als Strafzumessungsgesichtspunkt ausdrücklich das Bemühen des Täters, den Schaden wieder gut zu machen und einen Ausgleich mit dem Verletzten zu erreichen, benannt. Auch eine Entschuldigung als Ausdruck von Reue[356] wird regelmäßig positiv bewertet.

Der sogenannte Täter-Opfer-Ausgleich hat mittlerweile durch die Schaffung des § 46a StGB eine besondere Bedeutung erlangt. Nach dieser Regelung kann das Gericht unter den dort benannten Voraussetzungen die Strafe mildern oder sogar gänzlich von Strafe absehen. Die Staatsanwaltschaft ist gemäß § 153b StGB befugt, aufgrund derselben Umstände das Verfahren einzustellen.[357]

Alle dem Beschuldigten günstigen Strafzumessungsgesichtspunkte sind nicht erst nach durchgeführter Hauptverhandlung bei Fassung eines Strafurteils zu berücksichtigen, sondern bereits im Ermittlungsverfahren geeignet, etwa eine Verfahrenseinstellung nach §§ 153, 153a ff. StPO zu erwirken. Demzufolge kann sich der Strafverteidiger veranlasst sehen, die Grundlagen für einen seinem Mandanten günstigen Verfahrensausgang dadurch zu schaffen, dass er den Rat erteilt, Schadensersatz zu leisten.

Im Rahmen einer Examensklausur könnten diese Aspekte als Ergänzungsfrage zu erörtern sein. Ebenso ist es denkbar, dass auf schuldmindernde Umstände, die bereits vorliegen, in einem zu fertigenden Schriftsatz, der an die Staatsanwaltschaft gerichtet ist, ausdrücklich hingewiesen wird.

b) Kontakt mit Dritten

Aus dem Umstand, dass es Aufgabe des Verteidigers ist, die Interessen des Beschuldigten einseitig gegenüber dem Gericht und den Strafverfolgungsbe-

429

---
[354] Vgl. Rn. 365.
[355] Tröndle/Fischer § 46 Rn. 47, 50, 55.
[356] Tröndle/Fischer § 46 Rn. 47.
[357] Meyer-Goßner § 153b Rn. 1.

hörden zu vertreten,[358] und er zur Vornahme aller prozessual zulässigen Handlungen berechtigt ist, die dem Schutz und der Verteidigung des Beschuldigten dienen, ergibt sich, dass er eigene Ermittlungen führen, insbesondere auch Zeugen, Mitbeschuldigte und Sachverständige bereits vor und außerhalb einer Hauptverhandlung befragen darf.[359] Er darf jedoch nicht den Eindruck erwecken, wie die Strafverfolgungsbehörden Zwangsmaßnahmen gegen einen Zeugen ergreifen zu können, wenn dieser der Bitte, dem Strafverteidiger gegenüber Angaben zu machen, nicht nachkommt.

Der Verteidiger ist auch befugt, Zeugen auf ein bestehendes Zeugnisverweigerungsrecht nach § 52 StPO oder ein Auskunftsverweigerungsrecht nach § 55 StPO hinzuweisen.[360] Jedoch muss er den Zeugen die Entscheidung, ob sie davon Gebrauch machen, selbst überlassen.

Innerhalb einer Examensklausur wird diese Problematik eher im Rahmen einer ergänzenden Aufgabenstellung zu erörtern sein. Denkbar wäre etwa die Zusatzfrage, welche weiteren Maßnahmen der Verteidiger zu ergreifen hat, wenn sich aus dem Aufgabentext – insbesondere den Angaben des Mandanten – ergibt, dass der Sachverhalt in bestimmten Bereichen noch nicht geklärt erscheint und die Staatsanwaltschaft keine Anstalten macht, in dieser Richtung zu ermitteln.

c) Erklärungen gegenüber der Strafverfolgungsbehörde

430 Dem Strafverteidiger kann zusätzlich zur Anfechtung von Zwangsmaßnahmen die Aufgabe zukommen, gegenüber der Staatsanwaltschaft Erklärungen abzugeben, die sich auf die erstrebte Entscheidung und ggf. sogar auf den Ausgang des Strafverfahrens insgesamt auswirken. Denkbar ist insbesondere, dass der Verteidiger der Verwertung von Beweismitteln ausdrücklich widerspricht, um eine Heilung eines evt. aufgetretenen Verfahrensverstoßes zu verhindern. Beispielsweise wäre dies angezeigt im Falle der Durchführung einer Beschuldigtenvernehmung ohne vorherige ordnungsgemäße Belehrung.[361]

---

[358] Meyer-Goßner vor § 137 Rn. 1.
[359] BGH AnwBl 81, 115; OLG Frankfurt StV 1981, 28 (30); Meyer-Goßner vor § 137 Rn. 2.
[360] Diercks/Lemke-Küch S. 127.
[361] BGH NStZ 1997, 502: ein Widerspruch vor der Hauptverhandlung genügt nicht.

§ 2 Verteidigung im Zwischenverfahren – Schutzschrift

I. Aufgabenstellung

Anklageschrift + Information des Mandanten + Information durch Akteneinsicht + Hinweis nach § 201 StPO + Beschluss z. B. § 111a StPO	Mandantenziele	Verteidigungsziel: Ablehnung der Eröffnung, § 204 StPO oder Eröffnung mit Änderungen, § 207 Abs. 2 StPO Antrag auf Beweiserhebung, § 201 Abs. 1 StPO Eröffnung vor einem Gericht niedriger Ordnung, § 209 Abs. 1 StPO	Bearbeitervermerk: Verteidigungsschrift (Schutzschrift)	431

Die Schutzschrift[362] ist das Verteidigungsmittel im Zwischenverfahren[363]. **432** Mit ihr wird nach Erhebung der öffentlichen Klage die Eröffnung des Verfahrens bekämpft.[364] Natürlich kann auch schon im Ermittlungsverfahren eine Schutzschrift eingereicht werden, um die Erhebung der Klage zu verhindern. In der Klausurwirklichkeit ist dieser Fall jedoch außerordentlich selten, weil normalerweise im Ermittlungsverfahren die Abschlussverfügung als Klausurtyp dominiert. Hingegen bietet das Zwischenverfahren die Möglichkeit, dem Bearbeiter die lösungsnotwendigen Informationen über die Klageschrift, Akteneinsicht und Mandanteninformationen zu unterbreiten, um auf dieser Grundlage ein Verteidigungskonzept entwickeln zu lassen. Die Schutzschrift strebt die Nichteröffnung (vergleichbar dem Freispruch) an; gelingt dies nicht, dann jedenfalls das für den Mandanten „kleinere Übel".

II. Abklären der Mandantenziele

Der Mandant wird beim Anwalt vorsprechen, von einer Anklageschrift **433** berichten, wird diese Vorlegen und auf die Aufforderung des Gerichts verweisen, nach der innerhalb einer vom Gericht bestimmten Frist Beweiserhebungen oder Einwendungen gegen die Eröffnung des Verfahrens vorzubringen sind. Dann wird er zum Ausdruck bringen, unschuldig zu sein oder sich

---

[362] Andere Bezeichnungen sind möglich, etwa Verteidigungsschrift.
[363] §§ 199 ff. StPO.
[364] Der Angriff gegen einen Strafbefehl erfolgt mit dem Einspruch.

aus diesem oder jenem Grund nicht erklären zu können, dass die Staatsanwaltschaft ausgerechnet ihn angeklagt hat. Das Ziel des Mandanten wird also – ohne dass er dies aussprechen muss – die Nichteröffnung sein. Unter Umständen sieht er auch ein, eine Straftat begangen zu haben, meint aber, die Staatsanwaltschaft habe zu hart zugegriffen (etwa Mord angeklagt, obwohl es nur eine fahrlässige Tötung gewesen sei). Dann will er eine „Milderung" gegenüber der Wertung der Staatsanwaltschaft. Häufig wird in diesen Klausuren noch vom vorläufigen Entzug der Fahrerlaubnis, einer Beschlagnahme oder sonstigen Zwangsmaßnahmen nach der StPO die Rede sein. Dann wird zu prüfen sein, ob der Mandant etwa aus der U-Haft „freigekämpft" werden muss.

III. Bearbeitervermerk

434 Wie bei jeder Klausur muss auch hier der Bearbeitervermerk genau beachtet werden. Meist wird danach gefragt, welche Überlegungen und Maßnahmen der Rechtsanwalt für eine sachgerechte Strafverteidigung bei gegebener Verfahrenslage durchführen wird. Gefordert können sein ein Gutachten, ein Gutachten mit den notwendigen Schriftsätzen oder nur die notwendigen Schriftsätze. Gleichgültig, welche Vorgaben für die Bearbeitung bestehen, immer muss der Fall gutachtlich durchdrungen werden. Am Ende dieser Überlegungen steht fest, ob eine Schutzschrift sinnvoll sein wird. Kombiniert können solche Aufgaben mit Rechtsmitteln/Rechtsbehelfen gegen Beschlussentscheidungen/nichtrichterliche Anordnungen zu Zwangsmaßnahmen nach der StPO sein. Am Ende der Erfassung des Bearbeitervermerks sollte Klarheit darüber bestehen, welche Lösungsteile zu fertigen sein werden:

435

gutachtliches Durchdringen des Falles	immer notwendig
Fertigung eines Gutachtens zum Anklagevorwurf und zu Zwangsmaßnahmen nach der StPO	sofern gefordert
Fertigen einer Schutzschrift	sofern Schriftsätze gefordert werden
Fertigen einer Informationsschrift für den Mandanten	sofern Schriftsätze gefordert werden
Angriffe gegen Zwangsmaßnahmen	sofern Schriftsätze gefordert werden

IV. Bearbeitungstechnik

1. Geordnetes Vorgehen nach den Hauptzielen

436 Liegt nur eine Anklageschrift vor, besteht das Hauptziel in der Nichteröffnung des Verfahrens oder in einer Eröffnung im „milderen Licht"[365]. Be-

---

[365] Bei mehreren Handlungsabschnitten und bei mehreren prozessualen Taten kann ein Erfolg schon darin bestehen, für einen „Bereich" eine Nichteröffnung oder ein modifiziertes Eröffnen zu erreichen.

§ 2 Verteidigung im Zwischenverfahren – Schutzschrift 149

richtet der Mandant von einer vorläufigen Entziehung der Fahrerlaubnis oder befindet er sich in U-Haft, dann bildet sich ein zweites Hauptziel heraus, nämlich diese Beschlussentscheidung zu bekämpfen. Dabei muss bekannt sein, dass das Gericht zugleich mit der Entscheidung über die Eröffnung des Verfahrens von Amts wegen über die Anordnung oder Fortdauer der U-Haft oder der einstweiligen Unterbringung zu entscheiden hat, § 207 Abs. 4 StPO.

2. Suche nach Einwendungen gegen die Eröffnung des Verfahrens

Der Strafverteidiger wird nach Gründen suchen, die eine Nichteröffnung erzwingen, § 204 StPO. Scheitert diese Möglichkeit, wird er wenigstens eine Eröffnung mit Änderungen zugunsten des Mandanten anstreben, § 207 Abs. 2 StPO. Dabei sind – ohne dass die Aufgabe dazu ausdrücklich Hinweise enthalten muss[366] – die Verfahrensvoraussetzungen und eventuelle Verfahrenshindernisse zu prüfen. In diesem Zusammenhang bildet die Wirksamkeit[367] der Anklageschrift einen Schwerpunkt. Daneben ist abzuklären, ob das Ergebnis der Akteneinsicht und ob die Informationen des Mandanten Verteidigungsansätze im Verfahrensrecht oder im sachlichen Recht liefern. 437

a) Subsumtionswiederholung

Durch diesen Arbeitsschritt wird der Sachverhalt der Anklageschrift mit dem rechtlichen Ergebnis der Anklageschrift verglichen. Hier können sich bereits Subsumtionsfehler und fehlerhafte Gesetzesanwendungen im Bereich der Staatsanwaltschaft zeigen. Jedenfalls kristallisieren sich so die anzuwendenden Strafbestimmungen heraus, öffnet sich der Blick auf das Gewicht der Straftat[368] und lassen sich Antragsdelikte[369] aufspüren. Dieser Überblick ist für den nächsten Arbeitsschritt notwendig. 438

b) Verfahrensvoraussetzungen/Verfahrenshindernisse

Die Suche nach fehlenden Verfahrensvoraussetzungen oder bestehenden Verfahrenshindernissen sollte an Hand eines Renners erfolgen. Dazu bietet sich die Zusammenstellung bei Meyer-Goßner Einl. Rn. 141 ff. als Hilfsmittel an. Häufig sind Antragsdelikte in den Klausuren eingebaut[370] oder zeigt sich ein Missgriff der Staatsanwaltschaft bei der Wahl des sachlich zuständigen Gerichts. Verjährung und Strafklageverbrauch erschließen sich durch den Blick auf den Tatzeitpunkt und eventuelle Verjährungsunterbrechungshandlungen sowie mitgeteilte Vorstrafen.[371] Zu den Prozesshindernissen zählt auch das Fehlen einer **wirksamen** Anklageschrift. 439

---

[366] Auch ein Mandant wird kaum von diesen Prüfungspunkten Kenntnis haben.
[367] Die Unwirksamkeit zählt zu den Prozesshindernissen.
[368] Wichtig für die sachliche Zuständigkeit des Gerichts.
[369] Sie sollten – weil leicht übersehbar – im Gesetzestext deutlich gekennzeichnet sein.
[370] Fehlt der Antrag, kann auf das besondere öffentliche Interesse an der Strafverfolgung abzustellen sein, vgl. etwa §§ 248a, 263 Abs. 4 StGB.
[371] Wichtig sind mitgeteilte Auszüge aus dem BZR, VZR und Hinweise im „Wesentlichen Ergebnis der Ermittlungen".

c) Anklageschrift

440 Die Suche nach Fehlern in der Anklageschrift setzt als Vergleichsgröße eine Vorstellung von der idealen Anklageschrift voraus, die formvollendet die Umgrenzungs- und Informationsfunktion erfüllt. Ein Fehler im Zusammenhang mit der Umgrenzungsfunktion führt zur Unwirksamkeit der Anklageschrift[372]. Es geht dabei um die Beschreibung von Täter, Tatzeit, Tatort und Tathandlung. Hingegen führen Form- und Informationsmängel grundsätzlich nicht zur Unwirksamkeit der Anklageschrift. Typische Mängel dieser Art sind zum Beispiel das Fehlen der Beschreibung der inneren Tatseite sowie der fehlende Hinweis auf Vorsatz oder Fahrlässigkeit im Rahmen der gesetzlichen Merkmale der Straftat[373].

d) Akteneinsicht/Informationen des Mandanten

441 **(1) Akteneinsicht.** Die Akteneinsicht bringt Hinweise zur Tatsachenermittlung der Staatsanwaltschaft bzw. der Polizei. Dabei können sich prozessuale Fehler auftun, die zu Beweisverwertungsverboten führen. Typisch sind Fehler bei der Belehrung des Beschuldigten vor seiner Vernehmung, §§ 163a Abs. 4 S. 2 i.V.m. § 136 Abs. 1 S. 2 StPO.[374] Zu den Beweisverwertungsverboten sollte ein präsenter Überblick bestehen. Zur Not hilft ein Blick in das Sachverzeichnis z.B. des Kommentars zur Strafprozessordnung unter dem Stichwort Beweisverwertungsverbote[375]. Neben diesen „durchschlagenden" Fehlern gibt es solche bei der Beweiserhebung – etwa bei der Blutentnahme nach § 81a StPO – die kein Beweisverwertungsverbot[376] auslösen.

442 **(2) Mandanteninformation.** Die Informationen des Mandanten können Hinweise auf einen anderen Sachverhalt[377] liefern. Auf dieser Grundlage ist ein Angriff gegen das verwendete Tatsachenmaterial möglich und bei Beweisbarkeit dieser Tatsachenschilderung kommt der Antrag auf Beweiserhebung in Betracht, §§ 201, 202 StPO.

e) Gesamtbetrachtung

443 Am Ende der vorstehenden Arbeitsschritte steht fest, ob Verfahrensvoraussetzungen fehlen bzw. Verfahrenshindernisse bestehen. Hierdurch kann das Anklagegefüge vollständig oder teilweise zusammenbrechen. Weiterhin ergibt sich aus dem Vorliegen von Beweisverwertungsverboten unter Umständen der Wegfall von Tatsachen, die für die Subsumtion notwendig sind. Dabei ist aber darauf zu achten, dass ein etwa gegenüber der Polizei unter

---

[372] Meyer-Goßner § 200, Rn. 26.
[373] Einen Renner für diese Prüfung bietet die Kommentierung bei Meyer-Goßner § 200, Rn. 27.
[374] Zur Bearbeitungstechnik vgl. Rn. 371.
[375] Hier findet sich meist ein Hinweis auf die Einleitung zum Kommentar; hervorgehoben sind sodann die §§ 81a, 97, 100a, 136a StPO.
[376] Vgl. dazu etwa/Meyer-Goßner, § 81a Rn. 32f.
[377] Dieser geänderte Sachverhalt kann ein neues Ergebnis nach sich ziehen. Von einem Verteidiger wird dieses selbstverständlich nur dann vorgetragen, wenn es sich für seinen Mandanten günstig auswirkt.

Verstoß gegen die Belehrungspflicht abgegebenes Teil-/Vollgeständnis zwar nicht verwertbar sein mag, dieselbe Tatsachenschilderung aber von einem „verwertbaren" Zeugen bekundet wurde und deshalb der notwendige Subsumtionsstoff erhalten bleibt. Ferner können sich schlichte Fehler der Staatsanwaltschaft bei der Wahl der anzuwendenden Vorschriften ergeben. Schließlich kann die Tatsachenschilderung des Mandanten – sollte sie beweisbar sein – eine andere rechtliche Bewertung bringen oder gar die zwingende Nichteröffnung.

V. Entscheidung für oder gegen die Schutzschrift

Die Verteidigungsschrift hat nur Sinn, wenn die Eröffnung verhindert oder mit geringerem Vorwurf erreicht werden kann. Damit sind die Einwendungen im Sinne des § 201 StPO gemeint. Die Lage des Mandanten verbessert sich durch eine Entscheidung des Gerichts nach §§ 202, 207, 209 StPO. Bei Unerreichbarkeit dieser Ziele scheidet eine Schutzschrift als Verteidigungskonzept aus[378]. Da in der Aufgabe zugleich auch vom vorläufigen Entzug der Fahrerlaubnis oder der U-Haft die Rede sein kann, bleibt der Angriff gegen diese Entscheidungen zu prüfen. **444**

VI. Beispiel

1. Sachverhalt

Auszug aus einer Anklageschrift: „Die Staatsanwaltschaft legt aufgrund ihrer Ermittlungen dem Angeschuldigten folgenden Sachverhalt zur Last: Am 29. 12. 2002 begab sich der Angeschuldigte gegen 22.00 Uhr in die Wohnung des Kurt Klein in Würzburg, Ottostraße 5, und stach diesem mit einem Messer, dessen Klinge eine Länge von 29,5 cm hat, in das Herz, wodurch Klein sofort verstarb. Der Angeschuldigte handelte mit Wissen und Wollen. Anschließend nahm er das Bargeld des Klein im Wert von 15 000 Euro an sich und verließ das Haus. **445**
Der Angeschuldigte wird daher beschuldigt, ...
strafbar als Verbrechen des Totschlags in Tateinheit mit einem Vergehen der Unterschlagung nach §§ 212 Abs. 1, 246 Abs. 1, 52 StGB.
Wesentliches Ergebnis der Ermittlungen: Der genaue Geschehensablauf und das Tatmotiv lassen sich nicht aufklären; insbesondere blieb unklar, ob es der Angeschuldigte von vornherein auf das Geld des Klein abgesehen oder ob er das Geld erst nach der Bluttat aufgrund eines spontanen Entschlusses an sich genommen hat. Jedoch hat der Zeuge Adler vom 12 Meter entfernten Nachbarhaus aus durch das Fenster beobachtet, wie der Angeschuldigte mit dem Messer in die Brust des Klein gestochen hat. ......

---

[378] Dem Mandanten ist dann mitzuteilen, dass gegen die Verfahrenseröffnung nicht erfolgreich vorgegangen werden kann und daher der Ablauf der Hauptverhandlung abzuwarten sein wird.

2. Lösungsansatz

a) Wiederholung der Subsumtion

446 Da nicht feststeht, dass der Mandant die Arg- und Wehrlosigkeit des Klein bewusst zur Tötung ausgenutzt bzw. diesem unnötige Schmerzen zugefügt hat, scheidet ein Mord aus Heimtücke oder aus Grausamkeit aus, § 211 StGB. – Die Ermittlungen haben nicht ergeben, dass der Mandant bereits bei der Tötung die Idee verfolgte, an das Geld des Klein zu gelangen. Deshalb muss zugunsten des Mandanten davon ausgegangen werden, dass ihm die Idee der Wegnahme des Geldes erst nach dem Messerstich gekommen ist. Ein Mord aus Habgier oder zur Ermöglichung einer anderen Straftat scheidet aus. Damit fehlt zugleich der Nachweis einer gewaltsam erzwungenen Wegnahme, weshalb ein Raub nach §§ 249, 250 Abs. 2 Nr. 1, 251 StGB ausscheidet. – Unproblematisch liegt der objektive Tatbestand des Totschlags nach § 212 StGB – wie angeklagt – vor. Da ein Zeuge gesehen hat, dass der Mandant den Stich ausgeführt hat, kann der Vorsatz nicht ernsthaft in Frage gestellt werden.

447 Ein Diebstahl der 15 000 Euro gegenüber den Erben des Klein kommt nicht in Betracht, weil der fiktive Erbenbesitz nach § 857 BGB für einen Gewahrsamsbruch nicht ausreicht.

448 Damit stellt sich abschließend die Frage, ob die Unterschlagung zurecht angeklagt worden ist. Wegen der Subsidiaritätsklausel kann dies fraglich sein, §§ 246 Abs. 1, 212, 38 Abs. 2 StGB: 5–15 Jahre für Totschlag und 1 Monat – 3 Jahre für Unterschlagung. An dieser Stelle ergibt sich ein Problemschwerpunkt mit der Frage, ob die Subsidiaritätsklausel schon deshalb unanwendbar ist, weil der Totschlag kein Zueignungsdelikt ist. Diese Frage hat der BGH inzwischen zugunsten des Mandanten entschieden[379]. Allerdings greift die Subsidiarität nur ein, sofern Unterschlagung und Totschlag eine einheitliche Tat bilden. Eine einheitliche Tat i.S.d. § 246 Abs. 1 StGB liegt vor, wenn die Zueignungshandlung zeitgleich mit einem anderen Delikt zusammentrifft. Daran fehlt es jedoch, wenn der Mandant erst nach dem Messerstich den Plan gefasst hat, das Geld an sich zu nehmen. Da aber nicht ausgeschlossen werden kann, dass der Mandant auch einen Raubmord verübt hat, ist hier zu seinen Gunsten das gesamte Tatgeschehen als eine Handlung anzusehen; dies führt zur Tateinheit und damit zugleich zur Subsidiarität. Der Anklagevorwurf der tateinheitlichen Unterschlagung kann wirksam bekämpft werden, § 207 Abs. 2 Nr. 3 StPO.

449 Wäre im Beispielsfall ein Raubmord angeklagt gewesen, hätten obige Überlegungen zur Folge, den Vorwurf auf Totschlag zurückzuführen (§ 74 Abs. 2 Nr. 4 GVG liegt nicht mehr vor, einschlägig ist dann § 74 Abs. 2 Nr. 5 GVG, so dass die Zuständigkeit des Schwurgerichts bestehen bleibt).

b) Verfahrensvoraussetzungen/Verfahrenshindernisse

450 Dazu bietet die Aufgabe keine Hinweise.

c) Anklageschrift

451 Die Angabe der subjektiven Seite zur Wegnahme des Geldes fehlt; dieser Umstand betrifft nicht die Umgrenzungsfunktion.

---

[379] Vgl. BGH NJW 2002, 2188 ff.

d) Akteneinsicht/Informationen durch den Mandanten

Hinweise auf Beweisverwertungsverbote liegen nicht vor. – Ergäben die Informationen des Mandanten, dass er vom schwerstkranken Opfer gebeten worden ist, gegen ein Honorar von 15 000 Euro das Opfer zu töten, würde die Frage der Strafbarkeit des Tötens auf Verlangen in den Mittelpunkt rücken. Enthält die Aufgabe dazu keine Hinweise, sollte besser ein solches Verteidigungskonzept – das nur ausgedacht ist[380] – nicht gewählt werden. Möglich ist aber der Hinweis, dass für diesen Entlastungsansatz kein Anhaltspunkt besteht[381].

452

VII. Form und Aufbau der Verteidigungsschrift

Form und Aufbau einer Schutzschrift/Verteidigungsschrift ergeben sich aus dem Zweck der Verteidigungsmaßnahme. Das zur Entscheidung über die Verfahrenseröffnung bestimmte Gericht soll „geleitet" werden. Also ist ein Schriftsatz zu fertigen, der den Absender, den Empfänger, das betroffene Strafverfahren bezeichnet und sodann die Angriffe darstellt.

453

Schriftsatzmuster	Anmerkungen
Dr. Hans Messer Rechtsanwalt	Absender
An das Landgericht Bamberg – 3. Strafkammer – 96 047 Bamberg	Empfangsgericht dort ist die Anklage erhoben
In der Strafsache August Böse, Bankkaufmann, Straße, Ort wegen versuchten Mordes u. a. Az:	Betreff
Vor der Entscheidung über die Eröffnung des Hauptverfahrens beantrage ich für meinen Mandanten die Vornahme folgender Beweiserhebungen:	§ 201 Abs. 1 StPO
Gegen die Eröffnung des Hauptverfahrens erhebe ich für den Angeschuldigten folgende Einwendungen:	§ 201 Abs. 1 StPO
1. Der Verfahrenseröffnung steht das Verfahrenshindernis der unwirksamen Anklage entgegen, weshalb die Eröffnung nach § 204 Abs. 1 StPO abzulehnen ist. – ausführen –	§ 204 Abs. 1 StPO
2. Die Verfahrenseröffnung wird in der Sache abzulehnen sein, weil die Wahrscheinlichkeit einer späteren Verurteilung nicht besteht. Der Angeschuldigte ist einer Straftat nicht hinreichend verdächtig, § 203 StPO. a) Ausführen: Fehler bei der Rechtsanwendung. b) Ausführen: Fehler bei der Subsumtion.	vgl. dazu Meyer-Goßner § 204 Rn. 1–4.

454

---

[380] Für die Praxis wäre dieser Gedanke nicht schlecht.
[381] Für den Prüfer zeigt sich durch einen solchen Hinweis die Fähigkeit des Bearbeiters, die Möglichkeiten eines Falles auszuweiten.

Schriftsatzmuster	Anmerkungen
c) Hinweis, dass behauptete Tatsachen nicht verwertbar sind und deshalb die Tat nicht nachweisbar sein wird oder mit einer anderen rechtlichen Bewertung zu eröffnen sein wird.	
3. Die Verfahrenseröffnung kommt nur mit der Maßgabe in Betracht, dass statt des zur Last gelegten Verbrechens ...... der Angeschuldigte allenfalls für ein Vergehen nach § ...... hinreichend verdächtig erscheint.	§ 207 Abs. 2 Nr. 3 StPO.
Eventuell sind Nebenentscheidungen zu beantragen.	Meyer-Goßner, § 204 Rn. 8–11. Sofern die Aufgabe Entscheidungen zur vorläufigen Entziehung der Fahrerlaubnis und zur U-Haft[382] bringt, ist zu prüfen, ob diese Entscheidungen aufzuheben sind. Bejahendenfalls ist dies zu beantragen. Für die vorläufige Entziehung der Fahrerlaubnis muss § 111a Abs. 2 StPO und im Falle der U-Haft § 208 Abs. 4 StPO beachtet werden.[383]
Unterschrift	

VIII. Schreiben an den Mandanten

455 Der Mandant als Auftraggeber muss über das Ergebnis zum Anklagevorwurf und zu den beabsichtigten Schritten informiert werden. Dies geschieht durch ein Schreiben an den Mandanten, dem als Anlage die für das Gericht bestimmten Schriftsätze beigefügt werden. Falls keine Schutzschrift in Betracht kommt, ist der Mandant darüber zu informieren. Falls der Mandant bestimmte Fragen gestellt hatte, müssen diese nun beantwortet werden. Der Aufbau des Schreibens ist einfach:

---

[382] Vgl. dazu auch § 207 Abs. 4 StPO.
[383] Für die Zuständigkeit vgl. Meyer-Goßner, § 111a Rn. 14, § 207 Rn. 10. Im Übrigen stellt sich für Angriffe gegen Zwangsmaßnahmen immer die Frage nach der entsprechenden Anwendung von § 98 Abs. 2 S. 2 StPO, vgl. Meyer-Goßner, § 98 Rn. 23 und oben Rn. 374.

Absender **456**
Empfänger

Betreffzeile

Sehr geehrte ......

Erläuterungen zum Ergebnis, den beabsichtigten Schritten und – wenn vom Bearbeitervermerk gefordert – Antwort auf die Fragen des Mandanten

Unterschrift
Anlagen.

§ 3 Das Plädoyer des Verteidigers

I. Aufgabenstellung

457 Die Entwicklung der Referendarausbildung in den letzten Jahren, die anwaltliche Ausbildung stärker zu betonen, hat zu einem Klausurentyp in den 2. Juristischen Staatsprüfungen geführt, der sich mit der Tätigkeit eines Rechtsanwalts in der strafgerichtlichen Hauptverhandlung befasst. Insbesondere in den bayerischen Staatsprüfungen finden sich in den letzten Jahren wiederholt Klausuren, bei denen vom Prüfling die Abfassung des Plädoyers des Verteidigers abverlangt wird.

Diese Aufgaben sind in der Regel so strukturiert, dass dem Bearbeiter zunächst im Aufgabentext die Anklageschrift und der Eröffnungsbeschluss mitgeteilt wird. Danach enthält der Sachverhalt die Verteidigungsanzeige des Rechtsanwalts, die teilweise auch bereits eine Einlassung für den Angeklagten enthalten kann. Anschließend folgt das Protokoll der Hauptverhandlung, gegebenenfalls mit der Einlassung des Angeklagten, der Aussagen der Zeugen und Sachverständigen und den Feststellungen zu den sonstigen in die Hauptverhandlung eingeführten Beweismitteln (verlesene Urkunden und Augenscheinsobjekte). Zudem sind dem Protokoll auch der Gang der Hauptverhandlung, prozessrechtlich relevante Vorgänge sowie eventuell gestellte Anträge und gerichtliche Entscheidungen zu entnehmen[384]. Schließlich endet der Aufgabentext mit der – meist zusammengefassten – Wiedergabe des Schlussvortrags der Staatsanwaltschaft.

458 Die Aufgabenstellung lautet dann:

„Das Plädoyer des Verteidigers ist in wörtlicher Rede zu entwerfen. Soweit darin nach Auffassung der Bearbeiter nicht alle aufgeworfenen Rechtsfragen anzusprechen sind, sind diese in einem Hilfsgutachten zu erörtern."

Die Bewältigung einer solchen Examensklausur setzt voraus, dass der Prüfling versucht, sich mit der Rolle des Strafverteidigers zu identifizieren. Geprägt durch die universitäre Ausbildung und der gerade zu Beginn des Referendariats stark an der Tätigkeit des Richters ausgerichteten objektiven Vorgehensweise bei der Lösung von Rechtsfällen, bereitet vielen Rechtsreferendaren diese „Parteilichkeit" erhebliche Probleme. Der Examenskandidat sollte sich daher zunächst mit der Funktion des Schlussvortrags des Verteidigers auseinandersetzen.

II. Funktion des Plädoyers

459 Gem. § 258 Abs. 1 StPO haben der Staatsanwalt und sodann der Angeklagte nach dem Schluss der Beweisaufnahme das Recht zum Schlussvortrag. Obwohl in § 258 Abs. 1 StPO nicht genannt, steht dieses Recht auch dem

---

[384] Vgl. zum Inhalt und zur Protokollierungspflicht: §§ 272, 273 StPO.

§ 3 Das Plädoyer des Verteidigers

Verteidiger zu[385], der seinen Schlussvortrag in eigener Verantwortung hält[386]. Der Zweck des Plädoyers besteht darin, den Verfahrensbeteiligten nach Abschluss der Beweisaufnahme Gelegenheit zu geben, zu den Ergebnissen der Hauptverhandlung in tatsächlicher und rechtlicher Hinsicht Stellung zu nehmen und entsprechende Anträge zu stellen, um die Entscheidung des Gerichts zu beeinflussen.

Anders als die Staatsanwaltschaft ist der Verteidiger, obwohl er ein Organ der Rechtspflege ist (§ 1 BRAO), nicht verpflichtet, die Ergebnisse des Verfahrens objektiv darzustellen. Umstände, die seinen Mandanten belasten können, muss der Verteidiger in seinem Plädoyer nicht erwähnen. Auf solche Gesichtspunkte wird im Übrigen bereits die Staatsanwaltschaft in ihrem Schlussvortrag hinreichend hingewiesen haben. Entsprechend seiner Aufgabe, seinen Mandanten pflichtgemäß zu verteidigen, wird der Verteidiger den Schwerpunkt seiner Ausführungen auf die Gesichtspunkte legen, die für den Angeklagten günstig sind. Der Verteidiger wird also versuchen, in seinem Schlussvortrag Schwächen der Beweisführung aufzuzeigen, rechtliche Gesichtspunkte, die für den Angeklagten von Vorteil sind, zu betonen und auf Umstände hinzuweisen, die sich bei der Strafzumessung zu Gunsten des Angeklagten auswirken können.

Dieser Funktion des Plädoyers muss in der Klausur natürlich Rechnung getragen werden. Der Klausurbearbeiter sollte sich demnach mit der Rolle des Verteidigers identifizieren und im Aufgabentext nach Punkten suchen, die für den Mandanten vorteilhaft sind. Solche Ansatzpunkte für eine Verteidigung können sowohl im tatsächlichen als auch im rechtlichen Bereich liegen.

- **Ansatzpunkte im tatsächlichen Bereich können sein:** 460
  – Widersprüchliche Zeugenaussagen
  – Unstimmigkeiten zwischen Zeugenaussagen und objektiven Beweismitteln
  – Zweifel an der Glaubwürdigkeit von Belastungszeugen
  – Betonung der Glaubwürdigkeit von Entlastungszeugen
- **Ansatzpunkte im rechtlichen Bereich können sein:** 461
  – Vorliegen von Verfahrenshindernissen oder das Fehlen von Prozessvoraussetzungen
  – Beweisverwertungsverbote
  – Strittige Rechtsfragen

III. Stil des Plädoyers

Bei der Formulierung des Plädoyers ist auch in der Klausur darauf zu achten, dass sich der Verteidiger mit seinem Schlussvortrag an das Gericht richtet. Polemische Ausführungen sind daher genau so fehl am Platze wie überzogene Äußerungen, die in der Praxis vielleicht auf das Publikum, nicht jedoch auf das Gericht Eindruck machen. Die Sprache sollte daher sachlich sein, ju- 462

---

[385] Meyer-Goßner, StPO, 46. Aufl., § 258 StPO, Rn. 3.
[386] Meyer-Goßner, StPO, 46. Aufl., § 258 StPO, Rn. 15.

ristische Ausdrücke können genutzt werden. Wichtig ist auch, das Plädoyer sorgfältig und folgerichtig zu gliedern. Denn auch in der Klausur ist zu berücksichtigen, dass ein Schlussvortrag grundsätzlich in freier Rede gehalten werden soll[387] und das Gericht nicht durch einen Schriftsatz, sondern durch einen mündlichen Vortrag zu einer für den Angeklagten günstigen Entscheidung gebracht werden soll. Da die Aufnahmekapazität eines Zuhörers aber begrenzt ist, darf das Plädoyer nicht zu weitschweifig sein und muss die entscheidenden Gesichtspunkte klar herausstellen.

Daraus folgt, dass eine Wiedergabe des gesamten Sachverhalts i. d. R. nicht erforderlich ist. Dies ist Aufgabe des Staatsanwalts. Der Verteidiger kann sich darauf beschränken, auf die Teile des Sachverhalts einzugehen, die sich nach dem Ergebnis der Hauptverhandlung aus der Sicht der Verteidigung anders als von der Staatsanwaltschaft angenommen darstellen. Entspricht die Sachverhaltsdarstellung durch die Staatsanwaltschaft sogar der Auffassung des Verteidigers, genügt es i. d. R. darauf hinzuweisen, dass und gegebenenfalls inwieweit Übereinstimmung mit dem Schlussvortrag der Staatsanwaltschaft besteht.

Auch bei der Beweiswürdigung wird der Verteidiger meist nicht umfassend auf alle Aspekte eingehen müssen. Da das Ziel seines Schlussvortrags darin besteht, in tatsächlicher Hinsicht vernünftige Zweifel beim Gericht an einer Täterschaft des Angeklagten hervorzurufen, kann sich der Verteidiger oft darauf beschränken, Schwachstellen in der Beweiserhebung und Beweisführung aufzuzeigen.

463 **Beispiel:**
„Hohes Gericht!
In tatsächlicher Hinsicht schließt sich die Verteidigung den Ausführungen der Staatsanwaltschaft im Wesentlichen an. Entgegen der Meinung der Staatsanwaltschaft hat jedoch nach Überzeugung der Verteidigung die Beweisaufnahme gerade nicht bestätigt, dass der Angeklagte gewusst hat, dass das angekaufte Bild aus einem Diebstahl stammt. (...... wird ausgeführt)"

464 Muss der Verteidiger in seinem Schlussvortrag Ausführungen zur Strafbarkeit des Angeklagten machen, weil ein Freispruch aus tatsächlichen Gründen nach dem Ergebnis der Hauptverhandlung nicht in Betracht kommt, reicht es aus, jeweils nur die Tatbestandsmerkmale der in Betracht kommenden Straftatbestände anzusprechen, die einer Verurteilung entgegenstehen. Verfehlt wäre es, ähnlich wie in einem Gutachten, zunächst auf die Tatbestandsmerkmale einzugehen, die der Angeklagte verwirklicht hat und dann erst auszuführen, warum eine Strafbarkeit des Angeklagten schließlich doch nicht gegeben ist (sogenannte „Zwar-aber-Methode").

465 Hat die Hauptverhandlung auch aus der Sicht der Verteidigung eine Strafbarkeit des Angeklagten ergeben, wird der Verteidiger den Schwerpunkt seines Plädoyers bei den Ausführungen zur Strafzumessung setzen und dort die für den Angeklagten günstigen Gesichtspunkte besonders betonen[388].

466 Problematisch ist die Gestaltung des Plädoyers, wenn der Verteidiger zwar primär einen Freispruch erzielen will, aber auch mit der Möglichkeit rechnen

---

[387] Meyer-Goßner, StPO, 46. Aufl., § 258 StPO, Rn. 12.
[388] Vgl. dazu unten den Abschnitt zur Strafzumessung.

§ 3 Das Plädoyer des Verteidigers

muss, dass das Gericht zu einer Verurteilung kommt. Es stellt sich dann die Frage, ob im Schlussvortrag zumindest hilfsweise Ausführungen zur Strafzumessung gemacht werden sollen. Dagegen spricht, dass diese Ausführungen dem zunächst auf Freispruch gerichteten Plädoyer die Überzeugungskraft nehmen könnten. Verzichtet der Verteidiger allerdings auf Ausführungen zur Strafzumessung, besteht die Gefahr, dass das Gericht Aspekte übersieht, die zu Gunsten des Angeklagten sprechen. In diesem Fall kann eine mögliche Gestaltung des Plädoyers darin bestehen, dass man zunächst zu den Strafzumessungserwägungen der Staatsanwaltschaft Stellung nimmt und danach mit einem entsprechenden Überleitungssatz eingeleitet darstellt, warum nach Auffassung der Verteidigung der Angeklagte freizusprechen ist.

Beispiel: 467
„Hohes Gericht!
Obwohl der Angeklagte nach der Auffassung der Verteidigung freizusprechen ist, geben die Ausführungen der Staatsanwaltschaft zur Strafzumessung Anlass zu einer kurzen Erwiderung.
(Es folgt eine Auseinandersetzung mit den relevanten Strafzumessungsgesichtspunkten.)
Die Hauptverhandlung hat jedoch nach Ansicht der Verteidigung die gegen meinen Mandanten erhobenen Vorwürfe nicht bestätigt, weshalb der Angeklagte freizusprechen ist.
(Es folgen die Ausführungen für den Freispruch des Angeklagten.)"

IV. Aufbau des Plädoyers

Feste Aufbauregeln für das Plädoyer eines Verteidigers bestehen nicht. 468
Berücksichtigt man die oben genannten Besonderheiten kann man sich jedoch am Aufbau des Schlussvortrags der Staatsanwaltschaft[389] orientieren. Es ergeben sich dann folgende Möglichkeiten, das Plädoyer zu strukturieren:

1. **Anrede:** 469
   „Hohes Gericht" oder
   „Meine Damen und Herren Richter"

2. **Freispruch** 470
   – Antrag voranstellen
   – Sachverhaltsschilderung aus der Sicht der Verteidigung
   – Freispruch aus tatsächlichen Gründen oder
   – Freispruch aus rechtlichen Gründen
   – Nebenanträge (Aufhebung des Haftbefehls, StrEG[390])

---

[389] Vgl. zum Plädoyer der Staatsanwaltschaft Brunner/von Heintschel-Heinegg, Staatsanwaltschaftlicher Sitzungsdienst, 6. Aufl., §§ 3, 4.
[390] Wurde gegen den Angeklagten Untersuchungshaft vollzogen oder erlitt der Angekl. durch andere Strafverfolgungsmaßnahmen einen Schaden, können ihm Ansprüche nach dem Strafrechtsentschädigungsgesetz (StrEG) zustehen. Da gem. § 8 Abs. 1 Satz 1 StrEG die Entscheidung über die Entschädigungspflicht dem Grunde nach im Urteil getroffen wird, sollte der Verteidiger bei entsprechendem Anlass auch hierzu in seinem Schlussvortrag Stellung nehmen.

- Kosten, §§ 467 ff. StPO
- Evtl. hilfsweise Ausführungen für den Fall einer Verurteilung

3. Verurteilung
- Darstellung des Sachverhalts (aus der Sicht der Verteidigung)
- Beweiswürdigung (aus der Sicht der Verteidigung)
- Rechtliche Würdigung (aus der Sicht der Verteidigung)
- Strafart und Strafzumessung[391]
- Gesamtstrafenbildung, §§ 54, 55 StGB
- Strafaussetzung zur Bewährung, § 56 StGB
- Antrag zum Schuld – u. Strafausspruch
- Nebenanträge, Kosten (§§ 467 ff. StPO)

4. Einstellung
- Antrag voranstellen
- Darstellung der Prozesshindernisse
- Kosten und sonstige Anträge
- Evtl. hilfsweise Ausführungen für den Fall einer Verurteilung

V. Klausurtechnik

Die Besonderheit von Klausuren mit der Aufgabenstellung, das Plädoyer der Verteidigung zu fertigen besteht darin, dass der Ersteller der Prüfungsaufgabe bewusst Informationen in den Aufgabentext eingebaut hat, auf die die Verteidigung des Angeklagten gestützt werden kann. Diese Information gilt es zu entdecken und im Schlussvortrag zu verarbeiten. Folgende Vorgehensweise erscheint dafür empfehlenswert.

1. Lesen des Aufgabentextes

Wichtigste Grundlage für eine erfolgreiche Klausurbearbeitung ist auch in diesen Fällen eine intensive Auseinandersetzung mit dem Aufgabentext. Der Bearbeiter sollte daher, bevor er in weitere Überlegungen eintritt, den Sachverhalt mindestens zwei Mal gelesen haben. Beim zweiten Durchlesen kann es hilfreich sein, Stellen im Aufgabentext, die intuitiv auffällig erscheinen, hervorzuheben oder Probleme, die man erkennt, auf einem Konzeptblatt zu sammeln.

2. Festlegung des durch die Hauptverhandlung erwiesenen Sachverhalts

Im nächsten Schritt sollte sich der Klausurbearbeiter genau überlegen, wie sich der Tatvorwurf gegen den Angeklagten nach der durchgeführten Hauptverhandlung darstellt. Es muss also geprüft werden, ob sich der in der Anklage enthaltene (oder der von dem Vertreter der Staatsanwaltschaft in seinem Plädoyer dargestellte) Lebenssachverhalt in der Hauptverhandlung bestätigt hat oder inwieweit sich Veränderungen in tatsächlicher Hinsicht er-

---

[391] Hier wird der Verteidiger oft nur eine Obergrenze angeben und nicht einen genau bestimmten Strafvorschlag (z. B.: „ ... *eine Freiheitsstrafe von nicht mehr als 1 Jahr zu verhängen, deren Vollstreckung zur Bewährung ausgesetzt wird.* "). Näher dazu vgl. unten.

§ 3 Das Plädoyer des Verteidigers 161

geben haben. Dies erfordert eine genaue Analyse der in die Hauptverhandlung eingeführten Beweismittel.

Auf Grund der Darstellungsmöglichkeiten im Rahmen einer Examens- 476
klausur sind Ansatzpunkte für eine Verteidigung des Angeklagten in diesem Bereich jedoch nur eingeschränkt denkbar. Insbesondere die Glaubwürdigkeit von Zeugen wird in der Klausur naturgemäß eine geringere Rolle spielen als in der Praxis. Denn um diese beurteilen zu können, ist auch der persönliche Eindruck, den ein Zeuge bei seiner Vernehmung gemacht hat, von Bedeutung. Dieses Kriterium steht in einer Klausur natürlich nicht zur Verfügung. Dennoch können im Einzelfall auch in einer Klausur Anhaltspunkte enthalten sein, die für die Beurteilung der Glaubwürdigkeit eines Zeugen verwertbar sind. Zu denken ist etwa an eine Beteiligung des Zeugen an der Straftat oder das eigene wirtschaftliche Interesse eines Zeugen am Ausgang des Strafverfahrens (z. B. wegen etwaiger zivilrechtliche Ansprüche). Falsch wäre es allerdings, die Glaubwürdigkeit eines Zeugen allein deshalb in Frage zustellen, weil zwischen ihm und dem Angeklagten enge verwandtschaftliche oder freundschaftliche Verbindungen bestehen[392].

Hauptsächlich wird man die Beweisergebnisse jedoch daraufhin untersuchen müssen, ob Zeugenaussagen zueinander in Widerspruch stehen oder ob sie sich mit der Einlassung des Angeklagten und/oder den objektiven Beweismitteln in Einklang bringen lassen.

Ein sehr klausurrelevantes Problemfeld stellen in diesem Zusammenhang die 477
Beweisverwertungsverbote dar. Denn der Tatnachweis kann auch daran scheitern, dass Beweismittel nicht hätten in den Prozess eingeführt werden dürfen, weil sie fehlerhaft erlangt wurden oder bei der Beweiserhebung gegen Rechtsvorschriften verstoßen wurde. Da die Problematik von Beweisverwertungsverboten und die damit zusammenhängenden, teilweise sehr schwierigen Rechtsfragen, beliebter Prüfungsstoff sind und in jeder Art von strafrechtlichen Examensklausuren enthalten sein können, wird dem Examenskandidat an dieser Stelle dringend empfohlen, sich mit der einschlägigen Kommentar- und Ausbildungsliteratur intensiv zu beschäftigen[393]. Der Verteidiger wird bei der Vorbereitung seines Schlussvortrags überprüfen, ob die in der Hauptverhandlung eingeführten Beweismittel in zulässiger Weise erhoben wurden und, falls das nicht der Fall war, ob sich daraus ein Beweisverwertungsverbot ergibt. Diese Aufgabe muss auch der Klausurbearbeiter erfüllen. Stellt sich bei der Prüfung heraus, dass ein bestimmtes Beweismittel einem Beweisverwertungsverbot unterfällt und sich daraus ein Ansatzpunkt für eine erfolgreiche Verteidigung entwickeln lässt, ist die Problematik im Plädoyer darzustellen[394].

Kann aus der Sicht der Verteidigung wegen unzureichender oder unver- 478
wertbarer Beweismittel ein Tatnachweis nicht zweifelsfrei geführt werden, ist ein Freispruch aus **tatsächlichen** Gründen zu beantragen.

---

[392] Zu Problemen der Glaubwürdigkeit von Aussagen, vgl. Meyer-Goßner, StPO, 46. Aufl., § 261, Rn. 11, 19–22.
[393] Statt vieler Meyer-Goßner, StPO, 46. Aufl., Einleitung vor § 1, Rn. 50–57; Kroiß, Revision und Plädoyer im Strafprozess, 2. Aufl., §§ 6, 7.
[394] Andernfalls kann die Problematik im Hilfsgutachten dargestellt werden, sofern der Bearbeitervermerk diese Möglichkeit vorsieht.

479 Führt die Prüfung zu dem Ergebnis, dass auf Grund der Hauptverhandlung ein strafrechtlich relevantes Tatgeschehen nachgewiesen ist, welches jedoch von der Anklage (oder von dem vom Vertreter der Staatsanwaltschaft angenommen Sachverhalt) abweicht, ist im Plädoyer zunächst der geänderte Sachverhalt darzustellen und dann anhand der erhobenen Beweise zu begründen, wie die Verteidigung zu diesem Ergebnis gelangte.

480 Hat sich in der Hauptverhandlung nach Auffassung des Klausurbearbeiters der Tatvorwurf in vollem Umfang bestätigt, genügt es im Plädoyer kurz darauf hinzuweisen, dass auch die Verteidigung von einer Bestätigung des Tatvorwurfs ausgeht. In diesem Fall werden sich Ansatzpunkte für eine Verteidigung des Angeklagten in den Bereichen der rechtlichen Würdigung und/oder der Strafzumessung finden.

3. Rechtliche Würdigung

481 Im nächsten Schritt ist zu prüfen, ob und inwieweit sich der Angeklagte auf Grund des von der Verteidigung angenommenen Sachverhalts strafbar gemacht hat. Dabei ist jeder ernsthaft in Betracht kommende Straftatbestand zu untersuchen und im Plädoyer zu erörtern. Auf welche materiell-rechtlichen Vorschriften der Klausurbearbeiter eingehen soll, kann sich dabei unmittelbar aus dem Aufgabentext ergeben. Da in den Klausursachverhalten meist die Anklage abgedruckt ist, muss sich die Prüfung zumindest auf die Vorschriften erstrecken, die dort genannt sind. Eine weitere Informationsquelle können rechtliche Hinweise des Gerichts gem. § 265 StPO sein, die sich aus dem Protokoll der Hauptverhandlung ergeben. Das Protokoll ist daher auf derartige Hinweise zu untersuchen. Schließlich muss im Plädoyer auch auf solche Straftatbestände eingegangen werden, die der Vertreter der Staatsanwaltschaft in seinem Schlussvortrag angesprochen hat.

482 Der Verteidiger wird freilich in seinem Schlussvortrag nicht umfassend auf die Straftatbestände eingehen, die von dem Angeklagten zweifelsfrei verwirklicht wurden. Insoweit wird er sich darauf beschränken, kurz darauf hinzuweisen, aus welchen Vorschriften sich eine Strafbarkeit des Angeklagten ergibt oder dass sich die Verteidigung insoweit den Ausführungen des Vertreters der Staatsanwaltschaft anschließt. Für die Klausurbearbeitung folgt daraus, dass die rechtlichen Darlegungen zu den verwirklichten Straftatbeständen nur im Hilfsgutachten (sofern es die Aufgabenstellung zulässt) erörtert werden dürfen.

483 Dargestellt im Plädoyer werden aber die Straftatbestände, die dem Angeklagten aus Rechtsgründen nicht zur Last gelegt werden können. An dieser Stelle ist also eingehend zu begründen, warum sich der Angeklagte auf Grund des festgestellten Sachverhalts nicht oder zumindest nicht in dem von dem Vertreter der Staatsanwaltschaft angenommenen Umfang strafbar gemacht hat. Dazu zählt auch das Vorliegen von Prozesshindernissen (z.B. Verjährung) oder das Fehlen von Verfahrensvoraussetzungen (z.B. fehlender Strafantrag). Ist ein Straftatbestand aus mehreren Gründen nicht erfüllt, sollte im Schlussvortrag auf alle Gesichtspunkte eingegangen werden. Denn der Verteidiger kann ja nicht wissen, ob das Gericht in vollem Umfang seiner Rechtsauffassung folgt. Daher ist es zweckmäßig, die Argumentation auf mehrere Pfeiler zu stellen. Bei umstrittenen Rechtsfragen wird der Verteidi-

ger (und damit der Klausurbearbeiter) die für den Mandanten günstigere Auffassung vertreten, auch wenn diese nicht der herrschenden Meinung entspricht. In der Klausur ist dann jedoch auf eine besonders sorgfältige Begründung zu achten, die sich mit den tragenden Argumenten der Gegenauffassung auseinandersetzt.

Ergibt die rechtliche Überprüfung im Ergebnis, dass sich der Angeklagte auf Grund des festgestellten Sachverhalts überhaupt nicht strafbar gemacht hat, ist Freispruch aus rechtlichen Gründen zu beantragen.

Formulierungsbeispiel:
Hohes Gericht!
Die Staatsanwaltschaft hat in ihrem Plädoyer den in der Hauptverhandlung festgestellten Sachverhalt zutreffend dargelegt. Die rechtliche Würdigung dieses Sachverhalts ergibt jedoch, dass sich der Angeklagte nicht strafbar gemacht hat. Der Angeklagte ist daher freizusprechen.
Soweit dem Angeklagten eine fahrlässige Gefährdung des Straßenverkehrs zur Last lag, hat die Beweisaufnahme ergeben, dass mein Mandant sofort reagiert hat, als der Zeuge die Fahrbahn betrat. Anzeichen für eine alkoholbedingte Fehlreaktion konnten nicht festgestellt werden (...... wird ausgeführt). Daraus folgt, dass die Alkoholisierung des Angeklagten für das Unfallgeschehen nicht kausal war und daher bereits der objektive Tatbestand des § 315c Abs. 1 Nr. 1a StGB nicht erfüllt ist.
Ebenso wenig ist eine Strafbarkeit wegen fahrlässiger Trunkenheit im Verkehr gem. § 316 Abs. 1, 2 StGB gegeben. Dieses abstrakte Gefährdungsdelikt wäre nur verwirklicht, wenn der Angeklagte infolge des Genusses alkoholischer Getränke nicht in der Lage gewesen wäre, ein Fahrzeug sicher zu führen. Da bei meinem Mandanten eine Blutalkoholkonzentration von lediglich 0,4 Promille festgestellt wurde und er damit die Grenze zur absoluten Fahruntüchtigkeit weit unterschritten hat, wäre der Tatbestand der fahrlässigen Trunkenheit im Verkehr nur erfüllt, wenn bei dem Angeklagten alkoholbedingte Ausfallerscheinungen vorgelegen hätten. Solche konnten in der Beweisaufnahme jedoch nicht festgestellt werden. Weder dem Unfallgeschehen noch den Ergebnissen der ärztlichen Untersuchung bei der Entnahme der Blutprobe lassen sich Hinweise auf alkoholbedingte Ausfallerscheinungen des Angeklagten entnehmen (...... wird ausgeführt).
Schließlich ist der Angeklagte auch nicht wegen einer fahrlässig begangenen Ordnungswidrigkeit nach § 24a Abs. 1 Nr. 1, 3 StVG zu verurteilen (...... wird ausgeführt)."

Hat sich der Angeklagte in geringerem Umfang strafbar gemacht, als ihm in der Anklage vorgeworfen wurde, kommt die Beantragung eines Teilfreispruchs in Betracht[395].

4. Strafzumessung

Da ein umfassender Freispruch des Angeklagten nur selten zu erreichen sein wird, muss sich der Verteidiger in seinem Plädoyer meist intensiv mit

---

[395] Vgl. zu den Voraussetzungen eines Teilfreispruchs Meyer-Goßner, StPO, 46. Aufl., § 260 StPO, Rn. 9–15a.

der Frage beschäftigen, wie der Angeklagte zu bestrafen ist. Ein Strafverteidiger muss daher über fundierte Kenntnisse des Strafzumessungsrechts verfügen. Dies gilt erst recht für den Examenskandidaten, der ein Plädoyer des Verteidigers zu fertigen hat. Eine umfassende Darstellung des Strafzumessungsrechts ist an dieser Stelle allerdings nicht möglich. Insoweit muss der Leser auf die einschlägige Ausbildungsliteratur verwiesen werden. Im Folgenden soll aber aufgezeigt werden, wo im Rahmen der Strafzumessung Ansatzpunkte für eine Verteidigung des Angeklagten zu finden sein können.

Ebenso wie in der Praxis stehen auch in der Klausur im Wesentlichen zwei Bereiche zur Verfügung, in denen nach Argumentationsmaterial für die Ausführungen zur Strafzumessung gesucht werden kann.

488 Einerseits kann und muss der Schlussvortrag der Staatsanwaltschaft daraufhin untersucht werden, ob dort fehlerhafte Strafzumessungserwägungen angestellt wurden, die sich zum Nachteil des Angeklagten auswirken können (1. Fallgruppe). Andererseits können sich auch im übrigen Klausurtext Informationen befinden, die für die Strafzumessung zu Gunsten des Angeklagten herangezogen werden können (2. Fallgruppe).

489 Beispiele für die 1. Fallgruppe:

Die Staatsanwaltschaft hat
- zu Unrecht einen besonders schweren Fall bejaht
- einen minderschweren Fall nicht erörtert oder abgelehnt
- vertypte Strafmilderungsgründe nicht beachtet (z. B. §§ 27 Abs. 2 Satz 2, 28 Abs. 1, 13 Abs. 2, 21, 23 Abs. 2, 46a StGB)
- unzulässige Erwägungen im Rahmen der Strafzumessung im engeren Sinne angestellt (z. B. fehlende Schuldeinsicht bei einem Angeklagten, der von seinem Schweigerecht Gebrauch macht; überzogene generalpräventive Gesichtspunkte) gegen § 46 III StGB oder § 47 Abs. 1 StGB verstoßen
- die Höhe des einzelnen Tagessatzes bei einer Geldstrafe falsch berechnet
- eine Gesamtstrafe fehlerhaft bestimmt
- die Voraussetzungen für eine Strafaussetzung zur Bewährung (§§ 56 ff. StGB) verkannt oder nicht erörtert.

In dieser Fallgruppe ist im Plädoyer der Rechtsfehler der Staatsanwaltschaft anzusprechen und darzulegen, inwieweit er sich auf das von der Staatsanwaltschaft beantragte Strafmaß ausgewirkt hat.

490 Formulierungsbeispiel:

„...... es stellt sich daher die Frage, wie der Angeklagte zu bestrafen ist. Zunächst möchte ich darauf hinweisen, das die Staatsanwaltschaft bei ihren Ausführungen zum Strafmaß nicht berücksichtigt hat, dass auf Grund der verminderten Schuldfähigkeit des Angeklagten gem. §§ 21, 49 Abs. I StGB eine Strafrahmenverschiebung in Betracht kommt. Eine solche wäre hier jedoch veranlasst, weil ...... (wird ausgeführt)."

„Die Staatsanwaltschaft hat in ihrem Plädoyer zu Lasten des Angeklagten berücksichtigt, dass dieser bis zum Schluss der Hauptverhandlung weder Reue noch Schuldeinsicht gezeigt habe. Dies stellt einen Gesichtspunkt dar, der bei der Strafzumessung nicht zu Lasten meines Mandanten berücksichtigt werden darf. Der Angeklagte hat während des gesamten Verfahrens von dem ihm zustehenden Schweigerecht Gebrauch gemacht. In diesem Fall kann ihm nicht vorgeworfen werden, keine Schuldeinsicht gezeigt zu haben (...... wird ausgeführt)."

Für die 2. Fallgruppe ist im Klausurtext nach Gesichtspunkten zu suchen, 491
mit denen sich zulässige Strafzumessungserwägungen begründen lassen, die
sich zu Gunsten des Angeklagten auswirken. Neben Umständen, die zur
Anwendung eines für den Angeklagten günstigeren Strafrahmens führen
können (vgl. dazu bereits oben), geht es hier vor allem um Gesichtspunkte,
die für die Strafzumessung im engeren Sinne relevant sind.

Solche Gesichtspunkte können z. B. sein: 492
- die persönlichen und wirtschaftlichen Verhältnisse des Täters
- die Beweggründe und Ziele des Täters
- fehlende Vorstrafen
- das Maß der Pflichtwidrigkeit
- die geringe Höhe des Schadens
- eine bereits begonnene oder abgeschlossene Schadenswiedergutmachung
- die sozialen oder beruflichen Konsequenzen einer Bestrafung
- eine besondere Strafempfindlichkeit (Erkrankungen oder Alter des Angeklagten)

Nach der Darstellung der Strafzumessungserwägungen sollte auch im Plä- 493
doyer des Verteidigers ein Strafvorschlag gemacht werden. Anders als die
Staatsanwaltschaft kann sich der Verteidiger jedoch darauf beschränken, eine
Obergrenze für die festzusetzende Strafe anzugeben.

Formulierungsbeispiel: 494
„Zusammenfassen beantrage ich daher, gegen den Angeklagten eine Freiheitsstrafe festzusetzen, die ein Jahr nicht übersteigt."

Bei einer Geldstrafe ist im Plädoyer auch zur Höhe des einzelnen Tages- 495
satzes, eventuell zur Gewährung von Ratenzahlung (§ 42 StGB) sowie zur
Höhe einer möglichen Gesamtstrafe Stellung zunehmen.

Bei einer Freiheitsstrafe sind im Plädoyer auch Ausführungen zur Straf- 496
aussetzung (§ 56 StGB), zur Dauer der Bewährungszeit (§ 56a StGB) und zu
möglichen Bewährungsauflagen (§ 56b) und Weisungen (§ 56c StGB) zu
machen.

Soweit der Klausursachverhalt dafür Anlass gibt, ist schließlich auch auf 497
mögliche Nebenstrafen (§ 44 StGB), Nebenfolgen (§§ 45 ff. StGB) und
Maßregeln der Besserung und Sicherung (§§ 61 ff. StGB)[396] einzugehen.

5. Nebenanträge, Kosten

Schließlich sollte das Plädoyer mit einer Stellungnahme zu den Nebenan- 498
trägen (soweit veranlasst) und den Kosten (regelmäßig) abgeschlossen werden.

Bei den Nebenentscheidungen ist vornehmlich an einen möglichen Antrag auf
- Herausgabe eines sichergestellten Führerscheins
- Feststellung einer Entschädigungspflicht nach dem Strafrechtsentschädigungsgesetz (StrEG)

---

[396] Besonders klausurrelevant ist hier natürlich die Entziehung der Fahrerlaubnis sowie die Sperrfrist für die Wiedererteilung gem. §§ 69, 69a StGB.

– Aufhebung oder Außervollzugsetzung eines Untersuchungshaftbefehls zu denken.

499 Bei dem Antrag auf Kostenentscheidung sind insbesondere die Regelungen der §§ 465 Abs. 2, 467 Abs. 1 bis 3 StPO zu berücksichtigen.

6. Zusammenfassender Schlussantrag

500 Abgeschlossen wird das Plädoyer, indem das Ergebnis des Schlussvortrags nochmals in einem vollständigen Antrag zusammengefasst wird.

501 Formulierungsbeispiel:

„Abschließend beantrage ich daher, den Angeklagten freizusprechen, die vorläufige Entziehung der Fahrerlaubnis aufzuheben und meinem Mandanten den Führerschein wieder auszuhändigen sowie eine Entschädigungspflicht nach dem Strafrechtsentschädigungsgesetz festzustellen. Die Kosten des Verfahrens hat die Staatskasse zu tragen.
Ich bedanke mich für Ihre Aufmerksamkeit!"

§ 4 Die Revision aus der Sicht des Verteidigers

I. Aufgabenstellung

Klausuren aus dem Revisionsrecht gehören zu den anspruchsvollsten Aufgaben im Bereich der strafrechtlichen Prüfungen im 2. Juristischen Staatsexamen. Neben den selbstverständlich stets erforderlichen fundierten Kenntnissen im materiellen Strafrecht setzt eine erfolgreiche Bearbeitung von Revisionsklausuren zusätzlich voraus, dass der Examenskandidat auch über umfassende Kenntnisse im Bereich des Verfahrensrechts verfügt, insbesondere den Ablauf einer Hauptverhandlung gut verinnerlicht hat. Zudem ist es bei keiner anderen Aufgabenstellung für den Ersteller einer Klausur einfacher, prozess- und materiell-rechtliche Probleme fast beliebig zu kombinieren. Wird zusätzlich vom Bearbeiter die Fertigung einer Revisionsbegründungsschrift verlangt, muss der Examenskandidat auch noch zeigen, dass er seine theoretischen Kenntnisse und erarbeiteten Ergebnisse praxisgerecht umsetzen kann. Wie noch auszuführen ist, stellt das Gesetz hohe formale Anforderungen an den Inhalt der Revisionsbegründungsschrift (vgl. § 344 II 2 StPO), denen der Schriftsatz in der Klausur natürlich auch genügen muss[397].

Als Prüfungsaufgabe mit anwaltlicher Fragestellung sind zwei Formen von revisionsrechtlichen Examensklausuren vorherrschend, auf die im Folgenden eingegangen werden soll[398]. Zum einen kann die Erstellung eines umfassenden Rechtsgutachtens verlangt werden, in dem die Erfolgsaussichten einer Revision des Angeklagten zu prüfen sind. Zum anderen kann die Prüfungsaufgabe auch darin bestehen, die Revisionsbegründung des Verteidigers zu erstellen. Die beiden Aufgaben unterscheiden sich für den Bearbeiter zwar grundlegend in der Darstellungsform der Reinschrift, nicht so sehr aber in der Vorgehensweise der Falllösung. Wichtig und für Rechtsreferendare nicht immer einfach ist auch hier, dass der Bearbeiter sich in die Rolle eines Strafverteidigers hinein versetzen muss, der „parteiisch" versucht, Ansatzpunkte zu finden, die zu einem für den Angeklagten günstigeren Ergebnis führen können. Das bedeutet, dass bei rechtlichen Streitfragen möglicherweise auch Mindermeinungen vertreten werden können (und unter Umständen sogar vertreten werden müssen), um im Revisionsverfahren erfolgreich zu sein.

Revisionsklausuren sind in der Regel so strukturiert, dass dem Bearbeiter im Aufgabentext zunächst die Anklageschrift der Staatsanwaltschaft mitgeteilt wird. Danach folgt ein oft sehr umfassendes Protokoll der Hauptverhand-

---

[397] Auch in der Praxis scheitern eine nicht unerhebliche Anzahl an Revisionen daran, dass Verfahrensfehler nicht in der gem. § 344 II 2 StPO erforderlichen Form gerügt werden und diese Revisionsbegründungen wurden nicht unter dem Zeitdruck einer 5-stündigen Examensklausur erstellt.

[398] Denkbar wäre in einer Klausur auch die Möglichkeit der Revision eines Nebenklägers aus der Sicht eines Rechtsanwalts beurteilen zu lassen. Zu den damit zusammenhängenden speziellen Problemen vgl. Meyer-Goßner, StPO, 46. Aufl., § 400, Rn. 6, 7 m.w.N.

lung. Schließlich wird das gegen den Angeklagten erlassene Strafurteil (gelegentlich auch nur in Auszügen) abgedruckt. Viele Klausuren enthalten zudem Hinweise, ob und wie gegen das Urteil bereits Rechtsmittel eingelegt wurde.

505 Die Aufgabenstellung kann dann lauten:

„ In einem Gutachten ist zu den Erfolgsaussichten der Revision Stellung zu nehmen. Dabei ist auf alle berührten Rechtsfragen einzugehen."

oder

„Fertigen Sie die Revisionsbegründung des Verteidigers. Soweit in der Revisionsbegründung nicht auf alle aufgeworfenen Rechtsfragen einzugehen ist, sind diese in einem Hilfsgutachten zu erörtern."

II. Grundzüge des Revisionsrechts

506 Entsprechend seiner Zielsetzung kann und soll das vorliegende Buch ein Lehrbuch zum Strafprozess oder zum Revisionsrecht nicht ersetzen. Bei der Korrektur von Examensklausuren ist jedoch immer wieder festzustellen, dass Examenskandidaten grundlegende Verständnisschwierigkeiten hinsichtlich des Wesens der Revision haben. Deshalb sollen an dieser Stelle die Grundzüge des Revisionsrechts kurz dargestellt werden.

507 Gemäß § 337 Abs. 1 StPO kann die Revision nur auf die Verletzung eines Gesetzes gestützt werden. Eine Gesetzesverletzung liegt vor, wenn eine Rechtsnorm nicht oder nicht richtig angewendet worden ist, § 337 Abs. 2 StPO.

Durch diese beiden Regelungen legt § 337 StPO die begrenzte Überprüfbarkeit eines Strafurteils in der Revisionsinstanz auf Rechtsfehler fest. Zunächst scheint dieser Grundsatz leicht verständlich. Die Revision ist keine weitere Tatsacheninstanz, Einwendungen im tatsächlichen Bereich sind nicht möglich. In der praktischen Anwendung ist es jedoch nicht immer einfach zu entscheiden, ob ein Urteil (meist nach Meinung des Verurteilten) deshalb „falsch" ist, weil Rechtsfehler gemacht wurden oder nur weil das Gericht Beweise anders gewürdigt oder andere Schlussfolgerung gezogen hat als der Betroffene.

508 An einem **Beispiel** soll das verdeutlicht werden:

In der Beweisaufnahme sagt der Zeuge A aus, er habe den Angeklagten zum Tatzeitpunkt **nicht** am Tatort gesehen. In der Beweiswürdigung des Strafurteils findet sich dann folgende Formulierung: „Die Täterschaft des Angeklagten steht zur Überzeugung des Gerichts fest, weil der Zeuge A bei seiner Vernehmung angegeben hat, dass er den Angeklagten zum Tatzeitpunkt zweifelsfrei am Tatort gesehen habe. An der Glaubwürdigkeit des Zeugen bestehen nach Ansicht des Gerichts keine Zweifel...".

Die Revision rügt, dass das Gericht im Urteil der Aussage des Zeugen A einen völlig falschen Inhalt beigemessen habe.

509 Dieses Revisionsvorbringen ist ohne Erfolg. Denn es stellt einen unzulässigen Eingriff in die Beweiswürdigung des Tatgerichts dar. Die Frage ist, warum ein solches offensichtliches „Fehlurteil" in der Revision nicht korrigiert

§ 4 Die Revision aus der Sicht des Verteidigers 169

werden kann. Zum besseren Verständnis versetzen wir uns in die Situation des Revisionsgerichts, das über diesen Fall zu entscheiden hat. Nach den gesetzlichen Vorgabe der §§ 333 ff. StPO stehen dem Revisionsgericht für seine Entscheidung nur folgende Arbeitsgrundlagen zur Verfügung:
– das Protokoll der Hauptverhandlung *(zur Prüfung von Verfahrensfehlern)*
– die Urteilsurkunde und ggf. Abbildungen, auf die nach § 267 Abs. 1 S. 3 StPO verwiesen wurde *(zur Prüfung von sachlichen Fehlern)*
– der Revisionsbegründungsschriftsatz (zur Bestimmung von Ziel und Umfang der Anfechtung)

510 Die Strafakten, die dem Revisionsgericht zwar auch zugeleitet werden, dürfen zur Entscheidung nicht herangezogen werden. Ebenso darf es in der Revisionsinstanz nicht zu einer Rekonstruktion oder Ergänzung der Beweisaufnahme kommen[399]. Daher sind Revisionsrügen, zu deren Entscheidung das Revisionsgericht auf die Strafakten zurückgreifen oder die Beweisaufnahme wiederholen müsste, ohne Erfolg. Sie stellen regelmäßig einen unzulässigen Angriff auf die tatrichterliche Beweiswürdigung dar. Das Revisionsgericht kann die Beweiswürdigung des Tatrichters auch nicht durch eine eigene Beweiswürdigung ersetzen. Es ist grundsätzlich an die tatrichterlichen Feststellungen gebunden[400].

511 Analysiert man anhand dieser Überlegungen den Beispielsfall, ergibt sich folgendes:
Über die Aussage eines Zeugen wird gem. § 273 Abs. 2 StPO vor dem Strafrichter und dem Schöffengericht nur ein knappes Inhaltsprotokoll erstellt, auf das sich die Beweiskraft des § 274 Satz 1 StPO nicht erstreckt. In Strafverfahren vor dem Landgericht ist selbst ein Inhaltsprotokoll entbehrlich. Die Behauptung des Revisionsführers, der Zeuge habe anders ausgesagt als im Urteil wiedergegeben, kann demnach mit den revisionsrechtlich zulässigen Beweismitteln nicht verifiziert werden. Die Beweisaufnahme müsste im Revisionsverfahren rekonstruiert werden.
Das Ausgangsgericht hat damit zwar ein Beweismittel fehlerhaft gewürdigt, indem es der Aussage des Zeugen A einen unzutreffenden Inhalt beigemessen hat. Damit liegt aber kein Verstoß gegen eine Rechtsnorm vor, der in der Revision beanstandet werden könnte.
Revisionsvorbringen, in denen behauptet wird, ein Zeuge habe in der Hauptverhandlung oder bei seiner Vernehmung im Ermittlungsverfahren anders als im Urteil wiedergegeben ausgesagt, sind daher regelmäßig ebenso wenig erfolgreich, wie Rügen, die damit begründet werden, das Gericht habe aus bestimmten Umständen andere Schlüsse ziehen müssen.

512 Wäre dagegen die Aussage des Zeugen gem. § 273 Abs. 3 StPO wörtlich protokolliert worden, könnte die Revision Erfolg haben. Denn mit einem Wortprotokoll kann der Gegenbeweis gegen die Urteilsfeststellungen geführt werden. Eine Rekonstruktion der Beweisaufnahme ist in diesem Fall nicht erforderlich, da das Revisionsgericht allein auf Grund des Wortprotokolls

---

[399] Ausnahmefälle, etwa die Prüfung von Verfahrensvoraussetzungen im Freibeweisverfahren, sollen an dieser Stelle aus Gründen der Übersichtlichkeit außer Acht bleiben.
[400] Vgl. insgesamt Meyer-Goßner, StPO, 46. Aufl., § 337, Rn. 21–25.

feststellen kann, ob das Gericht seinem Urteil ein Beweisergebnis zugrundegelegt hat, welches in der Hauptverhandlung so nicht angefallen ist. Ist das der Fall, hat das Ausgangsgericht gegen § 261 StPO verstoßen, also einen revisiblen Rechtsfehler begangen.

513 Für die Revision relevante Rechtsfehler können also nur darin liegen, dass das Erstgericht das Fehlen von Verfahrensvoraussetzungen bzw. bestehende Prozesshindernisse nicht berücksichtigt hat, sich Fehler im Verfahren ereignet haben oder materiell-rechtliche Fehler begangen wurden. Daher kann die Revision zwei Zielrichtungen haben, nämlich die Suche nach:
– Rechtsfehlern, die **auf dem Weg zur Sachverhaltsfeststellung** begangen wurden (Verfahrensvoraussetzungen, Prozesshindernisse, Verfahrensfehler)
– Rechtsfehlern, die bei der **Anwendung des sachlichen Rechts auf den vom Gericht festgestellten Sachverhalt** begangen wurden (sachlich – rechtliche Fehler, z. B. fehlerhafte Subsumtion).

514 Die Differenzierung zwischen Verfahrensfehlern und sachlich – rechtlichen Fehlern (vgl. auch die unterschiedlichen Begründungserfordernisse an entsprechende Revisionsrügen in § 344 Abs. 2 StPO), wirft schließlich die Frage auf, wann eine verletzte Rechtsnorm dem Verfahrensrecht und wann dem sachlichen Recht zuzuordnen ist. Ohne Bedeutung ist, ob die Vorschrift in der StPO oder in einem anderen Gesetz enthalten ist. Nach der herrschenden „Subtraktionsformel" gehört eine Vorschrift dann zum Verfahrensrecht, wenn sie den Weg bestimmt, auf dem der Richter zur Entscheidungsfindung berufen und gelangt ist[401]. Alle anderen Vorschriften sind dem sachlichen Recht zuzuordnen.

515 Anmerkung: Ein Hinweis, ob eine Norm als Verfahrensvorschrift zu qualifizieren ist, lässt sich mittelbar oft auch aus Urteilen der Revisionsgerichte oder der Kommentierung erschließen. Findet sich dort ein Hinweis darauf, was ein Revisionsführer zur Rüge dieses Verstoßes in der Revisionsbegründung vortragen muss, wird die einschlägige Norm als Verfahrensvorschrift qualifiziert. Denn nur bei Verstößen gegen Verfahrensvorschriften muss gem. § 344 Abs. 2 S. 2 StPO eine Rüge begründet werden. Verstöße gegen das sachliche Recht werden bereits aufgrund der unausgeführten Sachrüge (vgl. dazu unten) geprüft.
Die folgende Übersicht fasst die Überlegungen zum Wesen der Revision nochmals zusammen:

516
**Revision
= Überprüfung auf Rechtsfehler**

Verfahrensfehler	Sachlich – rechtliche Fehler
Fehler **auf dem Weg zur Tatsachenfeststellung**	Fehler bei der Anwendung **des materiellen Rechts auf den festgestellten Sachverhalt**

Fortsetzung der Tabelle auf der nächsten Seite

---

[401] Meyer-Goßner, StPO, 46. Aufl., § 337, Rn. 8.

§ 4 Die Revision aus der Sicht des Verteidigers 171

Verfahrensfehler	Sachlich – rechtliche Fehler
Arbeitsgrundlage[402]: – Protokoll – Urteilsurkunde – ggf. Rev.-Begründung	**Arbeitsgrundlage**[403]: – Urteilsurkunde – ggf. Abbildungen gem. § 267 I 3 StPO
Prüfung nur bei zulässig erhobener Verfahrensrüge (§ 344 Abs. 2 S. 2 StPO)	Prüfung bereits bei Erhebung der allgemeinen (nicht ausgeführten) Sachrüge (§ 344 Abs. 2 S. 1 StPO)
§§ 337, 338 StPO müssen geprüft werden[404].	„Beruhen" ergibt sich ohne weiteres aus dem Urteil[405].

III. Allgemeines zur Klausurtechnik

1. Arbeitsschema

Unabhängig von der konkreten Aufgabenstellung (Fertigung eines Gutachtens oder Fertigung der Revisionsbegründung) empfiehlt sich für die Bearbeitung von Klausuren mit revisionsrechtlicher Fragestellung folgende Vorgehensweise: 517

Arbeitsschritte	Hinweise	
1. Genaue Analyse des Bearbeitervermerks	Es ist unerlässlich, sich zu Beginn der Klausurbearbeitung eine genaue Kenntnis des Bearbeitervermerks zu verschaffen. Von der konkreten Aufgabenstellung hängt das Zeitmanagement ab. Außerdem wird dadurch verhindert, dass sich der Bearbeiter beim Durchlesen der Klausur über Probleme Gedanken macht, die bereits durch den Bearbeitervermerk ausgeschlossen sind.	518
2. Erstes Durchlesen des gesamten Klausurtextes	Bevor mit der eigentlichen Fehlersuche begonnen wird, sollte der Bearbeiter einen Überblick über den gesamten Klausurtext gewonnen haben. Manche Verfahrensfehler werden erst erkennbar, wenn man den Inhalt der Urteilsgründe kennt. Andere Verfahrensfehler verlieren ihre Bedeutung (Kausalität!). Natürlich sollten Gedanken, die bei diesem Arbeitsschritt entstehen, im Klausurtext oder einem Konzeptblatt vermerkt werden. Diese können später ja wieder verworfen werden.	519

---

[402] Meyer-Goßner, StPO, 46. Aufl., § 337, Rn. 11.
[403] Meyer-Goßner, StPO, 46. Aufl., § 337, Rn. 22.
[404] Meyer-Goßner, StPO, 46. Aufl., § 337, Rn. 38.
[405] Meyer-Goßner, StPO, 46. Aufl., § 337, Rn. 40.

Arbeitsschritte	Hinweise
520 3. Chronologische Überprüfung des Protokolls der Hauptverhandlung auf Verfahrensfehler	An dieser Stelle ist das Protokoll der Hauptverhandlung gewissenhaft durchzuarbeiten. Insbesondere ist darauf zu achten, dass ein Verfahrensfehler auch darin liegen kann, dass das Gericht von Amts wegen vorzunehmende Handlungen unterlassen hat. Man muss sich deshalb bei jedem Verfahrensabschnitt die Frage stellen, ob das Gericht alle erforderlichen Maßnahmen (Anordnungen, Beschlüsse, Belehrungen etc..) getroffen hat. Ein weiterer Hinweis auf klausurrelevante Verfahrensfehler besteht oft darin, dass sich die Prozessbeteiligten über die Zulässigkeit oder Rechtmäßigkeit einer prozessualen Maßnahme streiten.
521 4. Überprüfung der Urteilsurkunde auf Fehler in der Beweiswürdigung	Beachten Sie, dass hier auf Grund der eingeschränkten Überprüfung im Revisionsverfahren nur selten Ansatzpunkte für eine erfolgreiche Revision zu finden sind. Liegt Ihrer Meinung nach auf den ersten Blick ein Fehler in der Beweiswürdigung vor, überprüfen Sie Ihr Ergebnis nochmals kritisch. Denn gerade an dieser Stelle zeigt sich, ob ein Examenskandidat wirklich das Wesen der Revision verstanden hat. Deshalb beeinflussen unzulässige Angriffe auf die Beweiswürdigung den Wert einer Examensklausur erheblich.
522 5. Prüfung, wie sich der Angeklagte auf Grund des im Strafurteil dargelegten Sachverhalts strafbar gemacht hat. Vergleich des Ergebnisses mit dem Urteilstenor.	Bei der Prüfung der materiellen Strafbarkeit des Angeklagten besteht ebenfalls die Gefahr, einen gravierenden Fehler zu begehen. Es sei deshalb nochmals darauf hingewiesen, dass es hier nicht darum geht, wie die Strafbarkeit des Angeklagten unter Berücksichtigung der festgestellten Verfahrensfehler vom Gericht hätte beurteilt werden müssen. Zu prüfen ist, wie sich der Angeklagte auf Grund des vom Gericht festgestellten Sachverhalts strafbar gemacht hat. Für den Klausurbearbeiter bedeutet dies, dass lediglich anhand des im Urteil (meist unter der Gliederungsziffer II) niedergelegten Sachverhalts die Strafbarkeit des Angeklagten zu bestimmen ist.
523 6. Überprüfung der Strafzumessungserwägungen des Strafurteils	Denken Sie auch hier daran, dass die Strafzumessung nur auf Rechtsfehler überprüft werden kann.

§ 4 Die Revision aus der Sicht des Verteidigers 173

Arbeitsschritte	Hinweise	
7. Fertigung der Reinschrift	Der Fertigung der Reinschrift sollten Sie größte Aufmerksamkeit schenken. Selbst wenn Ihre Überlegungen inhaltlich absolut richtig sind, verliert die Klausur erheblich an Wert, wenn die Umsetzung in die geforderte Klausurleistung (Revisionsbegründung oder Gutachten) nicht gelingt. Insbesondere die Revisionsbegründung muss formal den gesetzlichen Anforderungen entsprechen, sonst ist die gestellte Prüfungsaufgabe nicht erfüllt. Daher ist auch ein gutes Zeitmanagement erforderlich, das man sich am Besten durch häufiges Klausurenschreiben während der Ausbildung erwerben kann.	524
8. Fertigung eines eventuell notwendigen Hilfsgutachtens	Alternativ wäre denkbar, das Hilfsgutachten parallel zur Fertigung der Reinschrift zu erstellen, um sich nicht am Ende der Bearbeitungszeit nochmals in Probleme eindenken zu müssen, die man bereits zu einem früheren Zeitpunkt erarbeitet hat.	525

2. Die Behandlung von fehlenden Verfahrensvoraussetzungen oder bestehenden Prozesshindernissen

Der Grundsatz, dass die Verfahrensvoraussetzungen (oder Prozesshindernisse) in jeder Lage des Verfahrens von Amts wegen zu berücksichtigen sind, gilt auch im Revisionsverfahren. Daher kann eine Revision allein deshalb Erfolg haben, weil bei Erlass des Ersturteils eine Verfahrensvoraussetzung fehlte oder ein Prozesshindernis übersehen wurde. Zudem muss das Revisionsgericht (bei einer form- und fristgerecht erhobenen Revision) auch prüfen, ob nach dem Erlass des Ersturteils Verfahrensvoraussetzungen weggefallen oder Prozesshindernisse entstanden sind. In beiden Fällen würde das Verfahren durch das Revisionsgericht gem. den §§ 354 Abs. 1, 260 Abs. 3 StPO eingestellt. Diese Chance darf sich ein Rechtsmittelführer natürlich nicht ergehen lassen. Daher muss auch in der Revisionsklausur der Aufgabentext auf diese Art von Fehlern überprüft werden. 526

Die wichtigsten Problembereiche in diesem Zusammenhang sind[406]: 527
- die fehlende **sachliche** Zuständigkeit des Ausgangsgerichts[407]
- das Vorliegen einer wirksamen Anklage/Eröffnungsbeschlusses
  (Überprüfen Sie dazu anhand der Urteilsfeststellungen, ob der abgeurteilte Sachverhalt noch Gegenstand der in der Anklage/Eröffnungsbeschluss umschriebenen Tat i. S. v. § 264 StPO ist.)
- das Nichtvorliegen von erforderlichen Strafanträgen

---

[406] Eine Zusammenstellung der Verfahrensvoraussetzungen finden Sie bei Meyer-Goßner, StPO, 46. Aufl., Einl., Rn. 141–149 a.
[407] Meyer-Goßner, StPO, 46. Aufl., § 6, Rn. 1.

– die Verjährung, §§ 78 ff. StGB
– eine entgegenstehende Rechtshängigkeit
– der Strafklageverbrauch

528 Freilich ist diese Prüfung zunächst nur gedanklich vorzunehmen. Ausführungen zu Verfahrensvoraussetzungen/Prozesshindernissen sind nur dann veranlasst, wenn in der Klausur sich insoweit ein **echtes** Problem stellt. Denken Sie auch daran, falls Sie das Fehlen einer Verfahrensvoraussetzung oder das Bestehen eines Prozesshindernisses bejahen, konsequent in der Revisionsbegründung die Einstellung des Verfahrens zu beantragen bzw. im Revisionsgutachten darauf hinweisen, das dieser Mangel zur Einstellung des Verfahrens führt.

3. Die Behandlung von Verfahrensfehlern

529 Der Bereich der Verfahrensfehler stellt in jeder Examensklausur mit revisionsrechtlicher Fragestellung einen Schwerpunkt dar. Neben dem (oft sehr schwierigen) Erkennen von Verfahrensfehlern muss sich der Bearbeiter hier zusätzlich mit folgenden Fragen beschäftigen:
– Wie kann der gefundene Fehler bewiesen werden?
– Kann sich der Revisionsführer auf den Fehler berufen?
– Kann das Urteil auf dem Fehler beruhen?

a) Das Erkennen von Verfahrensfehlern

530 Das Erkennen von Verfahrensfehlern setzt eine solide Kenntnis vom Gang der Hauptverhandlung in Strafsachen voraus. Daneben wird von dem Klausurbearbeiter auch ein gewisses Gespür verlangt, welche Vorgänge in dem im Aufgabentext abgedruckten Protokoll der Hauptverhandlung einen Klausurschwerpunkt darstellen und daher besonders eingehend erörtert werden müssen. Diese Fähigkeiten können nur durch ein ausreichendes Training anhand von Übungsklausuren entwickelt werden. Grundsätzlich gilt aber, dass Stellen in dem Protokoll, an denen ersichtlich ist, dass sich die Prozessbeteiligten über eine Anordnung des Gerichts, über die Zulässigkeit einer Beweiserhebung oder über die Verwertbarkeit eines Beweismittels uneinig waren, einen Hinweis auf ein mögliches Klausurprobleme darstellen und daher genau zu untersuchen sind. Gleiches gilt für gerichtliche Entscheidungen, durch die Anträge der Prozessbeteiligten abgelehnt wurden. Zwar muss an derartigen Stellen nicht immer ein Verfahrensfehler des Gerichts vorliegen. Es wäre jedoch eine grobe Nachlässigkeit, solche Signale des Klausurerstellers zu ignorieren. Ein weiterer Gesichtspunkt, der den Examenskandidaten beruhigen sollte, ist, dass in den Klausuren natürlich auch immer wieder verfahrensrechtliche Standardprobleme auftauchen, auf die man sich gut vorbereiten kann. Eine Hilfestellung hierfür soll die im Anhang zu diesem Abschnitt angefügte Aufstellung geben, in der, orientiert am Ablauf einer Hauptverhandlung, viele „klassische" Revisionsprobleme zusammengefasst sind.

b) Die Beweisbarkeit von Verfahrensfehlern

531 Wie bereits oben erwähnt, stellt das Protokoll der Hauptverhandlung das zentrale Beweismittel für Verfahrensfehler dar. Nach § 274 Abs. 1 StPO

§ 4 Die Revision aus der Sicht des Verteidigers

kann die Beobachtung der für die Hauptverhandlung vorgeschriebenen Förmlichkeiten nur durch das Protokoll bewiesen werden. Die Vorschrift ordnet damit eine ausschließliche Beweiskraft des Hauptverhandlungsprotokolls für die Vorgänge in der Hauptverhandlung an. Eine andere Beweisführung ist in diesem Bereich nicht möglich[408]. Dabei entfaltet das Protokoll sowohl eine positive als auch eine negative Beweiskraft. Die **positive Beweiskraft** bewirkt, dass Verfahrensvorgänge, die im Protokoll wiedergegeben sind, als geschehen gelten, auch wenn sie tatsächlich nicht stattgefunden haben sollten. Die **negative Beweiskraft** bewirkt, dass protokollierungspflichtige Vorgänge, die im Protokoll nicht enthalten sind, als nicht stattgefunden gelten, auch wenn sie tatsächlich erfolgt sein sollten.

Für die Klausur bedeutet das zunächst, dass Verfahrensfehler, die nach der Lösung des Bearbeiters mit Hilfe von anderen Beweismittel als dem Protokoll nachgewiesen werden müssten, für die Revision meist nicht nutzbar sind und zumindest die Lösung an dieser Stelle nochmals überprüft werden sollte. Möglicherweise kann der Fehler ja unter einem anderen rechtlichen Gesichtspunkt mit Hilfe des Protokolls bewiesen werden.

Der Grundsatz der ausschließlichen Beweisbarkeit von Verfahrensfehlern durch das Protokoll erfährt aber Durchbrechungen. Einerseits erstreckt sich der Umfang der Beweiskraft nur auf das anhängige Verfahren in der höheren Instanz und nur auf die **wesentlichen** Förmlichkeiten i. S. d. § 273 Abs. 1 StPO[409]. Außerdem kann die Beweiskraft des Protokolls an einzelnen Stellen wegfallen, etwa weil das Protokoll Widersprüche enthält[410]. Erstreckt sich aus den genannten Gründen die Beweiskraft des Protokolls ausnahmsweise nicht auf den Vorgang, in dem der Verfahrensfehler gefunden wurde, ist der Weg offen, im Freibeweisverfahren[411] den Nachweis zuführen.

Beachten Sie in diesem Zusammenhang auch, dass der Nachweis von fehlenden Verfahrensvoraussetzungen bzw. bestehenden Prozesshindernissen ebenfalls im Freibeweisverfahren geführt werden kann[412].

c) Kann sich der Revisionsführer auf den Verfahrensfehler berufen?

Mit der Aufdeckung eines Verfahrensfehles ist über den Erfolg einer Revision allerdings noch nicht entschieden. Zu prüfen ist auch, ob der Revisionsführer sich auf den Verfahrensverstoß überhaupt berufen kann. Das ist dann nicht der Fall, wenn es sich bei der verletzten Norm um eine bloße Ordnungsvorschrift oder eine Vorschrift, die nicht dem Interesse des Rechtsmittelführers dient, handelt oder der Revisionsführer die Geltendmachung des Verfahrensfehlers verwirkt hat.

(1) Ordnungsvorschriften. Bei einer Reihe von Verfahrensvorschriften geht die Rechtsprechung davon aus, dass auf ihrer Nichtbeachtung ein Urteil

532

533

---

[408] Meyer-Goßner, StPO, 46. Aufl., § 274, Rn. 3.
[409] Welche Vorgänge zu den wesentlichen Förmlichkeiten zählen, kann der Kommentierung entnommen werden, vgl. Meyer-Goßner, StPO, 46. Aufl., § 273, Rn. 7.
[410] Vgl. zum Wegfall der Beweiskraft Meyer-Goßner, StPO, 46. Aufl., § 274, Rn. 15.
[411] Meyer-Goßner, StPO, 46. Aufl., § 274, Rn. 18.
[412] Meyer-Goßner, StPO, 46. Aufl., Einl., Rn. 152.

nicht beruhen kann. Auf einen Verstoß gegen derartige Rechtsnormen kann die Revision nicht gestützt werden. Diese Normen werden als Ordnungsvorschriften bezeichnet. Für die Klausur folgt daraus, dass bei jedem festgestellten Verfahrensfehler geprüft werden muss, ob es sich bei der verletzten Rechtsnorm um eine Ordnungsvorschrift handelt. Ist das der Fall, ist der Verstoß gegen die Vorschrift für die Revision ohne Bedeutung. Ein solcher Verfahrensfehler kann daher auch nicht in der Revisionsbegründung, sondern lediglich im Hilfsgutachten erörtert werden.

Beispiele für regelmäßig in Klausuren angesprochene Ordnungsvorschriften sind §§ 248, 257, 68, 68 a, 69 I 2 StPO.

534 **(2) Rechtskreistheorie.** Ein Verfahrensfehler kann auch dann die Revision nicht begründen, wenn die verletzte Norm nicht (zumindest auch) dem Schutz des Revisionsführers dient. Hierzu wurde von der Rechtsprechung die sog. „Rechtskreistheorie" entwickelt, wonach bei einer verletzten Verfahrensvorschrift zu fragen ist, ob sich ihr Schutz auch auf den Rechtskreis des Revisionsführers erstreckt. Klausurelevante Vorschriften, bei deren Verletzung nach Auffassung der Rechtsprechung der Rechtskreis des Angeklagten nicht berührt wird, sind die Belehrungspflicht des § 55 StPO, die Pflicht zur Zeugenbelehrung gem. § 57 StPO und die Verschwiegenheitspflicht öffentlich Bediensteter nach § 54 StPO.

Auch in diesem Zusammenhang gilt, dass in einer Klausur der Verstoß gegen ein solche Vorschrift nicht in der Revisionsbegründung, sondern lediglich im Hilfsgutachten erörtert werden darf. In einem Gutachten zur Vorbereitung einer Revision ist darauf hinzuweisen, dass zwar ein Verfahrensverstoß vorliegt, der aber aus den genannten Gründen in der Revision nicht gerügt werden kann.

535 **(3) Rügeverlust.** Die Berufung auf einen objektiv vorliegenden Verfahrensverstoß in der Revision kann auch daran scheitern, dass ein Rügeverlust eingetreten ist. Ein Rügeverlust kann sich aus gesetzlichen Bestimmungen ergeben, die von einem Prozessbeteiligten verlangen, dass ein Verfahrensfehler bis zu einem bestimmten Zeitpunkt geltend gemacht werden muss (vgl. §§ 6 a, 16, 25, 217 Abs. 3, 218 S. 2 oder § 246 Abs. 2 StPO).

536 Wichtiger für Klausuren ist jedoch die Möglichkeit, dass ein Revisionsführer die Geltendmachung eines Verfahrensfehlers in der Revision dadurch verwirkt hat, dass er in der Hauptverhandlung von dem Zwischenrechtsbehelf des § 238 Abs. II StPO keinen Gebrauch gemacht hat. Nach dieser Vorschrift kann gegen eine Anordnung des Vorsitzenden, die ein Prozessbeteiligter für unzulässig hält, eine Entscheidung des Gerichts beantragt werden[413]. Unterlässt ein Prozessbeteiligter die Beanstandung, kann er sich in der Revision auf den entsprechenden Verfahrensmangel nicht berufen[414]. Die Anrufung des Gerichts ist auch dann erforderlich, wenn das Verfahren vor

---

[413] Die Unterscheidung zwischen Verhandlungsleitung (vgl. § 238 Abs. 1 StPO) und Sachleitung (vgl. § 238 Abs. 2 StPO) ist zu Recht weitgehend aufgegeben worden. Daher braucht in der Regel nicht geprüft zu werden, ob die beanstandete Maßnahme der Verhandlungs- oder Sachleitung zuzuordnen ist. Vgl. insgesamt dazu Meyer-Goßner, StPO, 46. Aufl., § 238, Rn. 12.
[414] Meyer-Goßner, StPO, 46. Aufl., § 238, Rn. 22.

§ 4 Die Revision aus der Sicht des Verteidigers   177

dem Strafrichter stattfindet. Nicht erforderlich ist der Zwischenrechtsbehelf in folgenden Fällen[415]:
- Der Vorsitzende unterlässt eine von Amts wegen vorzunehmende unverzichtbare Handlung (Beispiel: der Vorsitzende unterlässt bei einem Zeugen die erforderliche Belehrung gem. § 53 Abs. 3 StPO[416]).
- Der Vorsitzende setzt sich über eine Verfahrensvorschrift hinweg, die keinerlei Entscheidungsspielraum zulässt.
- Der Angeklagte ist ohne Verteidiger und kennt die Beanstandungsmöglichkeit des § 238 Abs. 2 StPO nicht.

Für die Klausurbearbeitung ergibt sich daraus die Konsequenz, dass bei jeder für fehlerhaft gehaltenen Maßnahme, die **allein vom Vorsitzenden** (oder vom Strafrichter als Vorsitzenden) getroffen wurde, zu prüfen ist, ob eine Anrufung des Gerichts gem. § 238 Abs. 2 StPO erforderlich war. Ist diese Frage zu bejahen, muss das Protokoll darauf untersucht werden, ob der Revisionsführer den Zwischenrechtsbehelf erhoben hat. Wurde von der Beanstandungsmöglichkeit kein Gebrauch gemacht, ist die entsprechende Verfahrensrüge verwirkt. Bei der Aufgabenstellung „Revisionsbegründung" darf der Fehler dann nur, unter Darstellung der Problematik des § 238 Abs. 2 StPO, im Hilfsgutachten erörtert werden. Im Gutachten zur Vorbereitung der Revision kann die Problematik bei der Erörterung des Verfahrensfehlers dargestellt werden.   537

Hinweis: Bei Verfahren vor dem Strafrichter haben Klausurbearbeiter immer wieder Probleme, zu erkennen, ob Maßnahmen des Richters als Anordnung des Vorsitzenden (nur dagegen richtet sich der Rechtsbehelf des § 238 Abs. 2 StPO) oder als eine Entscheidung des Gerichts (auf die § 238 Abs. 2 StPO keine Anwendung findet) zu qualifizieren sind. Beachten Sie daher, dass Maßnahmen des Vorsitzenden als „Verfügung" oder „Anordnung" bezeichnet werden, Entscheidung des Gerichts dagegen in der Form eines Beschlusses ergehen.   538

(4) Kausalität (§§ 337, 338 StPO). Schließlich hängt der Erfolg einer Revision auch davon ab, ob ein festgestellter Verfahrensfehler das Urteil zum Nachteil des Revisionsführers beeinflusst hat, ob also das Urteil auf dem Verfahrensverstoß beruht.   539

Erst bei diesem Prüfungspunkt wird die Unterscheidung zwischen absoluten (§ 338 StPO) und relativen Revisionsgründen (§ 337 StPO) relevant. Während bei den absoluten Revisionsgründen des § 338 StPO das Gesetz unwiderlegbar vermutet, dass das Urteil auf dem Verfahrensverstoß beruht, muss bei den relativen Revisionsgründen die Kausalität konkret geprüft werden. In diesem Zusammenhang sei darauf hingewiesen, dass § 338 StPO selbst keine Revisionsgründe beinhaltet. Der Verfahrensverstoß ist immer bei den in § 338 StPO genannten Vorschriften zu suchen. § 338 StPO erspart nur die Prüfung der Kausalität!

Bei den relativen Revisionsgründen sollte man der Prüfung der Kausalität ausreichend Aufmerksamkeit schenken und anhand des Urteils gewissenhaft

---
[415] Meyer-Goßner, StPO, 46. Aufl., § 238, Rn. 22.
[416] Meyer-Goßner, StPO, 46. Aufl., § 52, Rn. 50.

überprüfen, ob sich der Verfahrensfehler wirklich zum Nachteil des Revisionsführers ausgewirkt hat. Die Kausalität kann zwar schon dann bejaht werden, wenn die bloße Möglichkeit besteht, dass das Urteil auf den Fehler beruht[417]. Trotzdem sind Fälle denkbar, bei denen sogar die bloße Möglichkeit des Beruhens des Urteils auf dem Verfahrensfehler ausgeschlossen werden kann.

540 **Beispiel:** Der Angeklagte wird nicht über sein Aussageverweigerungsrecht gem. § 243 Abs. 4 Satz 1 StPO belehrt. Aus dem Protokoll ist aber erkennbar, dass der Angeklagte sich in der gesamten Hauptverhandlung nicht zur Sache geäußert hat.

Hier liegt zwar formal ein Verstoß gegen § 243 Abs. 4 Satz 1 StPO vor. Auf diesem Verstoß kann das Urteil aber nicht beruhen, weil der Angeklagte trotz der fehlenden Belehrung die Aussage verweigert hat[418].

4. Die Behandlung von sachlich-rechtlichen Fehlern

541 Für die Behandlung von sachlich – rechtlichen Fehlern in einer Revisionsklausur sei eingangs nochmals darauf hingewiesen, dass es an dieser Stelle nur um die Frage geht, ob das Gericht das materielle Recht auf den von ihm festgestellten Sachverhalt richtig angewendet hat. Die Prüfung muss daher von den tatsächlichen Feststellungen, die in der Urteilsurkunde niedergelegt sind, ausgehen. Der vom Gericht dem Urteil zugrunde gelegte Sachverhalt ist für die Prüfung im Rahmen der Sachrüge bindend, auch wenn die Feststellung der Tatsachen auf Grund von Verfahrensverstößen fehlerhaft war. Arbeitsgrundlage für die Prüfung von sachlich – rechtlichen Fehlern in einer Klausur ist daher allein das im Aufgabentext abgedruckte Urteil.

In der folgenden Übersicht sind die wichtigsten Ansatzpunkte für sachlich – rechtliche Fehler zusammengestellt.

542 **Fehler in der Beweiswürdigung**

- Im Urteil fehlt die Beweiswürdigung vollständig oder die Urteilsgründe geben weder die Einlassung des Angeklagten wieder, noch wird diese unter Berücksichtigung der erhobenen Beweise gewürdigt.
- Die Beweiswürdigung enthält Widersprüche oder verstößt gegen Denkgesetze oder gesicherte Erfahrungssätze[419].
- Verstöße gegen den Grundsatz „ in dubio pro reo".
  (Beachten Sie aber, dass dieser Grundsatz nur dann verletzt ist, wenn die Urteilsgründe selbst ergeben, dass das Gericht bei seiner Entscheidung noch Zweifel hatte[420]. Daher kann ein Verstoß gegen den Grundsatz „in dubio pro reo" nicht damit begründet werden, dass das Gericht nach Auffassung des Klausurbearbeiters auf Grund der Beweisergebnisse Zweifel an einer Täterschaft des Angeklagten hätte haben müssen. Entscheidend ist allein, ob das Gericht nach den Darlegungen im Urteil tatsächlich noch Zweifel hatte und trotzdem den Angeklagten verurteilte.)

---

[417] Meyer-Goßner, StPO, 46. Aufl., § 337, Rn. 37.
[418] Meyer-Goßner, StPO, 46. Aufl., § 243, Rn. 39.
[419] Mit dieser Behauptung sollte in einer Klausur vorsichtig umgegangen werden. Nicht jede Schlussfolgerung, die nach Meinung eines Klausurbearbeiters zu Unrecht vom Gericht gezogen wurde, ist zugleich ein Verstoß gegen die Logik!
[420] Meyer-Goßner, StPO, 46. Aufl., § 261, Rn. 39.

§ 4 Die Revision aus der Sicht des Verteidigers 179

- Strittig: Verstöße gegen Beweisverwertungsverbote
  (Anm.: Ob der Verstoß gegen ein Beweisverwertungsverbot durch die allgemeine Sachrüge geltend gemacht werden kann, ist im Einzelfall strittig. Der BGH hält in jüngeren Entscheidungen zunehmend eine Verfahrensrüge für erforderlich[421]*. Die verletzte Verfahrensvorschrift wird in § 261 StPO gesehen. Im Zweifel sollte daher in der Klausur vorsorglich (auch) eine entsprechende Verfahrensrüge erhoben werden.)*
  Folgende drei Verwertungsverbote können nach h. M. allein aufgrund der Sachrüge berücksichtigt werden[422]:
  – Die Beweiswürdigung berücksichtigt berechtigtes Schweigen des Angeklagten
  – Die Beweiswürdigung berücksichtigt berechtigtes Schweigen eines Zeugen
  – Die Beweiswürdigung berücksichtigt getilgte oder tilgungsreife Vorstrafen

Fehler in der rechtlichen Würdigung 543

- Hier ist zu prüfen, ob das Gericht auf den von ihm festgestellten Sachverhalt die materiellen Strafnormen richtig angewendet hat.
  Folgende Subsumtionsfehler können beanstandet werden:
  – Merkmale des objektiven oder subjektiven Tatbestandes, der Rechtswidrigkeit oder der Schuld fehlen.
  – Der Tatrichter hat eine anzuwendende Strafnorm übersehen
  – Der Tatrichter hat eine anzuwendende Strafnorm falsch ausgelegt.

Fehler in der Strafzumessung 544

- Folgende typische Rechtsfehler in der Strafzumessung können beanstandet werden:
- Das Fehlen der Feststellungen zu den persönlichen Verhältnissen des Angeklagten (meist im Urteil unter Ziffer I dargestellt[423])
- Das Gericht hat den anzuwendenden Strafrahmen nicht zutreffend bestimmt und/oder hat mögliche Strafrahmenverschiebungen nicht erörtert
- Das Gericht hat gegen das Doppelverwertungsverbot aus § 50 StGB oder § 46 Abs. 3 StGB verstoßen.
- Das Gericht hat unzulässige Strafzumessungserwägungen angestellt, z. B.
  – unzulässige Berücksichtigung des Verteidigungsverhaltens des Angeklagten
  – strafschärfende Berücksichtigung des Fehlens von Strafmilderungsgründen
  – überspannte Generalprävention.
- eine erforderliche nachträgliche Gesamtstrafenbildung gem. §§ 55, 54 StGB unterblieb.
  (Anm.: Achten Sie deshalb darauf, ob im Klausurtext Vorstrafen des Angeklagten geschildert sind. Sollte dies der Fall sein, überprüfen Sie stets anhand § 55 StGB die Voraussetzungen für eine nachträgliche Gesamtstrafenbildung. Liegen die Voraussetzungen vor, hätte das Tatgericht zwingend die Gesamtstrafenbildung vornehmen müssen. Ist sie unterblieben, stellt das einen Revisionsgrund dar[424]*.)*

IV. Besonderheiten des Revisionsgutachtens

Im Gegensatz zur Revisionsbegründungsschrift stellt eine Klausur, die die 545
Anfertigung eines Gutachtens zur Vorbereitung einer Revision verlangt, den
Klausurbearbeiter meist vor keine besonderen formalen Probleme. Bei dieser

---

[421] Vgl. z. B. BGHSt 38, 214, 226, 227.
[422] Meyer-Goßner, StPO, 46. Aufl., § 261, Rn. 38.
[423] Meyer-Goßner, StPO, 46. Aufl., § 267 Rn. 42.
[424] Tröndle/Fischer, StGB, 50. Aufl., § 55 Rn. 35.

Aufgabenstellung können die gefundenen Rechtsfehler einzeln abgearbeitet werden, ohne dass die Klausur in einen Schriftsatz – und Gutachtensteil aufgespalten werden muss. Erforderlich ist lediglich, dass am Ende der Erörterung des jeweiligen Problems in einem Zwischenergebnis fest gehalten wird, ob die Revision auf den diskutierten Fehler gestützt werden kann. Zusätzlich ist im Revisionsgutachten auch auf die Zulässigkeit der Revision einzugehen. Allerdings gilt natürlich auch hier der Grundsatz, dass nur die **wirklich** problematischen Zulässigkeitsvoraussetzungen zu erörtern sind.

Die Gliederung des Revisionsgutachtens sollte sich an folgendem Aufbauschema orientieren:

546 Aufbauschema:

A. Zulässigkeit der Revision
   I. Statthaftigkeit, §§ 333, 335 StPO[425]
   II. Rechtsmittelberechtigung, §§ 296, 297, 298 StPO[426]
   III. Beschwer[427]
   IV. Form und Frist der Revisionseinlegung, § 341 StPO[428]
   V. Form und Frist der Revisionsbegründung, §§ 344, 345 StPO[429]
   VI. kein Rechtsmittelverzicht

B. Begründetheit der Revision
   I. Nichtvorliegen von Verfahrensvoraussetzungen/bestehende Prozesshindernisse
   II. Verfahrensfehler
      1. Absolute Revisionsgründe, § 338 StPO
      2. Relative Revisionsgründe, § 337 StPO
   III. Sachlich – rechtliche Fehler
      1. Fehler in der Beweiswürdigung
      2. Fehler bei der Beurteilung der materiell-rechtlichen Strafbarkeit
      3. Strafzumessungsfehler

C. Gesamtergebnis, das enthalten kann:
   – Eine Zusammenfassung der Verstöße, die die Revision begründen können,
   – Hinweise auf eine eventuell mögliche Beschränkung der Revision,
   – die zu stellenden Revisionsanträge (Bearbeitervermerk beachten!)

Da in einem Gutachten zur Vorbereitung einer Revision auf alle klausurrelevanten Probleme eingegangen werden kann, ist die Fertigung eines Hilfsgutachten regelmäßig überflüssig. Gelegentlich wird im Bearbeitervermerk aber noch die Formulierung einer oder mehrerer Revisionsrügen verlangt, um zu prüfen, ob der Examenskandidat auch die schwierigen Anforderungen an eine zulässige Verfahrensrüge erfüllen kann. Insoweit sei auf die folgenden Ausführungen zu Revisionsbegründungsschrift verwiesen.

---

[425] Grundsatz: Revisionsfähig sind alle Urteile, die nicht selbst Revisionsurteile sind!
[426] Weitere Rechtsmittelberechtigte ergeben sich aus §§ 390 Abs. 1 Satz 1, 395 Abs. 4 Satz 2, 433 Abs. 1, 440 Abs. 3 StPO.
[427] Vgl. dazu Meyer-Goßner, StPO, 46. Aufl., vor § 296, Rn. 8–16. Beachten Sie, dass sich die Beschwer aus dem Urteilstenor ergeben muss!
[428] In der Klausur ist meist die Vorgabe enthalten, dass die Revision bereits eingelegt ist. Dann ist an dieser Stelle zu prüfen, ob die Einlegung ordnungsgemäß war.
[429] Hier ist gegebenenfalls mitzuteilen, wann die Revisionsbegründungsfrist abläuft.

V. Besonderheiten der Revisionsbegründungsschrift

Im Gegensatz zu einer Berufung muss die Revision begründet werden. Dabei stellt das Gesetz an den Inhalt der Revisionsbegründung strenge Anforderungen. Aus den maßgeblichen gesetzlichen Bestimmungen ergibt sich, dass der Revisionsführer erklären muss, inwieweit er das Urteil anficht und dessen Aufhebung beantragt (§ 344 Abs. 1 StPO). Die Anträge müssen begründet werden, wobei aus der Begründung hervorgehen muss, ob das Urteil wegen der Verletzung einer Rechtsnorm über das Verfahren oder wegen Verletzung einer anderen Rechtsnorm angefochten wird (§ 344 Abs. 2 Satz 1 StPO). Macht der Revisionsführer die Verletzung einer Verfahrensvorschrift geltend, müssen in der Revisionsbegründung zusätzlich die den Mangel enthaltenden Tatsachen angegeben werden (§ 344 Abs. 2 Satz 2 StPO). Zudem muss die Revision innerhalb eines Monats nach Ablauf der Revisionseinlegungsfrist (§ 345 Abs. 1 Satz 1 StPO) oder innerhalb eines Monats nach Zustellung des Urteils (§ 345 Abs. 1 Satz 2 StPO) begründet werden und die Begründung muss durch einen Rechtsanwalt oder einen Verteidiger[430] oder zu Protokoll der Geschäftsstelle erfolgen (§ 345 Abs. 2 StPO).

Diese gesetzlichen Vorgaben bestimmen den Rahmen für den Aufbau und den Inhalt der Revisionsbegründung. In einer Klausur, die die Erstellung einer Revisionsbegründung vom Bearbeiter verlangt, muss der Examenskandidat zeigen, dass er diese formalen Anforderungen bewältigen kann. Soweit in einzelnen Bundesländern Formularsammlungen als Hilfsmittel in der 2. Juristischen Staatsprüfung zugelassen sind, wird man das dort enthaltene Muster natürlich der Bearbeitung zugrunde legen[431]. Da solche Schriftsatzmuster jedoch entsprechend der Zielsetzung von Formularsammlungen freilich nicht alle Probleme und Fallgestaltungen erfassen können, sollen im Folgenden anhand eines Beispiels für eine Revisionsbegründung die einzelnen Abschnitte des Schriftsatzes erläutert werden.

Beispiel für eine Revisionsbegründungsschrift		Erläuterungen siehe unter
Dr. Hans Meyer Rechtsanwalt	97070 Würzburg, den 7. 9. 2001 Bahnhofstr. 3	Adressat
An das Landgericht Würzburg – 1. Strafkammer –		
Revisionsbegründung		
In der Strafsache gegen Peter Müller, wegen Körperverletzung mit Todesfolge u. a. Az.: 1 Kls 221 Js 27 899/01		
Zu der am 6. 8. 2001 eingelegten Revision gegen das Urteil des Landgerichts Würzburg vom 4. 8. 2001:		

---

[430] Vgl. zum Unterschied zwischen einem Rechtsanwalt und einem Verteidiger Meyer-Goßner, StPO, 46. Aufl., § 345 Rn. 11.
[431] Vgl. etwa das Muster Nr. 42 in Böhme/Fleck/Bayerlein, Formularsammlung für Rechtsprechung und Verwaltung, 15. Aufl.

Beispiel für eine Revisionsbegründungsschrift	Erläuterungen siehe unter
Ich beantrage: I. Das Urteil des Landgerichts Würzburg vom 4. 8. 2001 wird mit den ihm zu Grunde liegenden Feststellungen aufgehoben. II. Die Sache wird an eine andere Strafkammer des Landgerichts Würzburg zu erneuter Verhandlung und Entscheidung zurückverwiesen.	Anträge
Begründung: I. Vorab weise ich auf folgende von Amts wegen zu berücksichtigenden Verfahrenshindernisse hin: …	Verfahrensvoraussetzungen/ Prozesshindernisse
II. Ich rüge die Verletzung formellen Rechts: 1. Verstoß gegen § 52 Abs. 3 StPO: a) Das Gericht hat in der Hauptverhandlung vom 4. 8. 2001 die Zeugin Conny Krause vernommen. Bei der Zeugin Krause handelt es sich um die Verlobte des Angeklagten. Trotzdem wurde die Zeugin nicht über ihr Zeugnisverweigerungsrecht belehrt. Beweis: Protokoll der Hauptverhandlung vom 4. 8. 2001 b) Die Zeugin machte bei ihrer Vernehmung Angaben über den Aufenthaltsort des Angeklagten zum Tatzeitpunkt, die das Gericht für widersprüchlich hielt und im Urteil zum Nachteil des Angeklagten verwertete. Beweis: Urteil vom 4. 8. 2001, Seite 12 c) Dadurch hat das Gericht gegen § 52 Abs. 3 StPO verstoßen, da der Verlobten des Angeklagten gemäß § 52 Abs. 1 Nr. 1 StPO ein Zeugnisverweigerungsrecht zusteht, über das sie belehrt werden muss. Der Verstoß gegen § 52 Abs. 3 StPO kann auch vom Angeklagten in der Revision geltend gemacht werden (vgl. Meyer-Goßner, StPO, § 52, Rn. 34). d) Auf diesem Verstoß beruht auch das Urteil (§ 337 StPO). Denn es ist nicht auszuschließen, dass die Zeugin, die ihr Zeugnisverweigerungsrecht nicht kannte, nach einer ordnungsgemäßen Belehrung die Aussage verweigert hätte. Die Aussage der Zeugin ist im Urteil zu Lasten des Angeklagten verwertet worden.	Verfahrensrügen
III. Ich rüge die Verletzung materiellen Rechts: …….	Sachrüge
Dr. Meyer Rechtsanwalt	Unterschrift

1. Kopf des Schriftsatzes, Adressat

a) Im Kopf des Schriftsatzes ist zunächst der Name des Rechtsanwalts sowie Ort und Datum der Erstellung der Revisionsbegründung anzugeben. Danach folgen die Überschrift „Revisionsbegründung" und die Angaben zum Namen des Angeklagten, zum Delikt und zum Aktenzeichen. **549**

b) Die Adressierung der Revisionsbegründung sollte dem Examenskandidaten eigentlich keine Probleme bereiten. Gemäß § 345 Abs. 1 Satz 1 StPO ist die Revisionsbegründung bei dem Gericht anzubringen, dessen Urteil angefochten wird. Dieses Gericht lässt sich unschwer aus den Angaben im Klausurtext entnehmen. Dennoch begehen Klausurbearbeiter an dieser Stelle oft den Fehler, den Schriftsatz an das Revisionsgericht zu richten. Das widerspricht nicht nur der Regelung des § 345 Abs. 1 Satz 1 StPO, sondern führt auch zu einer weiteren – zudem völlig überflüssigen – Fehlerquelle. Viele Bearbeiter adressieren den Schriftsatz nämlich dann auch noch an ein unzuständiges Revisionsgericht (an den BGH statt an das OLG/BayObLG und umgekehrt) und erwecken dadurch beim Prüfer den Eindruck, dass der Instanzenzug nicht bekannt ist. **550**

c) Der Eingangsformulierung des Schriftsatzes kommt besondere Bedeutung zu, wenn sich in einer Klausur eines der folgenden Probleme stellt:

(1) Aus dem Sachverhalt ergibt sich, dass der Angeklagte oder sein Verteidiger innerhalb der einwöchigen Rechtsmitteleinlegungsfrist, die sowohl für die Berufung als auch für die Revision gilt (vgl. §§ 314 Abs. 1, 341 Abs. 1 StPO) gegen das Urteil eines Amtsgerichts[432] zunächst nur ein unbenanntes Rechtsmittel eingelegt haben[433]. Der Rechtsmittelführer muss dann bis zum Ablauf der Revisionsbegründungsfrist endgültig erklären, ob das Rechtsmittel als Revision oder als Berufung behandelt werden soll. Wird diese Erklärung nicht, nicht rechtzeitig oder nicht in der erforderlichen Form abgegeben, wird das Rechtsmittel als Berufung weitergeführt[434]. **551**

In diesem Fall kann die Eingangsformulierung der Revisionsbegründung dazu genutzt werden, die erforderliche Wahl des Rechtsmittels zu treffen.

Formulierungsbeispiel:

„Das mit Schriftsatz vom 2. Oktober 2002 eingelegte Rechtsmittel gegen das Urteil des Landgerichts Schweinfurt vom 30. September 2002 wird als Revision weitergeführt.
Ich beantrage: ......"

(2) Aus dem Sachverhalt ergibt sich, dass der Angeklagte, bevor er den Rechtsanwalt zur Beratung aufsucht, bereits selbst gegen das Urteil eines Amtsgerichts Berufung eingelegt hat. Dem Sachverhalt sind aber **552**

---

[432] Denken Sie daran, dass nur gegen amtsgerichtliche Urteile eine Berufung statthaft ist, § 312 StPO.
[433] Vgl. zur Zulässigkeit eines zunächst unbenannten Rechtsmittels Meyer-Goßner, StPO, 46. Aufl., § 335, Rn. 2.
[434] Vgl. dazu Meyer-Goßner, StPO, 46. Aufl., a.a.O.

eindeutige Hinweise darauf zu entnehmen, dass die Durchführung einer zweiten Tatsachenverhandlung überflüssig und die Sprungrevision (§ 335 StPO) das Mittel der Wahl ist[435].

Hier muss zunächst erkannt werden, dass der Ersteller der Klausur den Bearbeiter zur Prüfung einer Revision bringen will. Hat man das bemerkt, stellt sich die Frage, ob ein solcher Wechsel des Rechtsmittels überhaupt noch möglich und wie das Problem gegebenenfalls formal zu bewältigen ist. Eine völlig verfehlte Lösung wäre, in einem Schriftsatz die durch den Angeklagten eingelegte Berufung zurückzunehmen und gegen das Urteil nunmehr Revision einzulegen. Denn die Revisionseinlegungsfrist des § 341 Abs. 1 StPO ist zu diesem Zeitpunkt regelmäßig abgelaufen. Die Berufung wäre damit zurückgenommen, die Revision wäre unzulässig und das Urteil damit rechtskräftig. Das ist sicherlich nicht im Interesse des Angeklagten. Die Lösung muss daher an dem Grundsatz ansetzen, dass innerhalb der laufenden Revisionsbegründungsfrist von der Berufung auf die Revision übergegangen werden kann[436]. Formal kann dies in der Revisionsbegründung durch folgende Formulierung erreicht werden:

553 **Formulierungsbeispiel:**
„Zu dem am 2. Oktober 2002 eingelegten Rechtsmittel der Berufung gegen das Urteil des Landgerichts Schweinfurt vom 30. September 2002 erkläre ich, dass das Rechtsmittel als Revision weitergeführt werden soll. Ich beantrage: ......"

2. Anträge

554 Bei den von § 344 Abs. 1 geforderten Revisionsanträgen ist zunächst zu beachten, dass diese Anträge bereits in der Revisionsbegründung zu stellen und nicht nur anzukündigen sind[437]. Daher sind Formulierungen wie „*Ich werde beantragen* ......" oder „*Im Falle einer Hauptverhandlung werde ich beantragen*" fehl am Platze. Die Eingangsformulierung lautet schlicht: „*Ich beantrage:* ......".

Fehlen in einer Revisionsbegründung die Anträge kann dies zwar unschädlich sein, wenn das Ziel der Revision aus dem Inhalt der Revisionsbegründung erkennbar wird[438]. In einer Examensklausur versteht es sich aber von selbst, dass die Revisionsanträge sorgfältig zu formulieren sind.

Die Revisionsanträge setzen sich aus zwei Teilen zusammen, nämlich dem kassatorischen Antrag und dem Folgeantrag. Der kassatorische Antrag bestimmt, inwieweit das Urteil angefochten und die Aufhebung beantragt wird, der Folgeantrag umschreibt das Ziel des Rechtsmittels. Eine Orientierung für den Inhalt der Anträge geben die §§ 353, 354 StPO, in denen die Entscheidungsmöglichkeiten des Revisionsgerichts enthalten sind.

---

[435] Solche Hinweise können sich z. B. daraus ergeben, dass der Angeklagte in dem Beratungsgespräch erwähnt, dass die tatsächlichen Feststellungen des Gerichts zutreffend sind oder er keine Entlastungszeugen benennen könne.
[436] Meyer-Goßner, StPO, 46. Aufl., § 335, Rn. 10.
[437] Meyer-Goßner, StPO, 46. Aufl., § 344 Rn. 1.
[438] Meyer-Goßner, StPO, 46. Aufl., § 344, Rn. 2.

§ 4 Die Revision aus der Sicht des Verteidigers

a) Der kassatorische Teil

Im kassatorischen Teil ist deutlich zu machen, ob der Beschwerdeführer das Urteil in vollem Umfang oder nur teilweise angreift. Gerade bei Klausuren mit anwaltlicher Fragestellung muss sich der Bearbeiter stets überlegen, ob eine vollständige Anfechtung des Urteils sinnvoll ist. Möglicherweise haben sich Fehler des Gerichts nur bei einem von mehreren Tatkomplexen ausgewirkt oder das Gericht hat lediglich eine fehlerhafte Strafzumessung vorgenommen. Liegen Anhaltspunkte für eine Beschränkung des Rechtsmittels in der Klausur vor, ist zu prüfen, ob eine Beschränkung taktisch sinnvoll und rechtlich möglich ist. Zulässig ist eine Rechtsmittelbeschränkung dann, wenn die einzelnen angegriffenen Beschwerdepunkte rechtlich und tatsächlich selbständig beurteilt werden können (sog. „Trennbarkeitsformel") und die abschließende Entscheidung des Verfahrens in sich widerspruchsfrei bleibt[439].

555

Formulierungsbeispiel: 556
„Das Urteil des Landgerichts Hof vom 27. Juni 2002 wird mit den ihm zu Grunde liegenden Feststellungen aufgehoben, soweit dem Angeklagten ein Diebstahl, begangen am 14. April 2002 zur Last liegt."
„Das Urteil des Landgerichts Augsburg wird im Strafausspruch mit den zu Grunde liegenden Feststellungen aufgehoben."

Zu dem kassatorischen Teil der Revisionsanträge gehört auch der Antrag, 557
ob das Urteil mit den ihm zu Grunde liegenden Feststellungen aufgehoben werden soll. Die Aufhebung der getroffenen Feststellungen ist dann erforderlich, wenn sich die Verfahrens - und Sachrügen (auch) gegen die getroffenen Tatsachenfeststellungen richten (vgl. §§ 353 Abs. 1 und 2 StPO). Der Antrag lautet dann:

„Das Urteil des Landgerichts Würzburg vom 13. Februar 2002 wird mit den ihm zu Grunde liegenden Feststellungen aufgehoben."

Sind die getroffenen Feststellungen nicht zu beanstanden (das Gericht hat zum Beispiel nur fehlerhaft subsumiert) lautet der Antrag:

„Das Urteil des Landgerichts Würzburg vom 13. Februar 2002 wird aufgehoben."

b) Der Folgeantrag

Der Folgeantrag, der nicht zwingend erforderlich ist, bestimmt sich danach, was der Beschwerdeführer nach der Aufhebung des angegriffenen Urteils erreichen will und den Entscheidungsmöglichkeiten, die dem Revisionsgericht zu Verfügung stehen. Folgende Alternativen sind denkbar:
- „*Der Angeklagte wird freigesprochen*" (vgl. § 354 Abs. 1 1. Alt. StPO)
- „*Das Verfahren wird eingestellt.*" (vgl. § 354 Abs. 1 2. Alt. StPO)
- „*Die Sache wird an eine andere Strafkammer des Landgerichts ...... (oder an ein anderes Landgericht) zur erneuten Verhandlung und Entscheidung zurückverwiesen.*" (vgl. § 354 Abs. 2 StPO)
Bedenken Sie stets, dass diese Anträge auch kombiniert werden können. Werden beispielsweise einem Angeklagten mehrerer Straftaten vorgeworfen,

558

---

[439] Meyer-Goßner, StPO, 46. Aufl., § 318, Rn. 6, 7.

ist es möglich, dass bzgl. eines Tatkomplexes ein Verfahrenshindernis besteht und bzgl. eines weiteren Tatkomplexes die Tatsachen fehlerhaft festgestellt wurden. Der Antrag könnte dann lauten:

„Das Verfahren wird eingestellt, soweit dem Angeklagten ...... zur Last liegt. Im Übrigen wird das Urteil des Amtsgerichts ...... vom ...... mit den ihm zu Grunde liegenden Feststellungen aufgehoben und die Sache an einer andere Abteilung des Amtgerichts ...... zur erneuten Verhandlung und Entscheidung zurückverwiesen."

3. Verfahrensvoraussetzungen/Prozesshindernisse

559 Auch im Revisionsverfahren gilt, dass das Vorliegen der Verfahrensvoraussetzungen oder das Bestehen von Prozesshindernissen von Amts wegen zu berücksichtigen ist. Daher müssen solche Fehler vom Revisionsführer nicht in der Form des § 344 Abs. 2 Satz 2 StPO gerügt werden. Das Revisionsgericht berücksichtigt Prozesshindernisse sogar dann, wenn der Beschwerdeführer sich hierzu überhaupt nicht äußert. Handelt es sich um ein Prozesshindernis, das bereits zum Zeitpunkt des Erlasses des angegriffenen Urteils bestand, ist die Prüfungskompetenz des Revisionsgerichts allerdings nur dann eröffnet, wenn eine zulässige Revision vorliegt, also neben der form – und fristgerechten Einlegung der Revision noch mindestens eine Verfahrensrüge oder die allgemeine Sachrüge ordnungsgemäß erhoben wurde. Trat das Prozesshindernis erst nach Erlass des Ersturteils ein, muss die Revision zumindest fristgerecht eingelegt worden sein.

Trotzdem wird ein sorgfältig arbeitender Rechtsanwalt und erst recht ein Examenskandidat in der Revisionsbegründung auf fehlende Verfahrensvoraussetzungen oder bestehende Prozesshindernisse hinweisen. Dies kann durch folgende Formulierung geschehen:

„*Vorab weise ich auf folgende von Amts wegen zu berücksichtigende Prozesshindernisse hin:* ...... (es folgen die Ausführungen zu den festgestellten Prozesshindernissen)."[440]

4. Verfahrensrügen

560 Den formal anspruchsvollsten Teil der Revisionsbegründung stellt die Formulierung der Verfahrensrügen dar. Zwar verlangt § 344 Abs. 2 Satz 2 StPO nur, dass bei der Geltendmachung von Verfahrensfehlern der Revisionsführer die den Mangel enthaltenden Tatsachen in der Revisionsbegründung angeben muss. Die Umsetzung dieser zunächst recht einfach klingenden Anforderung und die strenge Handhabung dieser Vorschrift durch die Revisionsgerichte stellen jedoch sowohl den Praktiker als auch einen Klausurbearbeiter vor eine schwierige Aufgabe mit erheblichen Konsequenzen. Denn Verfahrensfehler, die nicht in der erforderlichen Form gerügt wurden, werden vom Revisionsgericht auch nicht beachtet. Die entsprechende Rüge

---

[440] Denken Sie daran, bei den Revisionsanträgen ggf. die Einstellung des Verfahrens als Konsequenz zu beantragen.

§ 4 Die Revision aus der Sicht des Verteidigers   187

wird ohne sachliche Prüfung als unzulässig zurückgewiesen[441]. Erhebt der Revisionsführer überhaupt keine zulässige Verfahrensrüge und fehlt auch die allgemeine Sachrüge, führt dieser Mangel sogar zur Unzulässigkeit der gesamten Revision. Das Revisionsgericht kann dann nicht einmal mehr Prozesshindernisse berücksichtigen, die bereits bei Erlass des Ersturteils bestanden (vgl. bereits oben).

Als Mindestanforderung setzt eine Verfahrensrüge voraus, dass der Revisionsführer die Tatsachen, die dem behaupteten Verfahrensmangel zugrunde liegen, so ausführlich schildert, dass das Revisionsgericht allein auf Grund der Revisionsbegründungsschrift prüfen kann, ob ein Verfahrensfehler vorliegt, wenn das tatsächliche Vorbringen der Revision als wahr unterstellt wird[442]. Deshalb sind Bezugnahmen oder Verweisungen auf andere Schriftstücke, auch wenn sich diese in den Akten befinden (wie z. B. das Protokoll der Hauptverhandlung) zu unterlassen. Ist der Inhalt anderer Schriftstücke für den Revisionsvortrag wesentlich, muss der entsprechende Auszug aus dem Schriftstück in der Revisionsbegründung wörtlich oder zumindest sinngemäß wiedergegeben werden. Dies gilt auch für Tatsachen, die in dem Protokoll der Hauptverhandlung enthalten sind. 561

Beispiel:
Soll die unzulässige Ablehnung eines Beweisantrages gem. § 244 Abs. 3 StPO gerügt werden, muss in der Rüge der Inhalt des Beweisantrags und des Ablehnungsbeschlusses im genauen Wortlaut wiedergegeben werden. Zudem müssen die Tatsachen geschildert werden, aus denen sich die Fehlerhaftigkeit der Ablehnung des Beweisantrages ergibt. 562

Der Revisionsführer muss die dem behaupteten Verfahrensverstoß zu Grunde liegenden Tatsachen zudem bestimmt behaupten[443]. Unzureichend ist, ein Verfahrensverstoß nur als möglich zu bezeichnen oder bloße Vermutungen aufzustellen.

Ein in diesem Zusammenhang häufig anzutreffender Fehler soll an folgendem Beispiel verdeutlicht werden. 563

In einer Revisionsbegründung findet sich folgender Vortrag:

„Gerügt wird ein Verstoß gegen § 52 Abs. 3 StPO.
Das Gericht hat in der Hauptverhandlung die Verlobte des Angeklagten als Zeugen vernommen. Aus dem Protokoll ergibt sich nicht, dass die Zeugin über ihr Zeugnisverweigerungsrecht belehrt worden ist. Damit hat das Gericht gegen § 52 Abs. 3 StPO verstoßen."

Vergleichen Sie die Rüge mit der Verfahrensrüge in dem oben dargestellten Schriftsatzmuster. Der Fehler dieser Revisionsrüge besteht darin, dass der Revisionsführer (mit Sicherheit unbeabsichtigt) in der Sache nicht beanstandet, die Zeugin sei nicht über ihr Zeugnisverweigerungsrecht belehrt worden. Genau genommen rügt er nur, dass die Belehrung nicht in das Protokoll der Hauptverhandlung aufgenommen wurde. Damit hat er eine so genannte

---
[441] Meyer-Goßner, StPO, 46. Aufl., § 344, Rn. 20.
[442] Meyer-Goßner, StPO, 46. Aufl., § 344, Rn. 20.
[443] Meyer-Goßner, StPO, 46. Aufl., § 344, Rn. 25.

„Protokollrüge"[444] erhoben, die grundsätzliche unzulässig ist, weil auf Fehlern des Protokolls das Urteil nicht beruhen kann[445].

564 Berücksichtigt man die vorgenannten Anforderungen, sollte eine Verfahrensrüge in folgender Form aufgebaut werden:

Aufbau der Rüge	Hinweise
Einleitungssatz „Gerügt wird die Verletzung von § 265 StPO."	Ein Einleitungssatz, der die verletzte Verfahrensvorschrift benennt, ist zwar nicht erforderlich. Er erleichtert dem Leser jedoch das Verständnis und zwingt auch den Klausurbearbeiter dazu, sich bei jeder Rüge genau zu überlegen, welches die konkrete revisionsrechtlich relevante Norm ist.
a) Geschlossene und vollständige Darstellung der den Verfahrensfehler begründenden Tatsachen	Zwingend, § 344 Abs. 2 Satz 2 StPO! Soweit Sie einen Kommentar zur StPO als Hilfsmittel im Examen verwenden dürfen, finden Sie in der Kommentierung der einzelnen Vorschriften oft im Abschnitt „Revision" wertvolle Hinweise auf den notwendigen Inhalt einer Verfahrensrüge.
b) Angabe der Beweismittel	Nicht zwingend erforderlich, aber in der Klausur unerlässlich.
c) Rechtsausführungen zur verletzten Norm	Nicht zwingend erforderlich, aber in der Klausur unerlässlich. In den Rechtsausführungen liegt oft ein Schwerpunkt der Klausur.
d) Prüfung der Kausalität	Nicht zwingend erforderlich, aber in der Klausur unerlässlich. Bei den absoluten Revisionsgründen genügt hier ein kurzer Hinweis auf § 338 StPO. Bei den relativen Revisionsgründen muss dargestellt werden, dass das Urteil auf dem Verfahrensfehler beruht (§ 337 StPO). Unterschätzen Sie diesen Prüfungspunkt nicht. In Examensklausuren werden immer wieder Verfahrensfehler eingebaut, die sich gerade nicht im Urteil ausgewirkt haben. Das soll der Prüfling erkennen. Kontrollieren Sie daher stets, ob sich ein festgestellter Verfahrensfehler auch wirklich im Urteil niedergeschlagen hat.

5. Die Sachrüge

565 Die Erhebung der Sachrüge, mit der dem Revisionsgericht der Weg zur Prüfung eröffnet wird, ob das Ausgangsgericht das materielle Recht auf den von ihm festgestellten Sachverhalt richtig angewendet hat, verlangt im Gegensatz zur Verfahrensrüge keine besondere Form. § 344 Abs. 2 Satz 2 StPO

---

[444] Vgl. dazu Meyer-Goßner, StPO, 46. Aufl., § 344, Rn. 26.
[445] Zudem wäre diese Rüge auch unvollständig, da das Revisionsgericht nicht erkennen kann, ob und gegebenenfalls was die Zeugin ausgesagt hat und wie die Aussage im Urteil verwertet wurde. Das sind aber Informationen, die zur Prüfung des behaupteten Verfahrensverstoßes erforderlich sind.

§ 4 Die Revision aus der Sicht des Verteidigers

gilt für die Sachrüge nicht. Ein Revisionsführer kann sich daher damit begnügen, die Rüge in allgemeiner Form zu erheben.

Formulierungsbeispiel: 566
„ Es wird die Verletzungen sachlichen Rechts gerügt."
oder
„Ich erhebe die allgemeine Sachrüge."

Ein gewissenhafter Rechtsanwalt und erst recht ein Klausurbearbeiter im Examen wird sich damit aber nicht begnügen, sondern an dieser Stelle die festgestellten materiell-rechtlichen Fehler darstellen. Im Schriftsatz kann man die Ausführungen zur Sachrüge mit folgender Formulierung einleiten:

„Ich rüge die Verletzungen materiellen Rechts. Insbesondere weise ich erläuternd, nicht einschränkend, auf folgende Rechtsfehler hin:"

Daran anschließend werden die festgestellten Fehler bei der Anwendung 567
des materiellen Rechts dargestellt. Sollen in der Revisionsbegründung mehrere materiell-rechtliche Fehler ausgeführt werden, empfiehlt sich folgender Aufbau[446]:
1. Ausführungen dazu, dass die tatsächlichen Feststellungen im Strafurteil keine tragfähige Grundlage für die Verurteilung darstellen (sog. Darstellungsrüge)[447].
2. Rechtsfehler in der Beweiswürdigung.
3. Rechtsfehler bei der Anwendung des materiellen Strafrechts (fehlerhafte Subsumtion).
4. Rechtsfehler bei der Strafzumessung.

Hinweis: Ist bei einem festgestellten Fehler unklar, ob es sich um einen 568
Verfahrensmangel oder einen Gesichtspunkt, der dem sachlichen Recht zuzuordnen ist, handelt, sollte dieser Fehler in der Revisionsbegründung vorsorglich auch als Verfahrensrüge dargestellt werden. Damit kann man der Gefahr begegnen, dass das Revisionsgericht den Fehler als Verfahrensverstoß qualifiziert und dann, weil es an der erforderlichen Verfahrensrüge fehlt, in seiner Entscheidung überhaupt nicht berücksichtigt.

6. Unterschrift des Verteidigers

Schließlich sollten Sie auch in der Klausur nicht vergessen, dass die Revi- 569
sionsbegründung von einem Rechtsanwalt oder Verteidiger unterschrieben sein muss, § 345 Abs. 2 StPO, der mit seiner Unterschrift die volle Verantwortung für den Schriftsatz übernimmt. Bestehen daran Zweifel oder fehlt die Unterschrift, führt das zur Unzulässigkeit der Revision[448].

---

[446] Dabei ist natürlich nur auf die Punkte einzugehen, bei denen auch wirklich Fehler festgestellt wurden.
[447] Vgl. dazu die Ausführungen oben zum Inhalt der Sachrüge und Meyer-Goßner, StPO, 46. Aufl., § 337, Rn. 20.
[448] Meyer-Goßner, StPO, 46. Aufl., § 345, Rn. 15, 16.

190   B. Strafrecht

VI. Anhang: Übersicht über häufige verfahrensrechtliche Probleme in Revisionsklausuren

570   Die folgende Übersicht stellt, ohne den Anspruch auf Vollständigkeit zu erheben, synoptisch dar, an welchen Stellen eines Klausursachverhalts typische verfahrensrechtliche Revisionsprobleme verankert sein können.

Protokoll der Hauptverhandlung	Mögliche Probleme
571 Gerichtliches Aktenzeichen (daraus ist ersichtlich, welches Gericht oder welche Kammer die angegriffene Entscheidung erlassen hat)	⇒ Verstoß gg. Zuständigkeitsvorschriften i. V. m. § 338 Nr. 4 StPO → Prüfung, ob Einwand nach §§ 16, 6a StPO rechtzeitig erhoben wurde.
Kopf des Protokolls	
572 • Vermerk über die (Nicht-)Öffentlichkeit der HV	⇒ Verstoß gg. §§ 169 ff. GVG i. V. m. § 338 Nr. 6 StPO → Wenn die Öffentlichkeit ganz oder teilweise ausgeschlossen wurde, sind die §§ 171a ff. GVG zu überprüfen. → Liegt das erforderliche Verschulden des Gerichts vor? → wurde der Beschluss begründet?
573 • Angabe der gegenwärtigen Personen – Der StA ist nicht anwesend	⇒ ggf. Verstoß gg. § 226 i. V. m. § 338 Nr. 5 StPO Die Staatsanwaltschaft muss ständig (nicht notwendig vom gleichen Staatsanwalt) vertreten sein.
– Die Schöffen fehlen, obwohl die HV vor dem Schöffengericht stattfand.	⇒ ggf. Verstoß gg. § 29 GVG, § 226 i. V. m. § 338 Nr. 1 StPO
Abschnitt: Feststellung der Präsenz bis zur Entlassung der Zeugen aus dem Sitzungssaal	
574 • Kein Verteidiger genannt	⇒ ggf. Verstoß gg. § 140 i. V. m. § 338 Nr. 5 StPO → nur im Falle einer notwendigen Verteidigung bei „wesentlichen" Teilen der HV.
575 • Kein Dolmetscher genannt	⇒ ggf. Verstoß gg. § 185 GVG i. V. m. § 338 Nr. 5 StPO → falls Angekl. oder Zeugen nicht die deutsche Sprache beherrschen.
576 • Es wird ein Dolmetscher ohne ordnungsgemäßen Dolmetschereid eingesetzt	⇒ ggf. Verstoß gg. § 189 GVG
577 • Unvollständige Zeugenbelehrung; die Hinweise an den Zeugen nach § 57 S. 2 StPO fehlen	⇒ ggf. Verstoß gg. § 57 StPO aber: § 57 StPO ist nur eine im Interesse des Zeugen erlassene Ordnungsvorschrift

§ 4 Die Revision aus der Sicht des Verteidigers

Protokoll der Hauptverhandlung	Mögliche Probleme	
(kann auch noch bei der Vernehmung des einzelnen Zeugen erfolgen, etwa weil der Zeuge später erst erscheint → daher im restlichen Protokoll überprüfen, ob die Belehrung nachgeholt wurde.)	und daher nicht revisibel (Prüfung evtl. im HGA).	
• Fehlende Belehrung der Sachverständigen	⇒ ggf. **Verstoß gg. §§ 72, 57 StPO** aber: §§ 72, 57 StPO sind nur im Interesse der Sachverständigen erlassene Ordnungsvorschriften und daher nicht revisibel (Prüfung evtl. im HGA).	578
• Der (die) Sachverständige(n) bleibt/ bleiben anwesend	⇒ **kein Verstoß gegen § 243 II StPO**, da gem. § 80 II StPO die Sachverständigen anwesend sein dürfen.	579
• Der (die) Sachverständige(n) bleibt/ bleiben nicht anwesend	⇒ ggf. **Verstoß gg. §§ 80 I i. V. m. § 244 II StPO** wenn zugleich ein Verstoß gegen die Sachaufklärungspflicht vorliegt oder der Sachverständige hierdurch von unrichtigen Erwägungen ausgegangen ist.	580
Die Vernehmung des Angeklagten zur Person, § 243 I 2 StPO		
• Der Angeklagte wird über die für eine Ermittlung der Identität notwendigen Feststellungen hinaus zu seinen persönlichen Verhältnissen vernommen (Vorleben, beruflicher Werdegang, familiäre Verhältnisse)	⇒ ggf. **Verstoß gg. § 243 IV 1 StPO** Fragen zu den persönlichen Verhältnissen gehören zur Vernehmung zur Sache. Daher muss der Angeklagte zuvor gem. § 243 IV 1 StPO belehrt worden sein. Angaben, die der Angeklagte ohne die Belehrung gemacht hat, sind unverwertbar, wenn der Angeklagte später nach Erteilung der Belehrung eine weitere Einlassung verweigert.	581
Die Verlesung des Anklagesatzes, § 243 III 1 StPO		
• Es wird unterlassen den Anklagesatz zu verlesen	⇒ ggf. **Verstoß gg. § 243 III 1 StPO**	582
• Der StA verliest die gesamte Anklageschrift (Daran zu erkennen, dass im Protokoll die Verlesung der Anklage**schrift** statt des Anklage**satzes** erwähnt wird!)	⇒ ggf. **Verstoß gg. § 243 III 1 StPO** Durch die Verlesung der gesamten Anklage, d. h. auch des Wesentlichen Ergebnis der Ermittlungen erhalten die Schöffen möglicherweise Informationen über die Beweissituation, die sich eigentlich nicht erhalten dürften → Gefahr der Befangenheit!	583
Die Vernehmung des Angeklagten zur Sache, § 243 IV 2 StPO		
• Der Angeklagte wird fehlerhaft oder lückenhaft über sein Aussageverweigerungsrecht belehrt	⇒ ggf. **Verstoß gg. § 243 IV 1 StPO** (fehlende Belehrung des Angeklagten)	584

192   B. Strafrecht

Protokoll der Hauptverhandlung	Mögliche Probleme
	aber: nur revisibel, wenn der Angeklagter sein Aussageverweigerungsrecht nicht gekannt hat. Nach Auffassung der Rechtsprechung muss der Angeklagte dies in der Revision darlegen[449].
Die Beweisaufnahme, § 244 I StPO Zeugenvernehmungen	
585 • Der Zeuge ist öffentlich Bediensteter (insb. Polizeibeamter, Richter oder Staatsanwalt) und Angaben über die Aussagegenehmigung nach § 54 fehlen	⇒ **ggf. Verstoß gg. § 54 StPO** aber nicht revisibel, Rechtskreistheorie[450].
586 • Es wurde Unterlassen den Zeugen über die Personalien zu befragen (§ 68 I StPO) bzw. möglicherweise erforderliche Generalfragen (§ 68 IV StPO) zu stellen	⇒ **ggf. Verstoß gg. § 68 StPO** aber nicht revisibel, da es sich um eine bloße Ordnungsvorschrift handelt; revisibel ist der Verstoß nur in den engen Grenzen der Aufklärungsrüge[451].
587 • Ein Zeuge, der zu dem in § 52 I StPO genannten Personenkreis gehört, wurde nicht über das Zeugnisverweigerungsrecht belehrt.	⇒ **ggf. Verstoß gg. § 52 III StPO** revisibel, wenn • der Zeuge ausgesagt hat, • das Gericht sein Urteil hierauf stützt, • es sei denn der Zeuge hätte auch nach Belehrung sicherlich ausgesagt[452].
588 • Ein Zeuge, bei dem die Gefahr besteht, durch seine Aussage sich selbst bzw. einen Angehörigen zu belasten, wird nicht über sein Auskunftsverweigerungsrecht belehrt	⇒ **ggf. Verstoß gg. § 55 II StPO** aber nicht revisibel, Rechtskreistheorie[453].
589 • Trotz Antrag der Verteidigung weigert sich der Vorsitzende, eine Aussage wörtlich protokollieren zu lassen	⇒ **ggf. Verstoß gg. § 273 III StPO** aber nicht revisibel, selbst wenn hierüber ein Beschluss nach § 273 III 2 StPO herbeigeführt worden ist. Denn das Urteil kann auf der Ablehnung des Antrags nicht beruhen[454].
590 • Der Zeuge ist ein polizeilicher Vernehmungsbeamte, der Angaben über ein früheres Geständnis des Angeklagte machen soll	⇒ **ggf. Verstoß gg. §§ 136 I 2, 163 IV a 2 StPO** Überprüfen, ob der Angeklagte bei der polizeilichen Vernehmung ordnungsgemäß

---

[449] Meyer-Goßner, StPO, 46. Aufl., § 243, Rn. 39 m. w. N.
[450] Meyer-Goßner, StPO, 46. Aufl., § 54, Rn. 32.
[451] Meyer-Goßner, StPO, 46. Aufl., § 68, Rn. 23.
[452] Meyer-Goßner, StPO, 46. Aufl., § 52, Rn. 34.
[453] Meyer-Goßner, StPO, 46. Aufl., § 55, Rn. 17.
[454] Meyer-Goßner, StPO, 46. Aufl., § 273, Rn. 36.

Protokoll der Hauptverhandlung	Mögliche Probleme	
	belehrt wurde oder ihm eine Verteidigerkonsultation verwehrt wurde → ein möglicher Verstoß führt zu einem Beweisverwertungsverbot[455].	
• Der Zeuge ist ein polizeilicher Vernehmungsbeamter, der Angaben über die Vernehmung eines Zeugen, der sich in der Hauptverhandlung auf ein Zeugnisverweigerungsrecht beruft, machen soll.	⇒ ggf. Verstoß gg. § 252 StPO Die Vorschrift enthält ein umfassendes Beweisverwertungsverbot, auf das ein Angeklagter die Revision stützen kann[456].	591
• Nach der Vernehmung hat der Vorsitzende eine Entscheidung über die Vereidigung des Zeugen unterlassen.	⇒ ggf. Verstoß gg. § 59 StPO grds. auch ohne vorherige Beanstandung nach § 238 II StPO revisibel[457].	592
• Nach der Vernehmung ordnet der Vorsitzende die Nichtvereidigung eines Zeugen an. Der Grund der Nichtvereidigung wird im Protokoll nicht angegeben.	⇒ ggf. Verstoß gg. § 64 StPO Hier muss das Unterlassen der Bekanntgabe der Begründung in der Hauptverhandlung, nicht die unterlassene Protokollierung (unzulässige Protokollrüge), beanstandet werden[458]. Mangels Kausalität (§ 337 StPO) ist dieser Fehler aber nicht revisibel, wenn der Grund der Nichtvereidigung ohne weiteres erkennbar ist oder der Revisionsführer die Nichtvereidigung selbst beantragt hat[459].	593
• Nach der Vernehmung ordnet der Vorsitzende die Nichtvereidigung eines Zeugen an. Der Grund der Nichtvereidigung wird im Protokoll angegeben.	⇒ ggf. Verstoß gg. § 59 StPO Hier muss anhand der Begründung im Protokoll die Rechtmäßigkeit der Entscheidung überprüft werden. War die Nichtvereidigung unrichtig, kann dieser Verstoß bei einer Anordnung durch den Vorsitzenden nur gerügt werden, wenn vorher eine Beanstandung gem. § 238 II StPO erfolgt ist[460]. Überprüft werden muss auch, ob das Gericht diesen Fehler nicht geheilt hat[461].	594

---

[455] Meyer-Goßner, StPO, 46. Aufl., § 136, Rn. 21–21c.
[456] Meyer-Goßner, StPO, 46. Aufl., § 252, Rn. 12–15, 18.
[457] Meyer-Goßner, StPO, 46. Aufl., § 59, Rn. 11.
[458] Meyer-Goßner, StPO, 46. Aufl., § 64, Rn. 3.
[459] Meyer-Goßner, StPO, 46. Aufl., § 64, Rn. 3.
[460] Meyer-Goßner, StPO, 46. Aufl., § 60, Rn. 31 und § 61, 30.
[461] Vgl. zu den Voraussetzungen der Heilung Meyer-Goßner, StPO, 46. Aufl., § 60, Rn. 30.

Protokoll der Hauptverhandlung	Mögliche Probleme
595 • Ein Angehöriger eines Angeklagten wird vereidigt, ohne zuvor über sein Eidesverweigerungsrecht belehrt worden zu sein.	⇒ ggf. Verstoß gg. § 63 StPO Es fehlt an der Kausalität (§ 337 StPO), wenn das Gericht die Aussage nicht (zuungunsten) des Angeklagten oder nur als uneidliche gewertet hat[462].
596 • Ein Zeuge wird vereidigt.	⇒ ggf. Verstoß gg. § 60 StPO oder 61 StPO Hier sollte überprüft werden, ob evtl. ein Vereidigungsverbot bestand (§ 60 StPO) oder das Gericht eine fehlerhafte Ermessensentscheidung (§ 61 StPO)[463] getroffen hat.
597 • Nach den Feststellungen im Protokoll zur Vereidigung fehlt ein Hinweis auf die Entlassung des Zeugen.	⇒ ggf. Verstoß gg. § 248 StPO[464]
Vernehmungen von Sachverständigen	
598 • Wurde nach Erstattung des Gutachtens über die Vereidigung des Sachverständigen ordnungsgemäß entschieden, § 79 StPO?	⇒ ggf. Verstoß gg. § 79 StPO Nur ein Verstoß gegen § 79 I 2 StPO kann die Revision begründen[465].
599 • Machte der Sachverständige auch Angaben, die über seinen Gutachtensauftrag hinausgingen? → Urteilsinhalt überprüfen!	⇒ ggf. Verstoß gg. § 59 StPO bei Nichtvereidigung Macht ein Sachverständiger Angaben über Tatsachen, die nicht zum Inhalt seines Gutachtensauftrags gehören (Zusatztatsachen[466]) ist er insoweit Zeuge. Er muss daher gem. § 57 StPO belehrt und es muss gem. §§ 59 ff. StPO über seine Vereidigung als Zeuge entschieden werden[467].
Urkundenbeweis	
600 • Wurde nach dem Protokoll eine Urkunde nur in Augenschein genommen?	⇒ ggf. Verstoß gg. § 261 StPO Eine inhaltliche Verwertung der Urkunde im Urteil setzt voraus, dass die Urkunde verlesen wurde (→ Urteilsgründe prüfen).
601 • Wurde nach dem Protokoll die Verlesung einer Urkunde angeordnet?	⇒ ggf. Verstoß gg. §§ 250 S. 2, 251, 253 StPO

---

[462] Meyer-Goßner, StPO, 46. Aufl., § 63, Rn. 3.
[463] Vgl. zu der eingeschränkten Möglichkeit diese Ermessensentscheidung in der Revision anzugreifen Meyer-Goßner, StPO, 46. Aufl., § 61, Rn. 30.
[464] Meyer-Goßner, StPO, 46. Aufl., § 248, Rn. 4.
[465] Vgl. zu den weiteren Voraussetzungen dieser Rüge Meyer-Goßner, StPO, 46. Aufl., § 79, Rn. 13.
[466] Vgl. zu diesem Begriff Meyer-Goßner, StPO, 46. Aufl., § 79, Rn. 11.
[467] Meyer-Goßner, StPO, 46. Aufl., § 79, Rn. 13.

§ 4 Die Revision aus der Sicht des Verteidigers

Protokoll der Hauptverhandlung	Mögliche Probleme	
	Wird in der Hauptverhandlung eine Urkunde verlesen, ist zu überlegen, ob statt der Verlesung auch die Erhebung eines Personalbeweises möglich gewesen wäre. Ist das der Fall, muss anhand der §§ 251–254 StPO die Zulässigkeit der Verlesung überprüft werden. Evtl. liegt ein revisibler Verstoß gegen den Unmittelbarkeitsgrundsatz (§ 250 S. 2 StPO) vor.	
• Ein Zeuge macht in der Hauptverhandlung von seinem Zeugnisverweigerungsrecht Gebrauch. Anschließend wird eine Niederschrift über eine frühere (polizeiliche, staatsanwaltschaftliche oder richterliche) Vernehmung des Zeugen verlesen.	⇒ **ggf. Verstoß gg. § 252 StPO** Die Verlesung einer Vernehmungsniederschrift ist stets unzulässig (vgl. Wortlaut des § 252 StPO). Zulässig ist allenfalls die Vernehmung des mitwirkenden Richters[468]. Dazu vgl. sogleich.	602
• Ein Zeuge macht in der Hauptverhandlung von seinem Zeugnisverweigerungsrecht Gebrauch. Anschließend wird der Ermittlungsrichter über eine frühere Vernehmung des Zeugen vernommen.	⇒ **ggf. Verstoß gg. § 252 StPO** Zulässig ist diese Vorgehensweise nur, wenn der Zeuge bei der früheren Vernehmung bereits ordnungsgemäß über sein Zeugnisverweigerungsrecht belehrt wurde[469]. Daher muss im Klausurtext nach Hinweisen gesucht werden, ob diese Belehrung erfolgt ist (Daran fehlt es z. B., wenn zum Zeitpunkt der früheren Vernehmung das Zeugnisverweigerungsrecht noch nicht bestand, etwa weil sich eine Zeugin und der Angeklagte erst danach verlobt haben).	603
Nach Abschluss der Beweisaufnahme		
• Wurden alle erschienen Zeugen vernommen?	⇒ **ggf. Verstoß gg. § 245 StPO** Zu prüfen ist, ob ein rechtlich zulässiger Grund dafür bestand, dass ein präsenter Zeuge nicht vernommen wurde, vgl. die in § 245 I StPO genannten Möglichkeiten[470].	604
• Hatte der Angeklagte ausweislich des Protokolls (§ 274) das letzte Wort? • Ist nach dem im Protokoll erwähnten letzten Wort des	⇒ **ggf. Verstoß gg. § 258 III StPO** Tritt das Gericht nochmals in die Verhandlung eintritt, muss dem Angeklagten erneut das letzte Wort erteilt werden. Dies gilt auch bei Aussageverweigerung – der	605 606

---

[468] Meyer-Goßner, StPO, 46. Aufl., § 252, Rn. 14.
[469] Meyer-Goßner, StPO, 46. Aufl., § 252, Rn. 14.
[470] Zum notwendigen Revisionsvorbringen vgl. Meyer-Goßner, StPO, 46. Aufl., § 245, Rn. 30.

Protokoll der Hauptverhandlung	Mögliche Probleme
Angeklagten das Gericht erneut in die Verhandlung eingetreten?	Angeklagte muss förmlich das letzte Wort erhalten[471]. Dies gilt nicht, soweit der Angeklagte zur Fortsetzung der Hauptverhandlung nicht erschienen ist und deswegen nach § 231 II StPO ohne ihn weiterverhandelt wurde.
Allgemein	
607 • Wurden Beweisanträge gestellt und diese nicht alle verbeschieden?	⇒ **ggf. Verstoß gg. § 244 III–V oder VI StPO** • Voraussetzung ist, dass ein förmlicher Beweisantrag vorliegt und die Begründung für die Ablehnung unzutreffend ist. • Bei einem Hilfsbeweisantrag, der in den Urteilsgründen verbeschieden werden muss, ist zu prüfen, ob dieser behandelt dort wurde (→ Urteilsgründe untersuchen).
608 • Das Gericht folgt einer sog. Beweisanregung[472] (kann auch ein nicht ordnungsgemäßer Beweisantrag sein) nicht	⇒ **ggf. Verstoß gg. § 244 II StPO** Dieser Verstoß muss mit der sog. Aufklärungsrüge geltend gemacht werden[473].
609 • Es sind rechtliche Abweichungen zwischen dem Urteilstenor und der Anklage bzw. Eröffnungsbeschluss ersichtlich und es wurde laut Protokoll kein rechtlicher Hinweis gegeben	⇒ **ggf. Verstoß gg. § 265 StPO** Dieser Verstoß lässt sich leicht dadurch ermitteln, dass man den Tatvorwurf in Anklage/Eröffnungsbeschluss mit dem Urteilstenor vergleicht. Ist die rechtliche Bewertung unterschiedlich, hätte in der Hauptverhandlung ein entsprechender rechtlicher Hinweis erfolgen müssen.
610 • Es sind Abweichungen zwischen dem tatsächlichen Tatvorwurf im Anklagesatz und dem Sachverhalt des Urteils vorhanden.	⇒ **ggf. Verstoß gg. § 264 StPO** Hier ist zu prüfen, ob der Sachverhalt im Urteil noch dieselbe prozessuale Tat darstellt, die in der Anklage oder dem Eröffnungsbeschluss umschrieben ist. Ist das nicht der Fall, fehlt es an der Verfahrensvoraussetzung der wirksamen Anklageerhebung. Das Verfahren ist dann (auch noch in der Revisionsinstanz) gem. §§ 354, 260 III StPO einzustellen.
611 • Stets prüfen, ob die im Urteil verwerteten Beweismittel	⇒ **ggf. Verstoß gg. § 261 StPO** *(Evtl. Sachrüge zusätzlich möglich)*

---

[471] Vgl. dazu Meyer-Goßner, StPO, 46. Aufl., § 258, Rn. 27–30, 33.
[472] Vgl. zum Begriff Meyer-Goßner, StPO, 46. Aufl., § 244, Rn. 23–26.
[473] Vgl. zu den erheblichen Anforderungen an den Inhalt der Aufklärungsrüge Meyer-Goßner, StPO, 46. Aufl., § 244, Rn. 81.

Protokoll der Hauptverhandlung	Mögliche Probleme	
– alle ordnungsgemäß in die Hauptverhandlung eingeführt wurden – bzw. ob für ein Beweismittel ein Beweisverwertungsverbot besteht (Fundstelle im Urteil ist hier oft der die Beweiswürdigung einleitende Satz: „Dieser Sachverhalt steht fest aufgrund......")		
• Es wird vom Vorsitzenden eine Frage des RA oder des StA zurückgewiesen	⇒ ggf. **Verstoß** gg. **§§ 241 II, 240 II StPO,** revisibel aber nur wenn ein Gerichtsbeschluss nach § 238 II StPO herbeigeführt wurde.	612
• Zeugenaussagen sind in den Urteilsgründen anders wiedergegeben als im Protokoll. Hier ist zu unterscheiden: – Bei reinem Inhaltsprotokoll (Regelfall, § 273 II StPO)	⇒ **kein revisibler Verstoß!** Die Inhaltsprotokollierung gem. § 273 II StPO löst nicht die Wirkung des § 274 StPO aus. Daher kann ohne (eine im Revisionsverfahren unzulässige) Rekonstruktion der Beweisaufnahme nicht der Nachweis geführt werden, dass der Zeuge anders ausgesagt hat als es im Urteil dargestellt wird.	613
– Bei wörtlicher Protokollierung gem. § 273 III 1 StPO	⇒ **ggf. Verstoß gegen § 261 StPO** Mit der Niederschrift gem. § 273 III 1 StPO lässt sich der Gegenbeweis gegen die Urteilsfeststellungen führen[474].	

---

[474] Meyer-Goßner, StPO, 46. Aufl., § 273, Rn. 36.

Sachregister

Die Angaben beziehen sich auf die Randnummern

Abänderungsklage, – Abgrenzung zu anderen Klagearten 273, 275 ff.; – Antragstellung 263; – Klageerwiderung 268; – Prozessvergleich 269; – rückwirkende Abänderung 265, 270; – Schlüssigkeit 264, 269; – Statthaftigkeit 263; – Unterhalt 257, 263; – Urteil 264
Abschlussverfügung, – Beurteilungsgrundlage 384
accidentalia negotii 328
Akteneinsicht 441
Allgemeine Geschäftsbedingungen 322
Amtsermittlungsgrundsatz 290
Analogie 26
Anfangsverdacht 373
Anklageschrift 440
Anspruchsbegründung 10, 11
Antragsdelikte 439
Antragserwiderung, – Scheidungsverfahren 253;
Antragsschrift, – § 98 Abs. 2 S. 2 StPO 399 ff.; – einstweiliger Rechtsschutz 293; – FGG-Angelegenheiten 287, 291; – Scheidungsverfahren 246, 252 ff.
Antragstellung, – Scheidungsverfahren 246, 252 ff.
Anwaltsklausur 1
Aufbau des Plädoyers, – Anrede 469; – Einstellung 472; – Freispruch 470; – Verurteilung 471
Aufgabentyp 1
Auflassung 358
Aufrechnungsverbot 184
Aufrechung 154 ff.
Auskunftsklage 63
Auslegung 26
Außerkrafttreten, – einstweilige Anordnung 286

Bankbürgschaft 101
Bearbeitervermerk 8; – Plädoyer als Aufgabenstellung 458; – Revisionsklausur 505

Begleitschreiben, – im Scheidungsverfahren 254; – Klageerwiderung 209; – Klageschrift 121; – Vertragsgestaltung 5
Behauptungslast 30
Beschlagnahme 433, 376, 385 ff., 384; – Anordnungskompetenz 386; – Beendigung 390; – beschlagnahmefreie Gegenstände 388 f.; – Beschluss 386; – Definition 385; – fehlerhafte 391; – Führerschein 385; – Gefahr im Verzug 386; – Rechtbehelf 399 ff.; – Rechtsbehelf 391; – Vollzug, Durchführung 387; – Zufallsfunde 392
Beschlagnahmefreiheit 388 f., 406
Beschwer 395, 400; – Durchsuchung 382; – prozessuale Überholung 383, 395
Beschwerde 375, 397 f.; – Aufbau 393, 397 f.; – Beschwer 395; – Form, Frist 396; – Statthaftigkeit 394; – Zuständigkeit 396
Beschwerdeschrift 397 f., 415 f.
Bestreiten, – ausdrücklich 148; – einfach 148; – konkludent 148; – mit Nichtwissen 148; – pauschal 146; – qualifiziert 148
betagte Schenkung 356
Beweis des ersten Anscheins 37
Beweis des Gegenteils 38
Beweisangebot 38
Beweislast 30 ff., 78–80
Beweismittel 31; – präsente 222
Beweismittelangebot 111 ff.
Beweismittelnot 39
Beweisverwertungsverbot 441, 371
Beweisverwertungsverbote, – im Plädoyer 477

Deliktsgegenstände, – Beschlagnahme 389
dispositives Recht 303
Doppeltatbestand 156
Dringender Tatverdacht 373, 385; – Untersuchungshaft 405

Drittwiderklage 170, 174 ff.
Durchsuchung 376 ff.; – Anordnungskompetenz 378, 380; – bei Dritten 378; – beim Verdächtigen 378; – Beschwer 382 f.; – fehlerhafte 382 ff.; – Vollzug 381
Durchsuchungsbeschluss, – Inhalt 379; – Vollzug 379, 381
Durchsuchungszeugen 381

Einreden 40 ff., 151, 236
Einspruch 138
Einstellung des Strafverfahrens, – nach § 170 Abs. 2 StPO 422 f.; – nach Opportunitätsgesichtspunkten 424 ff.
Einstweilige Anordnung, – Antragsschrift 283 ff.; – Außerkrafttreten 286; – Glaubhaftmachung 283, 285; Rechtsmittel 286; – Regelungsbedürfnis 284
Einstweiliger Rechtsschutz, – Abgrenzung Arrest – einstweilige Verfügung 212, 219; – Antrag auf Entscheidung durch den Vorsitzenden allein 231; – Antrag auf Entscheidung ohne mündliche Verhandlung 230; – Antragsschrift in FGG-Angelegenheiten 293; – Eilbedürftigkeit 218; – Ermittlung des Rechtsschutzziels 217; – Familiensachen 281; – FGG-Angelegenheiten 293; – Glaubhaftmachung 215; – In ZPO Sachen 211; – Mittel der Glaubhaftmachung 216, 236; – Prüfungsschema 214; – Sachantrag 228 ff.; – Unterhalt 282 ff.; – Verfügungsanspruch 235; – Verfügungsgrund 237; – Zuständigkeiten 225
Einwendung 151, 236
Einziehung 385
Einzugsermächtigung 52
Empfängerhorizont 12
Erhaltungsklausel 333
essentialia negotii 327
Eventualaufrechnung 156
Eventualklagehäufung 61, 62
Eventualwiderklage 170, 171

Fallbeispiel, – Abänderungszeitpunkt eines Unterhaltstitels 266; – Abgrenzung Folgesache – isolierte Familiensache 248 – Anträge in Unterhaltssachen 259; – Klage 73 ff.; – Klageerwiderung 198 ff.; – örtliche Zuständigkeit in Familiensache 250; – Prozessstandschaft bei Abänderungsklage 257; – Schutzschrift 445 ff.; – Vertragsgestaltung 346 ff.
Familiensachen, – FGG-Angelegenheiten 243; – Folgesachen 247 f.; – Folgesachen 288; – Geschäftsverteilung 241; – isolierte 247 f., 288 f.; – kraft Prozesszusammenhangs 242; – kraft Sachzusammenhangs 242; – ZPO-Angelegenheiten 243
Feststellungsklage 17, 23, 32
FGG-Angelegenheiten, – Familiensachen 287 ff.
Fiktion 36
Firma 92
Flucht in die Widerklage 169
Fluchtgefahr 407, 410
Folgesachen, – FGG-Angelegenheiten 288; – ZPO-Angelegenheiten 247 f.

Gefahr im Verzug, – Begriff 380; – Beschlagnahme 386; – gerichtliche Überprüfung 380
Gegenbeweis 147
Gelddarlehen 314 ff.
Geschäftsverteilung, – Familiensachen 241
gesetzlicher Vertreter 93, 94, 97
Gestaltungsarbeit 319
Gestaltungsfreiheit 333
Gestaltungsklage 16, 20
Glaubhaftmachung, – einstweilige Anordnung 283, 285

Haftbeschwerde 403, 411 ff., 419
Haftgrund 407
Haftprüfung 403, 411 ff.
Haftungsbeschränkung, – Vorbehalt 196 f.
Haftungsrisiko 3
Hauptaufrechnung 156
Hauptziele 436
Hilfswiderklage 177 ff.

Informationsfunktion 440
Inkassozession 52
Inzidentanträge 180
Isolierte Familiensachen 247 f., 288 f.

juristische Person 335

Sachregister

Kautelarjurisprudenz 294
Klageerwiderung 136 ff.; – Antrag 164 ff.; – Rubrum 162 ff.
Klagehäufung 61 ff.
Klageschrift 6 ff.; – Antrag 99 ff.; – Bestandteile 86; – Bezeichnung der Parteien 89; – Bezeichnung des Gerichts 88; – Grundmuster 98; – Rubrum 87 f.
Klauseln 342 ff.
Kreditsicherheit 315 f.
Kumulative Klagehäufung 61, 62

Leistungsklage 18, 19; – Abgrenzung zu anderen Klagearten 275 ff.
Liquidationsgesellschaft 92

Mahnverfahren 10
Makrosicht 318
Mandanteninformation 442
Mandantenschreiben, – im Scheidungsverfahren 254
Mandantenwünsche, – verborgene 305; – Widersprüchlichkeit 305
Mikrosicht 218
Muster, – Antrag auf einstweilige Verfügung 233; – Antrag auf richterliche Feststellung der Rechtswidrigkeit der Art und Weise der Durchsuchung 402; – Antragsschrift in FGG- Angelegenheiten 291; – Antragstellung auf Erlass einer einstweiligen Anordnung zum Unterhalt 285; – Antragstellung bei Abänderungsklage 263; – Antragstellung bei Scheidung und Folgesachen 252, 291; – Arrestantrag 229; – Drittwiderklage 176; – Einstellung des Strafverfahrens 423; – Haftbeschwerde 419; – Hilfswiderklage 179; – Klageerwiderung, Hilfsaufrechung, -widerklage 182; – Klageerwiderung, Teilanerkenntnis 186; – Klageerwiderung, Vorbehalt der Haftungsbeschränkung 197; – Plädoyer (Freispruch) 485; – Plädoyer (Schlussantrag) 501; – Plädoyer (Strafzumessung) 490; – Revisionsbegründung 548; – strafprozessuale Beschwerde 398; – Stufenklage zu Unterhalt und Zugewinn 262; – Vollstreckungsgegenklage bei Unterhaltstitel 272, 276; – Widerklage 173
Mustervertrag 298

natürliche Person 334
Negative Feststellungsklage, – Abgrenzung zu anderen Klagearten 275 ff.; – Unterhalt 274; – Verhältnis zum Abänderungsantrag nach § 620 b ZPO 274; – Zugewinn 279
Nichteröffnung 433

Objektive Klagehäufung 61, 62; – Familiensachen 258
Ordnungsvorschriften 533

Parteibegriff 46
Parteifähigkeit 47
Plädoyer des Strafverteidigers, – Aufgabenstellung 457 ff.; – Funktion 459 ff.; – Klausurtechnik 473 ff.; – Stil 462 ff.
Primäraufrechnung 156
Prozessbevollmächtigter 95
Prozessfähigkeit 48
Prozessführungsbefugnis 50
Prozessstandschaft 52; – gesetzliche, in Familiensachen 251, 256; – gewillkürte 52 f.
Prozessuale Überholung, – bei strafprozessualen Zwangsmaßnahmen 375, 383, 395, 400, 418; – Vorläufige Festnahme 418

Recht, – abänderbar 329; – halbzwingend 329; – zwingendes 329
Rechtsausführungen, – in der Antragsschrift zum einstweiligen Rechtsschutz 238; – Klage 116
Rechtsbehelf, – bei erledigter Maßnahme 375, 383; – gegen Art und Weise der Durchführung einer Zwangsmaßnahme 374 f.; – gegen richterliche Anordnungen 375; – gegen Zwangsmaßnahmen der Strafverfolgungsbehörden 374; – Vorläufige Festnahme 418
Rechtsgeschäft unter Lebenden 318, 355 f.
Rechtskreistheorie 534
Rechtsmittel, – einstweilige Anordnung 286; – Familiensachen 280; – FGG-Angelegenheiten 292
Rechtsschutzinteresse, – bei strafprozessualen Zwangsmaßnahmen 375
Regelungsbedarf 319
Regelungsbedürfnis, – einstweilige Anordnung 284

Revision, – Grundzüge des Revisionsrechts 506 ff.; – Revisionsbegründung 547 ff.; – Revisionsgründe 513, 516; – Zulässigkeit 545 f.
Revisionsbegründung, – Adressierung 549; – Anträge (Formulierungsbeispiel) 556 f.; – Folgeantrag 558; – Kassatorischer Antrag 554 ff.; – Unbenanntes Rechtsmittel 551; – Verfahrensvoraussetzungen 559; – Wechsel von Berufung zur Revision 552
Revisionsgutachten 545; – Aufbauschema 546
Revisionsklausur, – Aufgabenstellungen 502 ff.; – Bearbeitervermerke 505; – Behandlung von sachlich-rechtlichen Fehlern 541 ff.; – Behandlung von Verfahrensfehlern 529 ff.; – Behandlung von Verfahrensvoraussetzungen 526 ff.; – Klausurtechnik 517 ff.; – Typische Verfahrensfehler 571 ff.
Richterklausur 1
Richterliche Bestätigung, – Beschlagnahme 399 ff.
Richterliche Entscheidung, – Art und Weise der Durchführung einer Zwangsmaßnahme 399 ff.
Rubrum, – der Antragsschrift im einstweiligen Rechtsschutz 227; – Drittwiderklage 176; – Klageerwiderung 162 ff.; – Klageschrift 87 ff.; – Widerklage 173
Rückgewinnungshilfe 385
Rügeverlust 535

Sachrüge 565 ff.; – Aufbau 567; – Beispiel 566; – Fehler in der Beweiswürdigung 542; – Fehler in der rechtlichen Würdigung 543; – Fehler in der Strafzumessung 544
Sachverhaltsschilderung 28
salvatorische Klausel 333
Scheidung 245 ff.
Scheidungsverbund 247, 288
Schlüssigkeit 27, 107
Schutzschrift 432; – Aufbau 453 f.; – Form 453 f.
Strafklageverbrauch 439
Strafverteidiger, – Rechtsstellung 364 ff.; – Zwangsmaßnahmen 373
Strafzumessung, – im Plädoyer 487 ff.
Streitgegenstand 56
Streitgenossenschaft 54; – einfache 54; – Familiensachen 255; – materiellrechtlich notwendige 69; – prozessual notwendige 54
Stufenklage 63; – Familiensachen 261 f.
subjektive Klagehäufung, – Familiensachen 255
Subsidiaritätsklausel 448
Subsumtion 24
Subsumtionsstoff 7
Subsumtionswiderholung 438

Teilklage 57 ff.; – Familiensachen 260; – verdeckt 260
Trennungsprinzip 303

U-Haft 433
Umgrenzungsfunktion 440
Untersuchungshaft 403 ff.; – Haftbeschwerde 403; – Haftgrund 407 ff.; – Haftprüfung 403; – Vollzug 417

Verbundurteil 252
verdeckte Teilklage, – Unterhalt 260; – Zugewinn 260
Verdunkelungsgefahr 408, 410
Verfahrensfehler, – Abgrenzung zu sachlich-rechtlichen Fehlern 514; – Auffinden im Sachverhalt 530; – Beweisbarkeit 531; – Kausalität 539; – Übersicht 571 ff.
Verfahrenshindernisse 437 ff.; – im Plädoyer 461, 472
Verfahrensrüge 560 ff.; – Aufbauschema 564; – Beispiel 562; – Unzulässige Protokollrüge 563
Verfahrensvoraussetzungen 437 ff.
Verfall 385
Verfügungsvertrag 324
Verjährung 439
Verpflichtungsvertrag 324
Verschwiegenheitspflicht, – Strafverteidiger 364
Verteidigungsschrift 432
Vertrag, – atypischer 320; – gemischter 321; – typischer 320; – verkehrstypischer 320; – zusammengesetzter 321
Vertragsentwurf, – des Vertragspartners 300; – mitgebrachter 298
Vertragsfreiheit, – Grenzen 329 ff.
Vertragsgestaltung, – Anforderungen 303; – Grenzen 325; – Grundfragen 303
Vertreter 337

Sachregister

Verwertungsverbot, – siehe Beweisverwertungsverbot
vollstreckbare Ausfertigung 89
Vollstreckungsabwehrklage 21, 75 f.; – analoge Anwendung 22
Vollstreckungsbescheid 11
Vollstreckungsgegenklage, – Abgrenzung zu anderen Klagearten 275 ff.; – Antragstellung 276; – Unterhalt 271 f.
Vollstreckungsschutz 83
Vorbehalt der Haftungsbeschränkung 196
Vorgesellschaft 92
Vorläufige Festnahme 403, 418; – prozessuale Überholung 418; – Rechtsbehelf 418; – Vollzug 418
vorläufiger Entzug der Fahrerlaubnis 433

Wahrheitspflicht, – Strafverteidiger 364
Widerklage 169 ff.
Willenserklärung 323; – Form 337 ff.

Zeuge 39
Ziele, – Haupt-/Unterziel 311 ff.; – mehrere 315
Zufallsfunde 392
Zug-um-Zug 198 ff.
Zuständigkeit, – Familiengericht 241 f., 249; – Klage 66; – örtliche in Familiensachen 249, 255; – sachliche in Familiensachen 249
Zwangsmaßnahme, – Art und Weise der Durchführung 399 ff.
Zwangsmaßnahmen 373 ff.; – Anordnungskompetenz 373; – Richtervorbehalt 373
Zwangsmaßnahmen nach der StPO 434
zwingendes Recht 303
Zwischenfeststellungsklage 63
Zwischenfeststellungswiderklage 170
Zwischenverfahren 432